高校人力资源能力建设研究

逄锦波 武博 著

GAOXIAO RENLIZIYUAN NENGLI
JIANSHE YANJIU

人民出版社

责任编辑：崔继新
封面设计：王芳芳
版式设计：陈　岩

图书在版编目(CIP)数据

高校人力资源能力建设研究/逄锦波　武博　著.
　-北京：人民出版社,2011.5
ISBN 978－7－01－009617－9

Ⅰ.①009617－9 高… Ⅱ.①逄… ②武… Ⅲ.①高等学校-
劳动力资源-资源管理-研究-中国 Ⅳ.①G647.23

中国版本图书馆 CIP 数据核字(2011)第 008106 号

高校人力资源能力建设研究
GAOXIAO RENLIZIYUAN NENGLI JIANSHE YANJIU

逄锦波　武　博　著

人 民 出 版 社 出版发行
(100706　北京朝阳门内大街166号)

北京集惠印刷有限责任公司印刷　新华书店经销

2011 年 5 月第 1 版　2011 年 5 月北京第 1 次印刷
开本：710 毫米×1000 毫米 1/16　印张：16.25
字数：230 千字　印数：0,001-3,000 册

ISBN 978－7－01－009617－9　定价：38.00 元

邮购地址 100706　北京朝阳门内大街 166 号
人民东方图书销售中心　电话 (010)65250042　65289539

序

　　知识经济时代,人力资源已成为社会的第一资源。人力资源能力的培育和提高对整个社会经济的可持续发展起着基础性的支撑作用,人力资源能力建设必将成为推动新一轮社会财富增长的核心,人力资源能力建设关乎大局。而高校作为人力资源能力培养的主要机构和单位,担负着全社会人力资源能力建设的重任,且是一种无可替代的义务和责任。因此,高校人力资源便突显出了其尤为重要的地位和作用。

　　《高校人力资源能力建设研究》的目标定位是对人力资源管理理论进行创新,为中国高校科教人力资源能力建设提供理论支撑;结合中国实际,分析优势与不足,探讨新的对策,设计人力资源能力建设的评价指标体系,为中国高校科教人力资源能力建设战略的实施提供决策依据。

　　著述以发展和完善人力资源能力建设的理论研究,填补中国高校科教人力资源能力建设管理学研究的空白为目的,对中国高校科教人力资源能力建设的现状进行调查分析,解决中国高校科教人力资源能力建设中存在的问题,为中国高校科教人力资源能力建设战略实施提供决策依据。其根本功效是通过人力资源能力增长对于物质、能量和信息的结构增效、替代增效、转化增效和产出增效去有效地克服传统生产力要素投入的边际效益递减,有效地提高持续创新能力,有效地增强生存与发展的竞争力。

　　著述打破了传统的人力资源制度供给、人力资源能力培训和提升、薪酬管理、人力资源流动微观应用研究的体系,对中国高校人力资源能力建设主要系统进行总括分析和定位研究。首次从管理学的角度提出了能本管理的理念,将人力资源管理从"物本管理"、"人本管理"上升到"能本管

— 1 —

理",进而探寻人力资源能力建设的一般规律,填补中国人力资源能力建设管理学研究的空白,发展和完善中国人力资源能力建设的理论。

《高校人力资源能力建设研究》一书的写作历经五年的时间,期间武博和高伟凯教授带领若干博士生、硕士生作了大量的资料搜集整理工作,几易其纲、最终定稿。高校人力资源能力建设选题新颖,视角独特。著作结构清晰、内容丰富、体系完整,结合国外高校人力资源能力建设的经验,提出中国高校人力资源能力建设系统,具体为人才制度支持系统、生存与环境支持系统、管理支持系统、组织支持系统以及考核系统包括考核信息系统等内容。研究方法全面、恰当,既有理论归纳和探索,又重实践指导和操作,确保理论性与实用性并重。

专著站在较高的理论高度阐释其现实意义,一方面呼吁高校领导、教育管理界相关人士乃至全社会对高校人力资源能力建设的重视,提升其重要程度;另一方面,指导高校进一步规范人力资源能力建设的内容和程序,科学合理地推进高校人力资源能力建设,为高校人力资源能力建设提供指导和借鉴。其深远的现实意义必然决定了本书是值得一读的、不可多得的著述。

赵曙明

2010 年 7 月 7 日于南京

目　　录

第一章 绪 论

当前,国际竞争的实质是先进科技的竞争,而科技的竞争归根结底是人才竞争,特别是高级人才的竞争,而高级人才的竞争更突出体现在人力资源的能力竞争。能力在人的各种属性中表现出更加重要的地位,人的知识、智力和创新能力将成为知识经济社会发展的主要源泉、动力与目的。

第一节 研究的意义

当今世界,经济全球化趋势加快发展,现代科学技术突飞猛进,产业结构调整步伐加快,国际竞争日趋激烈。这种竞争说到底是人力资源能力的竞争,是人才数量和质量的竞争,也是人力资源开发水平和人才选用机制的竞争。人力资源已成为社会的第一资源,人力资本已高于物质资本。人力资源能力的培养和提高对整个社会经济的可持续发展起着一种基础性的支撑作用,人力资源能力建设必将成为推动新一轮社会财富增长的核心,人力资源能力建设关乎大局。在这种形势下,探讨人力资源新的管理理论和管理方式,借以促进人力资源能力建设战略的顺利实施,无疑具有积极的现实意义。

一、人力资源能力是综合国力的决定因素

21 世纪是知识经济蓬勃发展的新世纪。知识经济是以"知识为基

础",以"现代科学技术为核心"的新经济。知识经济时代的一个显著特征,就是人力资源已经成为一个国家经济和社会发展的最重要的战略资源,创造和应用知识、信息的能力与效率,成为决定一个国家综合国力的主要因素。由此,21世纪知识的载体、人的价值将得到全面而空前的提升,人类将越来越清醒地认识到:人力资源不同于自然资源、物质资源等其他资源,人力资源是一种极为特殊的资源,是具有灵魂力、意识力、推动力、创造力,并能支配、利用其他资源的关键性资源,是第一资源;人力是生产力中最活跃的因素,其投资含量越高,人力资本的积累量(包括知识、技能、体力、智力、健康等的存量)也就越高越丰厚。

新经济增长理论的研究证明,就一个国家或地区的经济增长而言,人力质量的提高,对经济增长的贡献比物质资本和人力数量的增加重要得多,科学技术和人力资源在生产力发展中的作用份额日益加大。联合国开发计划署《1996年度人力资源开发报告》指出,一个国家国民生产总值的四分之三是靠人力资源,四分之一是靠资本资源。诺贝尔经济学奖得主、美国经济学家舒尔茨,通过专门研究经济增长中人力资本作用得出结论认为,人力资本是现代经济增长的主要动力和决定性因素,且通过计算发现1900~1957年美国人力资源投资收益比物质资本投资所产生的收益要大得多。他指出:同期美国物质资本投资额增加了45倍,物质资本的收益值增加了35倍;而人力资本的投资额仅增加了35倍,但其带来的收益则增加了175倍,极大地超过了物质资本投资的收益值。可见,科学技术从来没有像今天这样,以巨大的威力和人们难以想象的速度,深刻地影响着人类社会和经济的发展;人力资源能力将是知识经济时代竞争制胜的决定性因素。

二、激烈的人力资源能力竞争的态势越来越明显

美国著名经济学家舒尔茨指出:"人类的未来并不完全取决于空间、能源和耕地,而是更多地依靠人类智慧的开发。"英国首相布莱尔说,在现代经济中,知识、技能和技术备受重视,政府必须对劳动者的教育与技能投资。澳大利亚政府官员反复强调,人才对于发展知识经济非常重要,人才有利于提升澳大利亚智力资源水准,最大限度地实现创新依靠的就是人才。美国商务部技术政策局调查了五大洲的多个国家和地区的科技发展情况,得出的结论是:所有被调查的国家和地区都把人力资源当成一个最重要的创新要素,把其作为积累社会财富的核心。正由于人力资源及其能力对经济社会的发展具有举足轻重的作用,所以进入世纪之交之际,一场没有硝烟的全球人才争夺大战已经开始且愈演愈烈。伴随着当今世界经济全球化趋势的加快发展,现代科学技术的突飞猛进,产业结构的巨大调整,各国同样地面临着人才越来越短缺问题,特别是同样地面临着高技术研究与开发以及操作人才越来越供不应求的问题。达沃斯世界经济论坛某专家小组预测,世界范围内的组织管理人才短缺状况正在加剧,而且很可能在下一个十年变得更加严重。世界主要猎头公司之一光辉国际有限公司的总裁兼首席执行官温德尔·普里姆重复了比尔·盖茨2000年在达沃斯的话,"人才大战"刚刚拉开帷幕。他说:"我们陷入困境之中已有两年,这一状况还要持续15年。毫无疑问,人力资本将来对公司来说会比金融资本更加重要。"《财富》杂志的托马斯·斯图尔特也说,寻找、培养和留住人才是当今公司面临的最大挑战。因此,以美国为代表的发达国家,凭借其雄厚的资金、技术,优越的科研环境和良好的生活条件等优势,在全球范围内,特别是从发展中国家争夺优秀人才。他们通过放宽对优秀人才移民的限制、招收留学生,通过研究机构招聘人才、组织引进人才、合作攻关等方法途径,使国际人力资源由发展中国家流向发达国家;由较发达国家流向少数发达国家;由较发达国家流向少数最发达国家。跨国公司到其他国家成立组织或设立研究机构,招聘所在国的专业人才,即实行人才"本土化策略"也是人才大战的一项重要内容。在经济趋向全球化、资源趋向共享化的现代经济发展中,跨国公司的人才本土化策略是全球范围内资源最优配置的体现。以中国为例,外企到中国投资十几年,看中和使用的就是中国本土的低成本劳动力,同时辅之以国外相对便宜的资本和技术资源等,形成了他们独特的竞争优势。自1998年开始,英特尔公司和微软公司分别在中国上海和北京建立研究开发机构,朗讯公司、美国国家半导体公司和摩托罗拉公司等也分别在北京创建了研究开发机构,目标是直接借用中国人才从制造本土化转向研究开发本地化,最终实现本土化和全球化的结合。

在管理中最难驾驭而潜力又最大的就是人力资源。据资料表明,正常人在未受到任何激励的情况下,能力仅能发挥出 20%—30%,而在激励之下能发挥 60%—70%,这还未包括潜力的激励。这一事实给人力资源管理提出了新的课题。人员的激励制度主要内容就是对人的不同需求给予不同层次的满足和限制,以引起人们心理上的变化,达到激发动机及行为的目的,并通过行为强化达到激励的目的。因此,研究中国高校人力资源能力建设问题具有较强理论意义与实际意义。

第二节 研究范围、内容和目标

中国高校教研人员不仅要为科教事业而献身,还要应付来自于方方面面的环境压力。他们的体能、智能都存在效用递减的现象,其生存支持系统、发展支持系统、社会支持系统、智力支持系统和环境支持系统急需尽快完善。在知识经济时代,人的能力,特别是创新能力和学习能力的生存支持系统、发展支持系统和环境支持系统成为人力资源能力建设中最为突出的方面。因此,知识经济时代的人性假设必须突出人的能力这一因素,确立能力人假设理论是知识经济时代的必然选择。能力人假设包括以下几层含义:①以能力的充分发挥和不断提高为人的首要价值追求。在其他价值追求与其发生冲突时,个人愿意牺牲其他价值追求来保证提高能力这一首要价值追求的实现,个人不惜牺牲其他利益来促进提高能力这一首要价值追求的实现。②个人把为组织和为社会发挥能力作为其基本道德,个人有着为组织和社会贡献能力的强烈意愿,在发挥自身能力为组织和社会做贡献中获得满足。③为个人提高能力和充分发挥能力创造条件,是对个人最主要的激励手段,这一激励手段对个人最具有激励作用。

一、研究范围

本著作所研究的"高校人力资源"主要指高校教研和管理人员;"能力"。

二、研究的内容

本研究共分四个部分对中国高校人力资源能力建设问题进行系统的分析和论证:

(一)人力资源能力建设理论研究

通过对国内外人力资源能力建设理论的评述,揭示人力资源管理理论演变的内在逻辑,论证由"物本管理"、"人本管理"发展到"能本管理"的客观规律;通过对国内外能力管理理论研究的现状的分析,阐明本著作研究的理论性、科学性与前沿性;系统地提出中国科学技术人力资源能力建设的理论,明确人力资源能力建设的理念内涵、目标、原理、制度安排与其要求的组织形态;以人力资源能力建设的理论为指导,通过探讨中国科学技术人力资源能力的定义、结构、特性和人力资源能力建设的内涵、目标、主体要求及其影响因素,探究中国科学技术人力资源能力建设的规律。

(二)中国高校人力资源能力建设现状分析

当前,世界各国都在倍加重视人力资源自然能力、生存能力和社会能力,其人力资源能力建设得到进一步加强。在这种超前的国际时代观念面前,中国高校的落后感也就更为突出了。这种突出性,一方面表现在人力资源开发和利用上我们缺乏良好的环境;另一方面则是在发挥人力资源开拓和创新能力上我们投入不够。

(三)中国高校科教人力资源能力建设对策研究

本研究依据人力资源能力建设的理论,针对中国高校科教人力资源能力建设的现状和存在的问题,围绕中国高校科教人力资源能力建设的生存支持系统、发展支持系统、社会支持系统和环境支持系统,在对这四大支持系统进行定位的基础上,试图构建中国高校科教人力资源能力建设的评价指标体系,对中国高校科教人力资源的生存支持系统、发展支持系统、社会支持系统和环境支持系统进行评价。我们通过近几年的研究认为:中国高校科教人力资源能力评价指标可以分成两类:一类是显示性指标,它说明人力资源能力评价的结果。另一类是分析性指标,它用来解释人力资源能力具备的原因。通过分析评价系统地提出中国高校科教人力资源能力建设工程和中国高校科教人力资源能力建设的有效途径,为中国高校科教人力资源能力建设提供技术支撑。

(四)人力资源能力建设实证分析

为了对本研究结论科学性、前瞻性、可行性进行检验,我们通过对国内的高等教育部门代表的科学技术人力资源能力建设案例进行分析,阐明中国高校科教人力资源能力建设的实施可以切合组织的特点而有不同的实现形式,佐证实施人力资源能力建设是提升人力资源能力、实现组织发展的有效措施,进而揭示能力管理的普遍意义。确立管理主线,提高管理成效,淡化"人治"色彩,突出科学管理,体现客观公正,实现管理创新,为中国高校科教人力资源能力建设四大支持系统提供实证支撑。

三、研究的目标定位

"中国高校人力资源能力建设研究"研究的目标定位是对人力资源管理理论进行创新,为中国高校科教人力资源能力建设提供理论支撑;结合中国实际,分析优势与不足,探讨新的对策,设计人力资源能力建设的评价指标体系,为中国高校科教人力资源能力建设战略的实施提供决策依据。

本研究以发展和完善人力资源能力建设的理论研究,填补中国高校科教人力资源能力建设管理学研究的空白为目的,对中国高校科教人力资源能力建设的现状进行调查分析,解决中国高校科教人力资源能力建设中存在的问题,为中国高校科教人力资源能力建设战略实施提供决策依据。其根本功效是通过人力资源能力增长对于物质、能量和信息的结构增效、替代增效、转化增效和产出增效去有效地克服传统生产力要素投入的边际效益递减,有效地提高持续创新能力,有效地增强生存与发展的竞争力。

第三节　技术路线

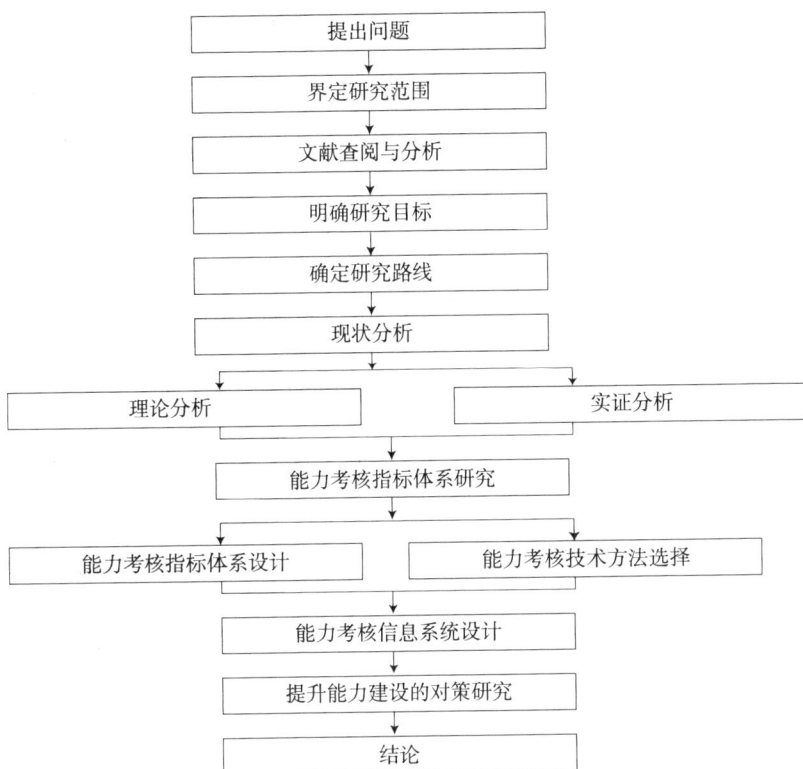

提出问题
↓
界定研究范围
↓
文献查阅与分析
↓
明确研究目标
↓
确定研究路线
↓
现状分析
↓
理论分析　　　实证分析
↓
能力考核指标体系研究
↓
能力考核指标体系设计　　　能力考核技术方法选择
↓
能力考核信息系统设计
↓
提升能力建设的对策研究
↓
结论

图1—1　技术路线图

　　本研究对人力资源能力建设理论的研究将建立在"能力人"假设的基础之上。从工商管理、管理科学与工程和宏观经济管理与政策的视角切入,以知识经济为背景,以中国高校科教人力资源能力建设为研究范围。本研究采用理论分析与实证分析相结合的研究方法,客观地揭示中国高校科教人力资源能力建设的态势、潜力和变化趋势等。本著作采用定性分析与定量分析相结合的研究方法,对中国高校科教人力资源能力建设的生存支持系统、发展支持系统、社会支持系统和环境支持系统这四大系统进行总括分析和定位,并遵循从一般到个别的分析路线,进一步从生存支持系统、发展支持系统、社会支持系统和环境支持系统的角度对中国高校科教人力资源能力建设现状进行具体分析,全面剖析知识经济背景下中国高校科教人力资源能力建设方面的优势与不足,并针对问题提出对策与建议。其研究分析思路见下图:

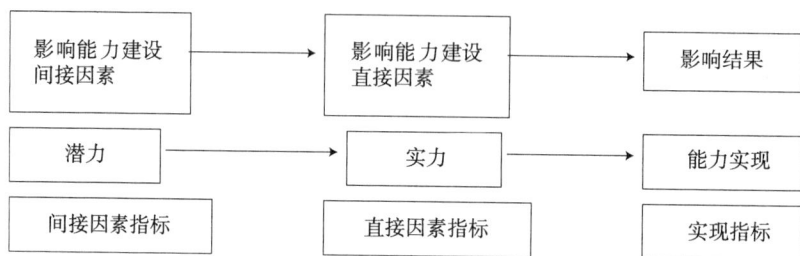

图1—2 提高中国高校人力资源能力建设研究分析框架图

通过对人力资源能力建设的理论研究探寻人力资源能力建设的一般规律,为中国高校科教人力资源能力建设提供理论支持。在理论研究的基础上结合中国乃至国外人力资源能力建设研究的成果、中国高校科教人力资源能力建设中存在的问题,通过实证分析提出中国高校科教人力资源能力建设对策。

第四节 特色与创新

首先,本研究的特色与创新之处体现在研究方法上:本研究采用理论分析与实证分析相结合的研究方法、定性分析与定量分析相结合的研究方法,客观地揭示中国科学技术人力资源能力建设的态势、潜力和变化趋势等。

其次,体现在研究内容上:本著作一改传统从人力资源制度供给、人力资源能力培训和提升、薪酬管理、人力资源流动微观应用研究的体系,对中国人力资源能力建设的生存支持系统、发展支持系统、社会支持系统和环境支持系统四大系统进行总括分析和定位研究。

再次,体现在理论上:本著作首次从管理学的角度提出了能本管理的理念,将人力资源管理从"物本管理"、"人本管理"上升到"能本管理",进而探寻人力资源能力建设的一般规律,填补中国人力资源能力建设管理学研究的空白,发展和完善中国人力资源能力建设的理论。

最后,体现在选题上:本研究首次以科学技术人力资源能力建设作为切入点,填补了科学技术人力资源能力建设研究的空白。

本研究的结论是:能本管理的出现是知识经济的内在要求,社会、组织、个人必然向能力型社会、能力型组织、能力人的方向发展;能本管理实现了管理创新,有系统的、科学的并经过实践检验的理论体系支撑;中国的人力资源能力建设既有得天独厚的优势,又存在着较大差距的不足,应在宏观、中观、微观三个层面充分发挥人力资源能力建设主体的作用,以超常规的措施来促进人力资源能力建设战略的有效实施;进行能本管理是中国加强人力资源能力建设,率先基本实现现代化,建设经济强省、文化大省的有效途径。

本著作对能本管理理论的研究建立在"能力人"假设的基础之上。在知识经济时代,人的能力,特别是创新能力和学习能力成为人性中最为突出的方面,因此,知识经济时代的人性假设必须突出人的能力这一因素,确立能力人假设理论为知识经济时代的必然选择。

第二章　人力资源能力建设理论探讨

21世纪是一个以知识、智力和创新能力为基础的知识经济时代,人的知识、智力和创新能力将成为知识经济社会的发展的主要源泉、动力与目的。2000年召开的亚太经合组织第八次领导人非正式会议上,我国政府第一次正式提出"人力资源能力建设"的概念和思想,明确强调:要注重人力资源能力的开发和培育,注重人力资源能力建设及其充分正确发挥,这已成为我们把握新机遇、应对新挑战,借以实现科技进步,实现经济和社会发展的关键。

第一节　国内外相关文献综述

国外关于人力资源能力建设的理论可以追溯到现代意义的经济学创立之初:古典政治经济学家亚当·斯密在《国富论》中把工人技能的增强视为经济进步和经济福利增长的基本源泉,认为一国全体居民所有后天获得的能力是资本的重要组成部分。

一、人力资源管理思想及其发展

管理是人类活动中最重要的活动之一,自从人们的活动开始以群体的方式出现以后,管理就已成为人类活动中必不可少的因素。现代社会更是离不开管理,管理是构筑现代社会最主要的手段之一,社会越发展,科技越进步,就越显示出管理的重要性。

人力资源管理,主要的是对人力这一资源进行有效开发、合理利用和科学管理。从开发的角度看,它不仅包括人的智力开发,也包括人才的思想文化素质和道德觉悟的提高;不仅包括人的现有能力的充分发挥,也包括人的潜在能力的有效挖掘。从利用的角度看,它包括对人才的发现、鉴别、选拔、分配和合理使用。从管理的角度看,它既包括人力资源的预测与规划,也包括人的组织和培训。随着人类认识的逐步深化,人力资源管理已经成为一门新兴的边缘学科,它是人才学、劳动经济学、教育学、管理心理学和行为科学的有机结合。人们从人力资源的计划与管理出发,对人力资源的形成、开发利用、管理进行系统控制。

人力资源管理作为一门学科于 20 世纪六七十年代首先在美国诞生。以孔茨等为代表的一批管理学家对人力资源管理进行了深刻的理论研究,之后迅速风靡全球。西方人力资源管理起始于组织管理,起初,人们强调对"物"的管理。1960 年人力资本理论的开创者西奥多·舒尔茨在美国经济学会年会上发表的题为《人力资本投资》的研究报告,报告中提出人力资本的核心是提高人口质量,认为人力资源是蕴藏在人类机体中知识和技能在形成与作用的过程中能力资本化的结果,指出"有能力的人民是现代经济丰裕的关键。他们是经济增长的一个重要源泉。如果我们忽视了人的技能和知识的改善,忽视了使一个人变得更有能力的信心,那么经济增长的事业就会乏味而又得不到报偿"。"人力资本是相对物质资本而存在的一种资本形态,是未来满足或未来收入的源泉或两者的源泉。一个人的能力固然与先天因素有关,但能力获得的后天性是主要的,一个人后天获得能力的过程也就是接受教育培训的过程。人力资本与其他物力资本一样,存在着磨损,不同的是人力资本可以通过一定的措施增值。"因此,要改变传统的人力在管理活动中被消极地视为成本的观念,树立更加注重投资于人力资本的观点。

1964 年贝克尔发表了代表作《人力资本:特别是关于教育理论与经济的分析》后,创立了人力资本理论。他认为,人力是经济发展和社会进步的决定性因素,有技能的人力资源是一切资源中最重要的资源。人力资源是国民财富的最终基础。资本和自然资源是被动的生产因素。人是积累资本,开发自然资源,建立社会、经济和社会组织并推动国家向前发展的主动力。显而易见,一个国家如果不能发展人民的技能和知识,就不能发展任何别的东西。舒尔茨认为:人力资本存在于人的身上,表现为人的智力和体力的总和;对人力资本可以通过人的数量、质量以及劳动时间来计算;人力资本既然是资本就可以带来利润;人力资本投资是效益最佳的投资。这一理论标志着西方现代人力资源管理理论的新发展。

国内外不少学者进行了人力资源能力建设方面的研究,取得了一些进展。韩庆祥教授于1999年出版了《能力本位》一书,针对"物本"和"资本"提出"能本",以哲学的观点阐述能力本位思想,在国内率先倡导能本管理。南京市税务局戚鲁和南京大学商学院博士后武博教授在中国率先从管理学的角度研究人力资源能力建设问题。关于高校人力资源能力建设,特别是涉及高校人力资源能力考核的研究很少见,尤其是具有实际可操作性的成果更少。因此,本著作在对现有关于人力资源能力建设有关理论理解的基础上,结合高校教研和管理人员管理政策和实际工作,尝试进行中国高校人力资源能力建设的研究。

第二节　人力资源能力建设理论探讨

随着人类社会过渡到以知识为基础的知识经济时代,人力资源的重要性已超过自然资源和资本,成为第一战略资源。世界银行扩展了传统财富衡量的手段,把财富分为四类:自然资本财富、人造资本财富、人力资本财富和社会资本财富,并且对世界上许多国家的前三种财富进行了价值量化。结果表明,人力资本比自然资本更有价值,而且,投资于人力资本、社会资本、无形资本的收益会大大高于投资于自然资源开发、物质资本和有形资本的收益。凡是注重人力资源投资和开发的国家,其经济增长速度高于注重自然资源开发的国家。一般来说,人力资本在一个国家的总财富中所占的比例在70%左右,发达国家甚至更高。这充分说明了人力资源是一个国家积累财富的核心。基于这一点,越来越多的国家和地区把人力资源能力建设看成一个最重要的积累财富的要素。

人力资源作为一种社会经济资源,从不同的角度对它进行研究可以得到不同的定义。一般从人员素质观的角度认识人力资源,即认为人力资源是指在一定区域范围内,可以被管理者运用产生经济效益和实现管理目标的体力、智能与心力等人力因素的总和及其形成基础,包括知识、技能、能力与品性素质等。

"一定的区域范围"是一个空间的概念。大可以指一个国家或一个地区,小可以指一个学校、机关或更小的班组与团体组织;"可以被管理者运用"是强调人力资源相对管理者的有效性。一个有能力的员工,相对管理者所管辖的范围来说,是管理者所在区域的一种资源,但一旦离开这个区域,则不再是资源了。"产生经济效益"和"实现管理目标",强调的是人力资源的价值性。作为人力资源,他们必然产生管理者所需要的东西,或者是经济效益,或者是完成某种任务与实现某个目标的中介效用。"体力、智能和心力等人力因素总和",既指个体的,又指群体的,包括知识、技能、经验、智力、体力、品德、性格、精神等形成人力的因素。在素质观人力资源系统结构中,能力是核心,品德是关键,生理素质是基础。

人力资源管理包含对人力资源"量"的管理和"质"的管理两方面的内容。它是对人力资源进行有效开发、合理配置、充分利用和科学管理的制度、程序和方法的总和。它贯穿人力资源的整个运动过程,包括人力资源的预测与规划、工作分析与设计、人力资源的维护与成本核算、人员的甄选录用、合理配置和使用,还包括对人员的智力开发、教育培训、激励等。它通过运用现代化的科学方法经常使人力物力保持最佳比例,充分发挥人的主观能动性,使人尽其才,事得其人,人事相宜,以实现组织目标。

在知识经济中,技术创新已成为经济发展的最重要的动力,智力资源在经济中起着关键的作用。物质资源的开发利用是人类社会发展的基础,而人类智慧和能力的发展决定着对物质资源开发的深度和广度,因此,人的动力系统也分为物质动力和精神动力两部分。当然,需要不是孤立地发挥作用,它只有转变成动机时才推动行为。根据人的动力机制图(图2—1)可以看出,需要产生动机,动机导致行为,包括目标导向行为和目标行为。个人需要和组织目标的共同作用决定了目标的具体设置,其中组织目标对目标的设置起主导作用,目标的设置,对人的动机和目标导向行为起着限制和引导作用。目标导向行为和目标行为形成个人的认知,而认知又影响着动机的形成。

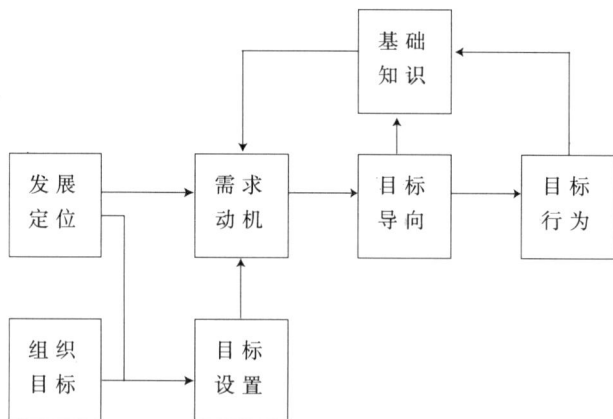

图 2—1 动力机制示意图

"人力资源能力建设"这一名词至今很难有一个令各方都非常满意的定义。但是,人们还是在人力资源能力建设的主要方面达成了共识:①"人力资源能力建设"一词的构成分为三个关键词,即"人力资源"、"能力"、"建设","人力资源"与"能力"这两个词是"人力资源能力建设"概念的基础与核心。②"人力资源"把人作为一种可开发的资源来看待,它是指在一定社会区域内,作为生产要素,产生经济效益或实现管理目标,能够推动经济社会发展的具有劳动能力的人的总和,包括数量和质量两个方面的指标。"能力"是成为人力资源的人的能力,是人力资源的外在体现,能力的发挥要借助现实的社会活动和条件,并为人的现实社会活动服务。"人力资源能力",主要是指作为人力资源的个人所特有的、能够产生绩效的知识、技术技巧、态度和行为。"人力资源能力"外化为本领、能量和成熟度,并通过现实社会活动来展现。③人力资源能力建设(Human Capacity Construction),就是人力资源主体通过教育、培训、使用、管理以及政策、舆论等途径,开发人的潜能,合理配置人力资源,培育人的创新能力,并引导人们不断学习,充分调动人们的积极性,提高他们认识、改造自然与社会的能力,进而提升人力资源整体能力的系列活动。

人力资源能力可以分为三个层面:人的体能、人的技能和人的智能。人的体能是指人在生理和心理上的健全程度,包括自然能力、生理能力,是一种简单能力、初级能力;人的技能是指人的基本技术与掌握生产流程合理规则的熟练程度,包括训练能力、技巧能力、重复能力,是一种中级能力;人的智能包括学习能力、联想能力、创新能力,它是一种高级能力。人力资源能力是人的综合素质在现实行动中表现出来的实际本领,"具有一定素质的主体人"和客观的"人的行动的现实展开"是影响和制约人的能力发挥和实现的两个最重要的因素。与之相适应,"人"(能力的主体承担者)和"人的行动的现实展开"(能力发挥和现实的中介),构成了能力建设的两个基本方面和基本纬度。换言之,能力建设实际上就是通过对人的能力的培养和对人的能力充分正确发挥所赖以进行的社会条件的创造。人力资源能力建设主要包括两方面内容:一是要注重培育和提高人力资源开发的能力,加快人力资源开发能力的培养;二是需要采取有效的措施,把人力资源转换和提升为一种能力。前者指的是"开发能力",后者指的是"转换能力"。人力资源能力建设也就是要充分挖掘人本身具有的潜力和资源,为社会做到人尽其才;充分提高和发挥人的现有能力,为社会做到人尽其能;有效配置和合理使用人力资源,为社会做到人尽其才;培养和提高人的专业技能,为社会做到人尽其才;避免能力和人才的浪费,为社会做到人尽其用。

在能力系统中,体力、知识与经验是基础,智力与技能是核心,观念与性格是辅助,品德是动力,是方向。品德在整个能力系统中,起着主导作用与关键作用,因此,通过品德开发实现能力开发,既经济又高效。

在个体人力资源开发系统中,品德开发也处于主导与关键的地位(见图2—2)。图2—2展示了个体人力资源能力建设的整个过程。从中可以看出,个体能力系统的建设首先进行身体能力的开发,建立起以体力为主的能力系统。例如:运动员以体能和技能为核心建设的竞争力系统;

其次进行心理素质的开发,建立起以智力为主的能力系统。例如:教师、公务员以智能和学习能力为核心建设的竞争力系统;再次进行思想品德素质开发,教师有师德、公务员有道德、经营者有商德等等构建起以服务人类为主的能力支持系统;思想品德的建立有助于促进与发挥现有能力的支持系统,使人力资源能力建设系统工程的基础得以稳固。由此可见,品德开发是人力资源能力建设的难点与关键。

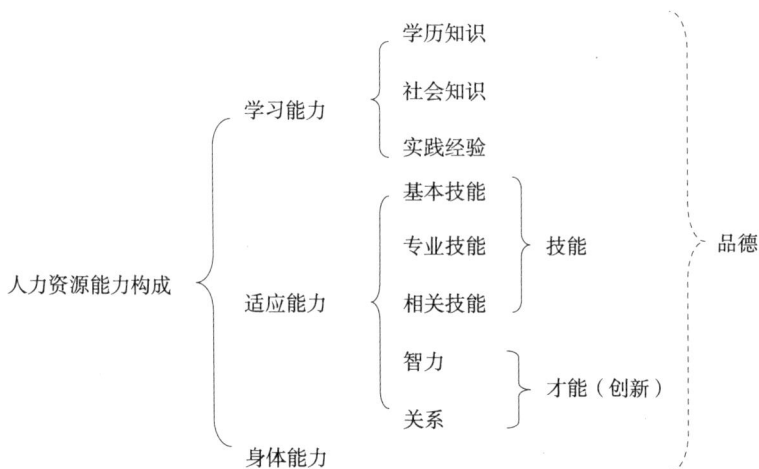

图2—2 人力资源能力构成图

人力资源能力建设是把能力作为管理理念,把个人具有的组织所需要的能力作为首要管理对象,把提高人的能力作为组织发展的推动力量,把提高和发挥能力作为主要的激励手段的管理方式。信息时代的人力资源必须具备四个方面的能力:一是学习能力,即学会学习的能力,终身学习的能力,运用现代信息技术创造性的学习能力;二是适应能力,即学会适应和生存的能力;三是创新能力,即学会创造的能力;四是竞争能力,即具有竞争意识和竞争能力。这四种能力是相辅相成、相互作用的,学习能力和适应能力是人力资源能力建设的基础,创新能力是人力资源能力建设的核心,竞争能力是人力资源能力建设中刻意在某一方面或几方面专门培养的能力,它是人力资源生存和发展的关键。

　　人力资源能力建设对个人来讲是终身学习、不断实践能力的提升过程。

　　$A(ability) = B+P0 +C0+P1 +C1\text{——}+Pn +Cn$

　　$A(ability) =$ 人力资源能力建设

　　$B(base) =$ 基础教育

　　$P(practice) =$ 实践

　　$C(continue) =$ 继续教育（培训）

　　当人力资源接受基础教育投资以后，就开始面向社会为社会服务，在社会的实践中，人力资源个人就会逐步发现自己的能力缺陷，产生能力提升的需求，因此，需要通过继续教育（培训）提升自己的能力。当人力资源在经过继续教育或培训能力得到提升以后，就会再次面向社会为社会服务，在社会的实践中人力资源个人就会再次发现自己的能力缺陷，再次产生能力提升的需求，因此，需要通过再继续教育（培训）提升自己的能力。能力建设是一个不断的学习、实践再学习、再实践的自我完善的过程。

　　人力资源能力建设对组织来讲是一个开发人的潜能，提高人的素质，充分调动人的积极性，以增强人们认识、改造自然与社会的能力的过程。

　　人力资源能力建设 $A(ability) = E +S0 +M0 +B0 +I0 +S1 +M1 +B1 +I1\text{——}+ Sn +Mn+Bn +In$

　　$E(employ) =$ 使用

　　$S(scheme) =$ 配置

　　$M(manage) =$ 管理

　　$B(bestir) =$ 激励

　　$I(incubate) =$ 培养

　　人力资源能力建设是指人力资源主体通过使用（employ）、配置（scheme）、管理（manage）、激励（bestir）、培养（incubate）等途径，开发人的潜能，增进人们认识、改造自然与社会的能力，进而提升人力资源整体能力的系列活动。其根本功效是通过人力资源能力增长对于物质、能量和信息的结构增效、替代增效、转化增效和产出增效去有效地克服传统生产力要素投入的边际效益递减规律,有效地提高持续创新能力,有效地增强生存与发展的竞争力。

广义的人力资源能力建设是指从质和量两个方面创造人力资本,主体包括对人生存、生活和发展所需要的基本技能的培养、人力资本投入的政策体系与制度保证、社会以及各类机构(包括私营部门)的人力资源开发活动等。人力资源能力建设的一项重要任务是,在提高全民科学文化素质的基础上,不断地培养出优秀科技人才,即高素质的科学家和工程师,并设法留住他们,避免流失到海外或非科技部门,同时想方设法吸引外来科技人才。当今,国家科技人才开发竞争的焦点正在于此。虽然世界各国都在大力培养科技人才,但培养出来的人才在质的方面存在高低差别。一定意义上说,在资本、产品和人才全球大流动的时代里,留得住和吸引得来人才对人力资源的开发工程显得更加重要。

第三节　现代人力资源能力建设的观念

进入 21 世纪,时代对人力资源的各种生存技能的能力要求已经发生了根本的变化,20 世纪人力资源生存技能的能力要求已经具有鲜明的知识经济时代特点。经济全球化和新科技革命为人的发展带来了新的机遇,给人力资源能力建设开辟了新的空间,提出了新的要求。因此,什么是能力和能力社会,如何进行能力建设,以及能力社会应确立什么样的发展观等等,便成为新时期不可回避的问题。所以,现代人力资源能力建设要求能够体现时代特点。

一是要求现代人力资源必须具备智力化的特点。在知识经济时代,随着科学技术的迅猛发展并大规模地转化为生产力,产业结构发生了根本性的变化,知识密集的高新技术产业比例越来越大,高技术、特别是信息高技术在生产中广泛应用,自动化程度提高,知识、信息越来越成为生产力中的决定性因素,科学家、工程技术人员、软件编制人员等脑力劳动者在知识经济中发挥着越来越重要的作用,智力工人取代传统工人而逐渐成为劳动生产过程的主导力量。

　　二是要求现代人力资源必须具备高能性的特点。由于劳动的智力程度提高,使其对劳动手段的运用和劳动对象的开发能力增强,活劳动在与各种物化生产要素结合创造价值的过程中,不仅自身能创造更多的新价值,而且,还能更有效地支配、消耗相应的生产要素,或者通过"创新"活动,对现有资源进行新配方、新组合,从而开发新的、更大的效用价值。

　　三是要求现代人力资源必须具备高效性的特点。以高度发达的科学技术为基础的现代活劳动,依靠先进的技术设备,能够创造出比农业经济时代、大机器工业时代高出数倍、甚至数十倍的劳动生产率,使生产出的价值表现出按几何级数增长的乘数效应。

　　我们所面临的发展任务就是要在全球化条件下实现人力资源能力由弱势向强势的战略转变。为此应着重树立有关人力资源能力建设的现代观念。

一、树立人力资源能力建设的资源观

　　人才是一个国家发展最重要的资源。当今世界,争夺人才的竞争异常激烈。美国的经济、科技所以发展得快,很重要的一个原因就是它从全世界网罗了大批人才。

　　(一)人力资源是 21 世纪最重要的战略资源。21 世纪是知识经济蓬勃发展的新世纪,人类越来越清醒地认识到:人力资源不同于自然资源、物质资源等其他资源,人力资源是一种极为特殊的资源,是具有灵魂力、意识力、推动力、创造力,并能支配、利用其他资源的关键性资源,是第一资源。联合国开发计划署《1996 年度人力资源开发报告》指出,一个国家国民生产总值的四分之三是靠人力资源,四分之一是靠资本资源。

　　(二)人力资源能力是最主要的综合国力决定因素。当今时代,科学技术从来没有像今天这样,以巨大的威力和人们难以想象的速度,深刻地影响着人类社会和经济的发展。所以,创造和应用知识、信息的能力与效率,成为决定一个国家综合国力的主要因素,人力资源能力将是知识经济时代竞争制胜的决定性因素。

　　(三)进入新世纪人力资源能力激烈竞争为主流的态势越来越明显。

目前我国人力资源的战略观念薄弱,制约了人力资源能力的提高。在经济全球化、中国加入世贸组织条件下,中国人力资源能力如果不能够实现由弱势向强势的战略转变,许多地区和组织在发展中的最大制约因素,将由资金、技术等转为人才。

二、树立人力资源能力建设的人力资本观

人力是资本。著名经济学家舒尔茨和贝克尔在 20 世纪 60 年代创立人力资本理论以来,引起了"资本"的革命。20 世纪 80 年代以来出现的新增长理论比舒尔茨等人更强调人力资本投资和科学技术在经济增长中的关键作用。西方经济学界对人力资本理论的普遍重视,在新经济形态——知识经济的崛起中得到了更加充分的认证。

人力资本是推动一国经济持续发展的原动力。新经济增长理论的研究已经证明,人力资本的作用说到底是知识、智力的作用,或者说是人力与科技的作用。知识经济的基础是科技,科技可称之为知识经济的内在灵魂,科技发展水平和程度客观地决定着发展知识经济的必要条件。由此,人力经过投资积累获得较高水平的知识与科技能力,将是当今社会经济可持续发展的原动力。

人力资本应有合理投资回报机制。人力资本的内涵是占有知识,应使知识的占有程度成为分配的依据。同时,要充分运用价值规律,充分发挥人力资本价格的杠杆作用,建立知识、技术要素参与收益分配的制度,把按劳分配和按生产要素分配结合起来,依照供求关系和市场机制确定人力资本的收入分配机制,赋予人力资本以应有的社会地位和经济价值。

三、树立人力资源能力建设的市场配置观

人力资源市场制度体系的建立与完善,是提高中国人力资源开发利用水平的基础条件。第一,目前国际上公认,人力资源的经济价值量比物质资源的经济价值量更大,人力资源比物质资源更稀缺。第二,中国更需要人力资源的市场化配置。第三,应充分考虑人力资源开发与管理的技术层面的问题。

人力资源能力建设应有系统观,进行整体性建设。较完善的人力资源市场制度体系应具备以下几个特征:其一,应使人力资源得到最大限度的开发和利用;其二,应能够彻底打破人才单位部门所有、城乡二元的身份地域等界限,人力资源能够在社会上自由地合理流动,实现人力资源存量、余缺、分布和结构的最佳配置;其三,应使人力资源的价值得到充分体现。

四、树立人力资源能力建设的教育投资观

增加教育经费投入,加大人力资本投资强度。人力资源投资是人力资本形成的基本条件,"投资于人力资源并使之优先发展"已成为大多数国家的战略共识。教育与培训是人力资本投资的重要内容,其主要作用是通过人力资本投资来提高人力资源的素质和能力。我国应参照先进国家的经验,结合本国国情,重视基础教育,发展高等教育,优化教育结构;吸收民间资本,开拓多元投资渠道;确立合理的教育投资规模,使我国的人力资源开发与利用水平同经济发展水平一定阶段相适应,并适应入世要求,促进教育的社会化与市场化。

组织应加大对大量优秀技术、管理、经营等方面的人才培养力度。组织界流行的一句话非常有说服力:有战略眼光的组织者不一定直接过问培训,但重视培训的组织者一定有战略眼光。不少组织花了很多钱,买了最先进的软件,但最终失败。这主要的不是技术问题,而是管理问题,管理跟不上,培训跟不上。组织应变传统的人事管理为人力资源开发与管理,变被动地运用已有知识的管理模式为主动地开发人的潜能、培养人才的管理模式。

在全社会倡导"终身教育"、"终身学习"。联合国把 21 世纪定为"学习的世纪"。学习不再是一劳永逸的事情,教育与培训将真正成为贯彻于人的一生的事情。很显然,加入世贸组织后,组织的竞争在更深层次上是核心竞争能力的竞争,核心竞争能力的提高取决于学习力的提高,学习力来源于终身的不断的学习。

第四节　现代人力资源能力建设对高校从业人员能力素质要求

高校教师作为实施科教兴国战略的主力军和人才培养的直接承担者,其整体素质的高低,直接影响着高校功能的发挥和高等教育改革与发展的成败。因此,分析其存在的问题,总结教师队伍建设经验,探索教师队伍建设的思路和模式,以最小的投入创造最大的人才效益和社会效益,是摆在我们面前的挑战。

何谓素质?素质的定义有狭义和广义之分。我们通常所说的素质是指广义的素质,它是个体在先天禀赋的基础上,通过环境和教育的影响所形成的稳定的修养。不同的工作职位对人的素质要求不同,但有些素质是任何职位都要具备的,主要的有政治思想素质、知识素质、智力素质和心理素质等。作为高校的教研和管理人员应具备以下基本素质。

(一)品德素质

品德(moral character or virtues),是一个人用来调节与处理对己对人对事的稳定行为特征与倾向,在外表现为行为态度与行为特征,在内表现为个人信念与行为准则。对象上,包括对待上级与下属、对待左右与同级、对待国家与组织以及对待工作、对待自己的行为特征与倾向;内容上,包括在思想、政治、道德、法律与个性方面所表现出的稳定行为与倾向之总和,包括德性与德能两个方面。美国学者古德诺曾直言不讳地指出,"执行国家意志的功能被称做行政","如果希望国家所表达的意志能得到执行,并从而成为一种实际的行为规范的话,则这一功能就必须置于政治的控制之下。"所以,美国在考虑大学校长人选时,就要求把候选人的政治背景作为首要的前提。他们认为"大学校长首先是政治角色"。我们强调教研和管理人员的政治素质,既是历史的经验总结,也是现实的必然要求,更是由中国社会主义特色的大学性质所决定的。

教育是培养人的社会活动,就其本质属性来说,教育必须与一定道德行为准则相适应,并为其服务。教书不仅仅是教知识,更重要的是育人,教师在向学生传授科学知识的同时,也要传授做人的行为准则,教书育人为高校管理工作指明了正确的方向。高校从业人员必须具备一定的道德水准,才能更好地胜任高校的管理和教学工作。

（二）创新能力

创新能力即学会创造的能力,是能力建设的核心。作为高校的教研和管理人员,不仅要求学会学习知识,掌握知识,更要学会创造知识,要有意识地培养新的思维、观念、方式方法,不断提高创新能力,才能更好地解决高等教育的改革发展中出现的新问题。

（三）决策能力

决策能力指教研和管理人员在工作中根据事件、环境和信息状况等,对预定目标和工作方案作出科学决断的能力。科学决策是高校教研和管理人员的主要任务,是管理工作的重要内容。在整个的管理工作中,从计划、组织、指挥、控制到学生的激励、课堂讲授等都需要进行决策,因此决策能力是高校人力资源的必备能力。

（四）组织协调能力

高校是整个社会系统的一个子系统,为使这一子系统良好运行,实现组织目标,就要善于整合和调动系统内部各方面的力量,协调好各方面之间的关系。这就需要高校人力资源具备较强的组织协调能力,正确处理学校教学改革与发展中出现的问题和矛盾。教研和管理人员具备组织协调能力,对维持高校发展、稳定高校的秩序、实现高校目标具有重要的作用。

（五）表达能力

高校人力资源在工作中经常进行研究、交流、指导和协调等方面的具体工作,要开展好这些具体的管理工作,需要教研和管理人员具备较强的表达能力。表达能力是高校人力资源能力结构中的重要组成部分,它主要包括语言表达能力和文字表达能力:教研和管理人员的工作需要语言的表述与理解,研究问题、课堂授课、汇报工作和交流思想等都需要较强的语言表达能力;同时在学校的管理工作中,很多工作更需要文字形式的表述,文字表达能力是做好管理工作的基本要求。

第三章　国外人力资源能力建设研究

近年来,我国的高等教育发展速度很快,规模也越来越大。特别是自1999年党中央国务院作出了扩大高等教育规模的决定后,高校的办学规模大幅度持续发展。而且,这种趋势还将持续较长一段时期。与此同时,当今世界经济全球化趋势不断发展,各国的产业结构调整步伐加快,国际竞争日趋激烈。我国在加入世界贸易组织之后,高等教育面临的挑战与竞争已是不争的事实。对于高等院校来说,培养什么样的人才才能够适应这种挑战与竞争,是必须重新思考和定位的问题。这其中的关键则是建立一支高水平的教师队伍,国外高校尤其是一些名牌大学在人力资源能力建设中的经验和措施值得我们借鉴。

第一节　国外人力资源能力建设研究的背景

人力资源能力建设是一个持续发展、不断提高的过程。各国不同高校的人力资源能力建设,经历了不同的发展历程,也呈现出不同的特点。高校人力资源能力建设以宏观环境为背景,不断进行跳跃性的发展,宏观背景成为高校人力资源能力建设快速发展的有力推动。国外人力资源能力建设研究背景不同,但以美国高校人力资源能力建设最具典型性和代表性。而当前"新经济"带来的巨大机遇和挑战也成为高校人力资源能力建设快速发展的又一次契机。

一、美国人力资源能力建设背景分析

美国人自从 1946 年发明第一台计算机以来,以微电子技术为基础的信息技术、生物技术、新材料技术、宇航技术的蓬勃发展,使美国成为世界新技术的中心。技术进步的加速,导致了新产品、新材料不断涌现,新资源不断被开发与利用,新的社会需求也就不断产生,由此带来产业结构的巨变,使其越来越向技术知识密集化的方向升级与发展,高新技术产业增长速度大大超过了非高新技术产业增长速度。高新技术产业的发展、产业结构的升级,加速了社会职业结构的变动,新的就业岗位随之产生,岗位变动频繁。在职业的变迁中,大量工人因其从事的产业萎缩、职业被淘汰而涌入失业大军中。职业急剧变动和就业人员向知识技术型产业聚集,要求企业职工要不断智能化,学习和掌握新知识、新技能、适应新职业的各种要求。与此同时,第二次世界大战以后世界局势相对稳定,各国纷纷转向本国的经济发展和建设,经济的飞速发展必然带来激烈的经济竞争。至此,美国企业界认识到:企业已不再是一个纯营利的牟利场所,赚钱已不再是企业的唯一目的,企业必须为社会服务,成为社会的有机组成部分。此外,全球化的经济竞争与挑战从质和量两个方面也都加大了对人才的需求和需要。所有这些都加速了美国进行人力资源能力的建设。

在这种情况下,美国社会生活中出现了一个引人注目的现象,一些大企业家和金融巨头从他们所聚集的巨额财富中拿出一部分资金,对高等教育进行了大量私人捐赠,对高等教育的发展起到了不容忽视的作用。当时如哈佛、耶鲁、哥伦比亚、普林斯顿等一大批私立大学,都在私人慈善事业的资助下获得了迅速发展,一些新的私立大学也得益于私人捐赠而创办起来。正是从这一时期起,私人对教育及其他公共文化事业的捐赠逐渐成为风气,并形成了美国高等教育体系中公(州)立大学与私立大学长期并存的传统及格局。

美国的高等教育模式完全移植自英国,以牛津、剑桥为楷模,课程设置也是以拉丁语、希腊语、希伯来文、逻辑、数学、自然哲学等古典科目为主。与欧洲相比,直到南北战争前,美国的大学不但数量少、规模小,而且教育思想、课程设置和教学管理都非常落后。19世纪后期,有一大批美国人陆续从德国和英国学成回国,其中一部分人后来成为富有强烈进取心和改革精神的新型教育家,给美国沉闷闭塞的高等教育带来了一股强劲的新鲜空气,成为美国高等教育改革的中坚力量。如曾在德国学习过的化学家查尔斯·埃里奥特,在他1869年出任哈佛大学校长后,打破过去那种僵化单调的课程设置,在哈佛首先全面实行了选修课制,改变了过去大学中古典科目一统天下、一成不变的局面,同时将诸如历史学、社会学、心理学、经济学以及其他一些自然科学等现代科目引入了学校和课堂,从而赋予大学以现代特征。埃里奥特预见到美国社会发展的长远需要,恢复了哈佛大学的法学院和医学院,并创办了管理学院,使学校具备了综合性大学的规模。

随着高等教育的发展,培养研究生制度也从欧洲移植到美国来。在培养研究生方面成绩最突出的是约翰斯·霍普金斯大学,这所大学的创办宗旨是以培养研究生为主。霍普金斯大学引入了德国大学中采用的大课讲授与小型研讨班相结合的教学方式。与此同时,为了适应新的社会需要,各种类型的专业学院开始发展起来。这样,高等教育的结构和大学的培养目标发生了重大变化,开始培养出直接服务于社会的各种专门人才。

回顾这一时期美国高等教育的发展历程,可以得到以下几方面的启示:一是政府的有效干预(如通过立法或其他行政手段有效地分配和使用公共资源)和有保证的经费投入,是高等教育迅速发展的最直接动力;二是对高等教育非投资、非营利性质的大量私人捐赠在某种程度上可以实现社会财富再分配,并使高等教育多元化;三是大胆引进和移植国外先进的教育理念、教育模式、教学方法及课程体系,结合自身条件加以改造和运用,以改革推动高等教育向现代化转变;四是紧密结合社会需要,规划、调整大学的组织结构、学科建设和人才培养目标,使得高等教育更具有前瞻性和适应性。

二、新经济对各国人力资源能力建设的挑战与对策

"新经济"作为一个新概念,最早的有关著述见于1996年12月30日的美国《商业周刊》。尽管人们对此看法不一,但是新经济已经不是一个纯粹的概念,也不等同于单纯的"网络经济"或"数位经济",它以信息化、全球化为基础,与传统经济互动,在网络与创新中产生新的增长点,逐步形成一种前所未有的经济法则和经济体制,并对人力资源能力建设与管理产生重大影响。

新经济带来了新的改变与挑战,同时也刷新了许多传统的理念和认识:经济全球化在增加适应性、创新和竞争方面,对人才管理及人的能力建设产生巨大挑战;专门知识的价值被确认,并融入组织程序和能力考核;智力资本作为独特的生产要素,取代人力资本并排在产业资本、金融资本之首;低成本的计算机网络与宽频技术,成为全球员工交流与沟通的新工具等。

在这种全球竞争中,人力资源能力建设面临着一场新的前所未有的考验:激烈的经济竞争导致了更为激烈的人力资源能力的竞争;全球化人才告急与本土化人力资源的短缺;非正式雇员的重要性和价值体现;必要技能的判断、选择、确定、培训和掌握,等等。总之,新的挑战正在改变从传统经济中建立不久的人力资源能力建设的新理论与新方法,也使得国际稀缺资源——人力资源已经成为世界上最稀缺的资源——进一步优化配置,人力资源能力已成为经济发展最强有力的推动力。

美、日等发达国家认识到人力资源投资的重要性,为了在未来国际竞争中保持本国的领先地位和经济实力,一方面大幅度地增加对教育的投资,大力培养年轻科技人才;另一方面,千方百计地吸引外国的优秀人才,并以此作为促进科技和经济发展、增强国家实力的一项重要战略。

日本的第二个科技基本计划中指出,科技人才培养是科技系统的一个要素,培养优秀科技人才及改革有关的科技教育体制是计划的七项主要内容之一。日本出台的"大学结构改革计划"中要求,通过公、私立大学的重组和加强,在2010年创出30所达到国际水准的大学,希望在未来

50 年内能有 30 位日本人获得诺贝尔奖。

韩国政府在 2001 年 12 月公布的科技基本计划中规定,在信息技术、生命科学等六个战略优先领域中投入 2.24 万亿韩元,提高 22 万现有科技人员的水平,并培养 18 万新人。新加坡把政府支持信息技术和生命科学等前沿领域发展经费中的 20% 用于人才开发。欧盟第六个框架计划规定,用于人力资源开发的经费要比上一个计划增加一倍。英国政府为培养和吸引人才,对每位博士提供的生活基本津贴做了大幅度的上调,从 2000 年的 6800 英镑增加到 2003 年的 9000 英镑。澳大利亚除了计划改进大学教育之外,还决定将博士后研究职位数翻一番,并且以世界顶级的研究设施和优越的生活条件留住杰出人才。美国政府针对本国中小学生数学等学科成绩在国际上偏低的弱点,重点抓从幼儿园到高中的科技教育,布什总统一上台就发表了《不让一个孩子落后》的报告,此举不能不称之为目光远大。

此外,像瑞士和加拿大这样的经济强国,也相继出台了吸引研究人员在国内工作以遏制人才外流的计划。

第二节　国外高校人力资源能力建设实践研究

教师是高校人力资源能力的建设者和实施者,高校教师队伍能力建设直接影响到高校人力资源能力建设的有效性。而作为高校教师最主要物质激励的工资制度又成为调动其主动性、积极性和创造性的关键因素。了解国外高校人力资源能力建设实践就必然要研究国外高校教师队伍能力建设和工资制度建设。

一、国外高校教师队伍能力建设特点

中国高校要成功地完成担负的新任务,关键就在于充分发挥教师的主动性、积极性和创造性,而能否最大限度地调动广大教师的主动性、积极性和创造性的关键是能否有效地进行高校人力资源能力建设。

近年来,国外高校教师队伍的能力建设体现出以下几个特点:其一,

高级职务教师所占比例较大。在美国各类高校教师中,教授和副教授约占全体教师的50%。其二,高校教师学历逐步提高。高校教师的学历结构是指教师群体中具有不同学历、学位教师数量的构成情况,是衡量教师群体理论水平和研究能力的重要指标。在美国、德国、法国、日本等发达国家,高学历已经成为高校教师获得任职资格的重要条件。在全美所有高校中,有42.1%的教师具有博士学位,具有硕士学位者占36.9%,具有学士及以下学位的教师只占10.9%。在四年制的大学里,有53.5%的教师具有博士学位,29.7%的教师具有硕士学位。其三,高校教师日趋年轻化。高校教师的年龄结构是衡量一个教师群体创造力高低的主要指标。一般来说,年轻教师思维比较活跃,知识更新、接受新事物的速度较快,具有较强的创新意识和创新潜力。在英国,30—50岁之间的教师比例为65.8%,60岁以上的教师只占4.2%。56.2%的高级讲师或研究员和39.8%的教授在30—50岁之间,全体高校教师的平均年龄为42岁。其四,兼职教师的比例逐步增大。兼职教师是西方发达国家高校教师群体中的重要组成部分,承担着大量的教学、部分科研和社会咨询任务。英国高校兼职教师数量为23245人,占全体教师数量143115人的16.24%。在日本,根据调查,在国立大学里兼职教师占30.8%,专职教师占69.2%,私立大学里兼职教师占46.4%,专职教师占53.6%。其五,教师来源多样化。西方发达国家高校为了避免学术的"近亲繁殖"现象,教师一般不从本学校毕业生中招聘,例如,哈佛大学的教师中,来源于斯坦福大学的最多,占16.7%;英国剑桥大学的教师中牛津大学毕业生最多,占10.8%;德国都柏林大学的教师中来源于慕尼黑大学的最多,占11.2%。并且教师来源相当广泛,比如,剑桥大学的教师来自于1000多个学校和科研机构。其六,全面提高教师的待遇。改善教师的生活水平是提高教师工作的积极性、保证高校吸引高素质人才的基本手段之一。近些年来,西方国家为了吸引更多的优秀人才到高校里从事教学和研究工作,各自采取了不同的措施来提高教师的社会地位和经济地位。

二、国外高校教师工资制度研究

随着经济全球化的到来,全球人才竞争已经跨出了国界,超越了种族。如美国实施"投资于人"的战略,努力建立"脑力强国",德国总理施罗德 2002 年 3 月 13 日宣布,德国将出台一系列有关从国外招聘信息技术人才的新政策,"尽快"招聘 2 万名信息技术人才,英国在 2000 年预算中提出,放宽向以信息技术为主的人才发放劳动许可证的限制。同年 7 月发布的《科技与创新白皮书》提出,每年拨款 400 万英镑,用于增加 50 名一流科学家的工资;日本决定构筑以科学立国为目标的战略,采取各种措施使外籍科研人员占科研人员总数的比例,使之在今后几年达到 30%。而在我国,许多跨国公司纷纷登陆,并实施本土化人才战略。如美国微软在北京设立了微软中国研究院,日本富士通公司于 1997 年在北京成立研究所,它们不惜重金吸引人才。此外,民营企业人才待遇市场化和高校之间优秀人才的竞争,使中国高校面临国内和国际人才市场的双重竞争,教研人员的待遇在人才市场又缺乏竞争力,从而使高校教研人员成为人才竞争的焦点。同时,由于国家财力有限,又有许多下岗职工和失业人员,完全依靠国家财政来大幅度提高高校教研人员工资,使之与国外大学和市场接轨是非常困难的。那么,如何利用有限的支付能力,优化现有资源,设计公平合理、具有竞争力的工资制度呢?国外高校教研人员工资制度中的成功经验可以作为中国高校学习借鉴的范例。

范例一:美国高校教研人员工资制度

美国是发达的市场经济国家,高校教研人员的工资没有国家制定的统一标准,私立院校与公立院校教研人员工资制度的制定方式也不相同。在私立院校,由校长根据财力提出教研人员工资建议,由校董事会决定教研人员工资级别、工资标准、年度性自动增加工资的幅度,决定激励性增加工资、假日工资、养老金以及各种津贴的发放标准和发放办法。在公立院校,州议会批准各类学校教研人员的工资级别或工资的最高限额,校长依据已有的工资级别向校董事会或直接向州立法机关提出教研人员工资标准的建议,教研人员的工资由州政府拨款支付,但由于公立院校的董事会享有财政自主权,他们最终将依照学校财力和教师的工作成绩决定教研人员的实际工资标准。

美国各院校都规定了各类教研人员的最高工资额和最低工资额,教研人员的职位、学位、教学水平、学术成果的数量和质量、任职年限是确定其实际工资的主要依据。教研人员的工资随职位晋升而提高,同时,教研人员的工资每年随物价的上涨也会调整,这部分工资称为自动增加工资;对于在教学、研究、社会服务等方面取得出色成绩的教研人员,院校也会增加其工资,这部分工资称为激励工资。

美国高校教研人员工资市场化程度比较高,工资体系比较完善,其特点是:第一,教研人员的工资收入项目规范,操作简单,制度严密,严格控制工资外收入。教研人员的工资项目大多数就只有一项,实现了教研人员收入货币化,这样既有利于提高高校对教研人员工资分配的调控能力,防止分配中出现不合理的现象,又有利于提高高校在人才市场的竞争力。第二,美国大学有公立与私立之分,且教师的工资收入不等。一般来说,私立大学教研人员比公立大学教研人员工资高。美国具有博士授予权院校的教授平均年薪,公立的约 5 万美元,私立的约 6 万美元。第三,美国不同类别大学之间教研人员工资收入不等。根据美国教授协会(AAUP)1998 年发布的报告,1997—1998 学年能授予博士学位的国家级综合大学教师年平均工资为 61816 美元;能授予硕士学位的综合大学教师年平均工资为 50243 美元;四年制学士学位大学教研人员为 45163 美元;两年制学院为 40760 美元;其他大学为 40706 美元。哈佛、斯坦福、普林斯顿、加州理工等名校的教授年薪平均超过 11 万美元。第四,美国大学不同学科之间教研人员的工资收入也不一样。美国 CUPA 教育机构通过对1996—1997 年国内私立四年制学院和大学不同学科和不同职务教研人员工资的调查显示,学科之间差距较大,其中工商管理、计算机与信息科学、工程学等学科教师的平均工资要高于图书馆学、数学等学科教师的平均工资。

从上面的概述和特点可知,美国高校教研人员工资制度市场化程度比较高,教研人员工资水平决定因素主要是市场机制,各类高校之间教研人员和不同学科之间教研人员工资存在差别,体现了社会财富在收入分配方面的公平性。

范例二:日本高校教研人员工资制度

日本教研人员的地位很高,国立、公立、私立院校因财源的不同,教研人员收入存在差异,但大致的政策和做法并无多少不同。教研人员的工资收入由基本工资、补贴、奖金组成。基本工资的确定首先根据教研人员的任教经历和学历标准来确定职称,再根据年资确定等级与级次,决定工资等级;补贴包括职务岗位津贴、家属抚养补贴、住房补贴、交通补贴、超课时津贴、教师研究生兼课津贴和特种工作津贴。奖金每年6月及12月各发放一次,奖金额不固定,视当年学校财力及实际情况由理事会讨论后决定。

日本高校教研人员的基本工资有两个明显的特点:第一,基本工资大体是按资历来确定的,晋升主要靠年资;第二,无论哪个级别,档次越高,档差越少,尤其是教授的工资,一定档次以后的档差为100日元,几乎等于不再上涨了。

从日本高校教研人员工资制度分析可知,日本高校教研人员基本工资依据职务和学历,晋升根据年资和业绩考核,这种工资制度能够较好地体现知识的价值和职业发展周期,体现教研人员的需要层次,到一定年龄阶段,教研人员工资达到比较高的水平后,教研人员的需要达到了更高层次,他们追求更多的是荣誉、声望和地位。因此,工资增长只是象征性的。

第三节　国外高校人力资源能力建设经验借鉴

对国外人力资源能力建设的背景和实践研究归根结底是要借鉴经验,从教师的选聘、待遇提高和能力提高等方面分别归纳出有效的、切实可行的做法作为学习的典范。

一、国外高等教育发达国家教师聘任制度借鉴

中国长期以来的高校教研人员职称评定制度向教师职务聘任制度转

轨是我国高等教育走向国际化、逐步与国际接轨的一个重要举措。它的顺利实施与否,直接影响到高校人事制度配套改革乃至整个高教体制改革的进一步推进。纵观国外高等教育发达国家,其实行教师聘任制已有多年,已基本形成了较为固定、完整的教师聘任体系,积累了相当的经验。这方面他们无疑领先我们一步。

国外一些高等教育发达国家,如美、日、英、法、德等,其高等学校均实行教师专业职务聘任制。尽管在实施过程中各有不同,各具特色,而且同样不尽完善,也存在着一定的缺陷和不足,但他们所表现出来的一些共同特点却是值得我们借鉴和学习的。

(一)高校在教师招聘工作中享有较高的自主权

在这些国家中,教师的招聘工作主要是由缺员学校组织进行的,甚至在一些国家,如美国,各级教师的聘任权也在高校手中。即使在法国、日本这样的中央集权制或权力比较集中的国家,教师的招聘工作也是由高校进行的。虽然像教授、副教授等高级职务的聘任需由国家统一审批,但讲师、助教等中、初级教师则由学校或较低的行政部门批准即可。此外,高校在教师招聘中的自主权正体现在对缺员的控制上,特别是对教授的缺员控制尤为严格。如在德国,教授席位是根据专业需要设置的,是固定的。只有当教授因故空出席位后,才考虑招聘问题。法国同样也规定只有现任教授退休、死亡或开辟新专业时,才可增补教授。这样不仅保证了教授的质量,而且控制了教师的数量,从而保证了高校具有较为合理的教师结构和师生比例。

(二)教师的招聘工作具有公开性

这是发达国家教师聘任制度中一个显著的共同特点。在这些国家中,高校一经决定招聘教师,便会向其他院校及有关专业学会发出征求信,同时在全国专业报刊上刊登招聘广告,面向全社会广泛筛选。有些国家的高校,如美国,为了避免"近亲繁殖"或在招聘过程中掺杂私人感情,规定不从本校应届毕业生中招聘教师。德国甚至规定教授的提拔也不从本校助教中进行。助教在任期满后,只能申请应聘其他大学的教授。这种面向社会的公开招聘,通过校外的广泛应聘、竞争、选拔,有利于选贤任能,有利于大学间、大学与社会之间不同学术流派、学术思想和不同学风的交流,从而活跃了学术思想,促进了国家科学技术的发展,同时也促进了高校间合理的教师流动。

(三)教师聘任有着严格的条件及考核程序

各国对各级教师职务都有着明确的备选条件,主要包括几个方面的要求:学历,特别是学位;资历;教学、科研能力。如美国高校规定,讲师要具有硕士学位或博士候选人资格;助理教授要具有博士学位,并且表现出在教学和科研工作方面的潜力,还要有2—3年的教学经验;对副教授及教授的要求就更高了。除了对教师的聘任条件有着明确的规定外,各国还具有一套严格的考核制度,以确保所聘教师的"名副其实",这一点是很重要的,因为没有严格的考核,则标准的实施只能流于形式。此外,还需指出的是,这种考核不仅仅只停留在聘用教师时,而且同时延用于教师的晋升过程中。各国均在教师的晋升提拔上有着严格的考核、审批制度。如美国实行"非升即走"的原则,规定讲师聘任合同期限为1年,助理教授为3年,还可续聘3年,到期后,如通不过专门委员会对其教学效果、科研能力、论文及著作水平以及咨询或服务质量等方面的考察,就得被解聘离校。日本更为严格,即使"贵"为教授、副教授,每隔3—4年也要进行一次"业务审查",通过者方可继续聘用。这种严格的聘任标准和考核程序,不仅保证了教师队伍的高素质、高质量,而且能激励教师勤奋上进,不断提高专业水平和敬业精神,有利于人尽其才和人才流动,也便于及时发现问题和选拔人才。

(四)教师的聘用与相应的待遇相结合

各国除规定了严格的教师聘用标准及考核程序外,还非常注重教师聘用后的待遇问题。美国规定,聘用教师的工资每年都自动增加,以适应物价指数的上涨;学校每年还拿出一笔专款为优秀教师增加工资;此外,聘用教师除领取较高的工资外,还可获得相当于其工资近30%的额外收入。日本将教师工资分为五大级,每一级里有30小级,教师每工作一年自动上升一小级;教师每年还能拿到相当于其2—5个月工资的奖金;享有一定金额的补助费、津贴、"教育研究旅费"以及"带薪年度休假";另外,教授、副教授在通过了3—4年一次的"业务审查"后,除继续聘用外,还可获得晋升一级工资的奖励。欧洲一些国家,如法国、德国等,其高校的正式教师的待遇在社会各职业阶层中处于中上水平。良好的教师待遇在稳定教师队伍,激发教师积极性,使之安心从事教学、科研工作方面发挥了巨大的作用。

（五）教师的聘用与培养相结合

尽管伴随着严格的聘任、考核制度的实施,各国高校师资队伍的职称结构、学历结构、年龄结构都有了很大的提高,达到了相当高的水平,但是,教师的进修培养仍然是各国非常重视的一个环节。各国都有着一套行之有效的教师进修培养的措施,并逐步同教师的聘任工作相结合。其共同特点是制度化、正规化、多样化。如美国为了提高教师的水平,将系主任的评价、教师间的相互评价和学生对教师的评价输入计算机进行处理、储存,作为教师继续受聘或提升的参考。此外还建立了各种旨在帮助提高教师水平的教学中心;不断增强学校的学术气氛;设立教学、科研奖金和学术休假,积极鼓励教师走出校门参加各种学术交流活动等。日本教育当局也很注意教师的在职进修,他们将教师的进修提高和晋升制度结合起来,并与科研奖励制度、教师考核制度联系起来,同时为高校师资的进修培养提供各种方便条件。如每年派遣教师出国进修或进行学术考察,对科研成果在经费和出版方面提供方便,等等。

我们在进一步推行教师职务聘任制时,研究国外高等教育发达国家教师聘任制度的特点,应在立足于国情、省情、校情,在坚持以我为主的基础上,认真研究、分析、总结国外教师聘任制的先进经验和优点,从中寻求借鉴和启示,这对我们是大有裨益的。

二、国外高校教师的待遇提高经验借鉴

国外很多名牌大学为了吸收世界一流水平的专家到校任教,不惜重金高薪聘请学术权威。国外名牌大学能培养出世界一流水平的毕业生,这与他们具有一支高水平的师资队伍有直接的关系。西方发达国家靠提高教师的工资水平来吸引高素质人才的做法已经有很长的历史。前哈佛大学校长艾略特在 1869 年就职的时候曾经说过"大学的真正进步必须依赖于教师"。但是当时想要建立并保持一支一流的教师队伍不是一件容易的事情,其中最重要的原因就是大学教师的工作艰辛和待遇及薪水的微薄。艾略特上任以来第一个重大举措就是提高教师的工资,把教授的年薪从三千美元提高到四千美元,而当时美国的主要大学教授的年薪都在三千美元以下。

在德国高等教育发展史上,高校也很注重提高教师的待遇。1834年,都柏林大学的正教授的实际收入(包括工资、讲课费和其他收入)平均已达到 2336 塔勒,这在当时是相当可观的。近些年来,西方国家为了吸引更多的优秀人才到高校里从事教学和研究工作,各国采取了不同的措施来提高高校教师的社会地位和经济地位。

三、国外高校教师的能力提高经验借鉴

高校教师要不断地学习、接受培训来补充和提升自身的能力,通过对国外尤其是美国高校的调查研究,我们得到以下几点启示:

第一,教师职务聘任制进一步的改革,可提高我国高校教师关键岗位的流动性,加强与其他院校、企业之间的交流,优化教师知识结构和学院结构,补充一些在企业有丰富的实践经验,与企业生产保持密切关系的教师,实现关键岗位聘任的多元化,提高我国高校教师理论与实际相结合、研究与应用相结合等方面的能力。

第二,采取灵活多样的渠道和方式实施教师培训进修计划。高等学校教师的培训进修是提高教师素质的最直接的途径,是高等学校教师队伍建设的重要环节,是高校人才战略的重要组成部分。教师的成长决定着学校的兴衰,关系到学校未来的发展。

第三,提高教师"软硬件"待遇和教师服务质量。学校的总体发展需要与教师个体发展需要的统一和默契,是教育改革与发展成败的关键因素之一。

美国高校在提高教师能力素质的途径和方法方面、教师资源的开发和配置方面已经形成了一套较为完善的管理制度和科学的运行机制,为高素质的师资队伍建设提供了保障。我国高校与美国高校在高等教育教师队伍建设方面还存在着一定的差距,在我们学习、借鉴国外先进经验的同时,应从本国高校师资队伍建设的实际出发,及时、准确地了解世界最新情况,研究新思路,采取新措施,解决新问题,不断改进和完善现行的政策措施,为建设高素质的教师队伍而作出努力。

第四章　中国高校人力资源能力建设系统研究

第一节　中国高校人力资源能力建设社会支持系统研究

人力资源虽然是一种经济资源,但这种资源不是一种自然的仅供利用的资源,而是一种需要社会支持才能利用与开发的资源,这是一种通过社会支持可以不断地提高其品位、质量的特殊资源。

一、"能力建设与社会支持系统"问题提出的背景与意义

通过社会支持着力于人力资源质量、品位提高的内涵型开发是大力普及教育、不断提高人口受教育程度的根本途径,也是配置型人力资源开发的重要基础。从这个意义上讲,国家的作用非常大。国家通过制定相关的法律法规、相关政策,通过教育的发展,走内涵型人力资源开发的道路,是人力资源开发战略的本质内涵,国家建立社会支持系统是人力资源开发的根本途径。

人力资源的开发,从根本上说取决于教育的功能,取决于教育的水平及质量状况。目前,社会对于教育是非常重视的,因为教育能唤醒人们沉睡的需求意识,使人们的社会、生活等需求得以觉醒。通过教育手段和途径能使人们真正认识自我,认识自我的价值、认识到生活的内涵和意义,从而按照社会发展的规律、趋势及人们追求的目标设计自我。这种需求的觉醒是社会经济得以发展的原动力,是内在的动力源,也是第一推动

力。认真把握人类自身需求的内涵及变化,是人类自身自觉地致力于社会经济发展的重要前提。一般说来,这种需求觉醒得越早、变化越快,社会经济的原动力也就越强,教育的发展能从根本上加快这种需求的觉醒进程,促使人类自身需求的变化,从而为社会经济的发展找到内在动力源。教育不仅能唤醒人们沉睡的需求意识,而且随着人们接受教育程度的提高,能使人们不断产生新的需求,激起人们对新生活(生活的水平、质量、方式等)的追求,同时,能提高人们在生活差距问题上的敏感程度以及增强改变现状的决心,从而使人们内在地产生一种新的进取精神。进取精神,无论对国家、民族、地区,还是对家庭、个人,都是社会经济文化发展的真正动力。教育能使人们获得满足需求并使进取精神成为现实的手段和能力。需求的觉醒只是社会经济发展的原动力,进取精神是社会经济发展的支柱。但仅有这些还是不够的,还必须有实现需求、使进取精神转化为现实的满足需求的能力。教育的功能之一就是通过信息的传递、知识的传授、技能的培养等途径,使受教育者不断提高自身修养。

二、国内外人力资源能力建设社会支持系统研究现状

(一)国外研究的状况

1. 国外人力资源能力建设社会支持系统研究的背景

国外从古代到近代再到现代,对能力问题都有一定的研究。纵观世界经济社会的发展史,英国的工业革命、美国经济的称雄、日本经济战后的崛起,无不是这些国家优先发展科技、重视人才能力培养的结果。在一定意义上讲,谁在人力资源能力建设的支持方面领先,谁就会在发展方面领先。尤其是在当代,能力建设问题更引起了人们的关注,取得了有较大影响的成果,如舒尔茨的人力资本投资理论和丹麦战略管理研究专家 J.福斯的企业能力理论等;但他们对"能力建设与社会体系支持"未作专门系统而深入的研究。

2. 国外人力资源能力建设社会支持系统研究的现状分析

当今世界,经济全球化趋势加快发展,现代科学技术突飞猛进,产业结构调整步伐加快,国际竞争日趋激烈。这种竞争,说到底是人力资源能

力的竞争,是人才数量和质量的竞争,也是人力资源开发水平和人才选用机制的竞争。美、日等发达国家认识到人力资源能力建设的重要性,为了在未来国际竞争中保持本国的领先地位和经济实力,建立相应的政策,鼓励人才在国内发展,留住人才,它们一方面大幅度地增加对教育的投资,大力培养年轻科技人才,提升本国人力资源发展水平,使之能够尽快地适应经济全球化竞争发展的需要;另一方面,千方百计地吸引外国的优秀人才,并以此作为促进科技和经济发展、增强国家实力的一项重要战略。一场人才争夺战已经悄悄地在全世界范围拉开了帷幕。美国在新的移民法中规定"具有专长者可以优先移民",为高技术人才资源和熟练的专业技术人才资源进入美国大开方便之门,从而吸引和接纳了许多国家的大量科技人才资源。日本也于1990年6月颁布了新的出入国境管理修正案,一改过去的排外倾向,为"具有专门知识和技术"的外国人才资源和劳工提供在日本就业的机会,并严禁本国企业雇用一般性的外国劳动力。西方工业发达的国家争夺人才资源的另一重要战略是为有才华的外籍青年学者提供就学、进修和进行科研的各种便利条件,以吸引他们作为留学生、访问学者或客座教授,从而使发展中国家的学生和科技人才资源大量流入西方工业发达国家。

同时许多发展中国家、新兴工业化国家和地区,为了应对发达国家对人才资源争夺的挑战,也采取了一些相应措施,一方面加大教育和人力资源培训的投资,提升人力资源的能力;另一方面,尽量减少人才外流,并尽最大可能争取外流的人才回流和吸引发达国家人才逆流。如增加科研经费,改善科研条件,提高工资待遇,提供更多更好的就业晋升机会,以便留住本国人才;在国外设立联络站或组织代表团到海外招揽本国人才;采取限制性政策和经济手段控制人才外流;实施专项计划,吸引外流人才回国从事短期或长期的科研活动或咨询服务,建立高水平的科技园区,以吸引人才回归等。如韩国在美、日、西欧设立了"韩国科学家、工程师协会",从1986年开始实施人才回归计划,由政府出资建立"人才回归计划"基金,建立"大德科技园区"等。印度也分别建立了"班加罗尔高科技园区"和"新竹科技园区",收到了一定效果。人力资源能力的价值在国际人才流动中被充分体现了出来。

3. 国外人力资源能力建设社会支持系统研究的前景分析

21 世纪是能力竞争的世纪,是人才竞争的世纪。产生这一变革的主导原因来自两个方面:一方面是能力竞争——以智慧的创造力为主要竞争利器,已成为当今世界经济竞争的一个重大趋势,并日益成为决定组织核心竞争力的本质力量;另一方面则是重视能力的价值——由知识转化为实际创新力和创造力的价值——即学会掌握运用知识于组织与生产过程的方法比任何时候都更加突出了。在当今世界到处存在着失业的情况下,人力资本跨国流动,全球化人力资源竞争愈演愈烈,优胜劣汰……种种现象显示:能力社会已经来临。由于能力竞争和智慧价值的地位日益突出,使能力竞争这一适应市场经济发展和市场竞争规律的新型经营观的确立成为必然。

(二)国内研究的状况

1. 国内人力资源能力建设社会支持系统研究的研究背景

除了国家领导人把能力建设作为国家发展战略提出并加以强调以外,我国学术界对此是缺乏专门系统而深入研究的;学术界更多地是从经济学、战略管理学和人才学角度研究人力资源开发与管理问题,这种研究虽然与能力建设问题息息相关,可以为"能力建设与社会支持系统"问题研究提供可资借鉴的丰富的思想资源和成果,但并不是对"能力建设问题与社会支持系统"问题的专门研究;有些学者研究了能力及其与能力有关的一些问题,但与"能力建设与社会体系创新"问题还存在一定距离;国内不少学者比较多地研究了道德建设、思想建设和制度建设等问题,但对与此相关的能力建设以及"能力建设与社会体系创新"问题缺乏专门系统而深入的研究,成果并不多见,只有一些零散文章。毛泽东同志曾经提出"本领恐慌"问题,认为我们党最大的恐慌不是经济的恐慌,也不是政治的恐慌,而是本领的恐慌。这实际上意味着进行能力建设的迫切重要性;邓小平提出过干部的知识化、专业化、年轻化问题,与能力建设以及"能力建设与社会体系创新"问题有一定的关系,但还未把"能力建设与社会体系创新"提到议事日程;江泽民同志根据时代和实践发展的要求,第一次正式提出能力建设问题,并作了比较多的强调,也提出不少新的思想,对我们研究"能力建设与社会支持系统"的研究具有直接的指导意义和借鉴价值。

2. 国内人力资源能力建设社会支持系统研究的现状分析

根据邓小平同志提出的科学技术是第一生产力和教育优先发展的思想,我国作出了科教兴国的战略决策,将科教兴国确立为我国的一项基本国策。科技和教育犹如我国进入新世纪的两个车轮,连接两个车轮的轴就是人才,人才资源的开发是决定这两个车轮速率的枢纽。科教兴国战略的实施把人力资源开发提高到了关系到国家兴衰的战略高度,为人力资源开发开辟了空前广阔的发展空间。

据有关数据表明,1996 年,发达国家已普及 10—12 年义务教育,而我国目前普及九年制义务教育的人口覆盖率为 65%,教育体制满足国家经济竞争力的程度排名第 40 位;教育经费占国民生产总值的比例仍低于发展中国家 4% 的平均水平。因此,我们必须全面正确认识知识社会的内涵,立足于基本国情,加大教育对现代化建设人才的支持力度。如果不能在人力资源开发利用方面迅速增长,我们就根本无法实现民族振兴的宏伟蓝图。人口过多和人均资源缺乏始终是阻碍我们发展的沉重包袱,只有实行"科教兴国"战略,大力开发人力资源,变沉重的人口包袱为巨大的人才优势。

国家越来越重视人力资源能力的培养,加大教育投资的力度,制定各种相关政策引进人才,并取得了一定的成绩。中国的"人力资源能力"得分目前只有 7 分左右,2001 年北京人力资源得分为 18 分,接近发达国家平均水平的下限。据了解,在过去的 10 年里,中国的平均"人力资源能力"提升了 1 分,而北京的得分在过去三年间提高了 5 分。专家认为,各地人口的能力差异基本上是当地教育投入所致。

3. 国内人力资源能力建设社会支持系统研究的前景分析

面对经济全球化,国际竞争环境风云变幻,日益复杂。中国要立身于世界经济强国之林中,要在国际经济竞争中立于不败之地,从根本上讲就要加强人力资源能力建设。我国是人口大国,人力资源是我们的最大优势、最大潜力所在,同时也是制约我国经济社会发展的最大瓶颈。目前我国的人力资源能力建设与我国社会经济发展要求很不适应,突出表现为:人才总量不足,人才结构不合理,特别是现代化建设所急需的高精尖、复合型人才短缺;人力资源开发利用的体制和文化环境存在缺陷;我国人力资源的潜在优势还没有转变为现实的人才优势,特别是在全球性激烈的人才竞争中,我们还处于明显的劣势。如何把丰富的人力资源优势转变为现实发展的优势,为改革开放和现代化建设提供有效的人才智力保障,是当前和今后很长一段时期我国所必须解决的重要战略问题,也是进行理论研究和实践探讨的主题。

4. 国内外人力资源能力建设社会支持系统比较研究

世界各国正在纷纷采取措施,加大培养、吸引人才和开发人力资源的力度,增强核心竞争能力。同时,西方发达国家还利用自己的优势加强了世界范围的人才争夺,特别是对发展中国家优秀人才的争夺,已经到了白热化程度。加入 WTO 标志着我国对外开放进入了一个新阶段,我们将在更大范围和更深程度上参与国际经济竞争与合作,而且这种竞争给我们带来的影响将更加广泛而深刻。人才的匮乏和流失将是我们面临的严峻挑战。科技人才的开发和利用状况反映了国家的发展状况,可从人力资源的需求、供给以及利用效果三方面进行比较:研究与开发全时人员与经费是科技人力资源需求的主要指标。2008 年,中国科技人力资源总量达到 4600 万,比 2005 年增加 1100 万,增长 31.4%,居世界第 1 位,全国研究与试验发展(R&D)人员全时当量 196.54 万人/年,居世界第 2 位。然而,相对于中国人力资源总量而言,科技人才的相对数量还明显不足。2007 年,中国每万个劳动力中从事 R&D 活动人员只有 22 人,而瑞典、日本、法国和韩国分别为 159 人、141 人、119 人、111 人。由此可见,与发达国家相比,与中国经济社会快速发展的需要相比,中国科技人才仍有较大缺口,科技队伍的总体规模仍需扩大。

从我国人才资源总量看,存在的两个"5%"现象值得警惕。一个是人才资源占人力资源总量的 5.7% 左右;另一个是高层次人才仅占人才总量的 5.5% 左右。

通过国际比较分析,我国科技人力资源开发总体上处于发展中国家水平。要使我国科技人力资源开发在 21 世纪中叶达到中等发达国家的水平,笔者认为,需要实现科技人才的大众化、高层次人才的国际化和知识创新的体系化。

三、关于"能力建设与社会体系创新"研究的基本内容

(一)中国高校教研人员能力建设社会系统现状与问题分析

1. 我国高校教研人员能力建设社会系统现况

高校教研人员开发以及能力建设问题目前已受到各国、各地区的普遍重视,社会竞争归根到底是经济的竞争,而经济的竞争最终为人才的竞争。纵观世界各国经济的发展道路更能充分说明高校教研人员能力建设的战略重要性。因此,世界各国目前都十分重视高校教研人员能力建设的开发。我国实施科教兴国战略,而实现科教兴国战略的基础在教育,教育的基础在教师。没有高素质的教师怎么能培养出高素质的学生?因此,造就一支高素质的教师队伍是实施科教兴国战略的基础工程,而搞好这一基础工程的前提是正确评价我国教师队伍的现状,准确探明其原因。

2. 我国高校教研人员能力建设社会系统问题分析

一是数量不足,质量不高,结构不合理。2008 年全国普通高等学校专任教师 123.75 万人,占总数的 60.3%,生师比为 17.23∶1。有资料显示,美国排名前 10 位的著名大学生师比平均值为 6.73∶1,具有硕士学位授予权的前 10 位的大学平均生师比为 13.4∶1。2008 年全国高校教师具有研究生学历的占 44.7%。

二是心理不平衡,队伍不稳定,精力不集中。调查显示:上海市高校教师心理健康问题检出率为 48%,与一般群体的"常模"相比,有 23.4% 的高校教师超出"常模"2 个标准差。绝大多数报考研究生的中学教师选择非教育专业,并把考研当做逃离中学的跳板。高校教师读研究生的亦有相当比例脱离高校,另谋高就。

三是培训跟不上,知识难更新。目前世界教育的发展趋势之一是终身教育,这就要求对教师不断进行培训,更新知识。近年来,我国中小学

教师的主要精力都放在了学历达标上,脱产培训受到经费、编制等方面的制约。1992 年以来全国高校教师培训率仅有 25%,知识老化的问题较为普遍。

笔者通过调查分析,认为导致教师队伍素质不高的原因有以下三个方面:

一是传统观念、社会现实及价值取向方面的原因。我国几千年的文明史都是官本位体制,即所谓"学而优则仕"。自古以来,中国文人受儒家思想影响,重义轻利,耐得住清苦。改革开放前,"忠诚党的教育事业"、"甘愿吃苦、无私奉献"——既是教师们的理想信念和精神支柱,也是他们的职业道德和自觉行动。改革开放以来,不同利益群体之间的收入差距明显拉大、分配不公、脑体倒挂等现象,使许多教师困惑不解。传统观念与现代观念的冲撞,东西方文化的冲撞,使人们由重义轻利转向义利并重,由甘愿吃苦、无私奉献变为讲究实惠、付出与所得相等价、权利与义务相一致的价值取向。在社会转型期,在市场经济条件下,这些观念的转变带有必然性、合理性,无可厚非。

二是工资待遇、社会地位及师范院校生源方面的原因。据国家统计局资料,1978 年教师年平均工资 545 元,在所有 15 个行业中列第 13 位,比第 1 位的电力业少 305 元,比各行业平均数少 70 元。1995 年教师平均工资 5435 元,在 16 个行业中仍列第 13 位,比第 1 位的电力业少 2408 元,比各行业平均数少 65 元。显而易见,我国教师属于低收入阶层。收入低,物价高,迫使一些教师从事第二职业以维持生计。在国(境)外,教师大都属于中上收入阶层,法、德、日本等国及我国澳门地区还将教师列为公务员,我国香港教师的工资高于欧美发达国家教师的工资水平。

三是指导思想、教育投入及管理体制方面的原因。笔者赞成胡鞍钢博士的观点:"新中国成立以来,我国一直实行注重物质资本、轻视人力资本的发展战略。"物质资本投入,少则一年多则几年就见效,周期短、见效快;教育投入则需要十几年甚至更长时间才能见效,并且是隐性的、间接的。急功近利、短期行为的领导者自然会选择前者。1952 年到 1987 年,我国物质资本投入年均增长率约 11.3%,而同期教育投资积累还不及工业投资积累的1/3。教育总支出占国民生产总值的比重始终徘徊在3%左右,不仅低于发达国家水平6.1%(1985年),也低于发展中国家水平4%(1985年)。1970—1995年在国家财政预算中,经济建设支出平均占50%左右,教育支出平均占15%—16%。韩国的教育投入占财政预算的22.4%,以色列的教育经费占国民生产总值的8%。

(二)中国高校教研人员能力建设社会支持的现状与对策研究

1. 中国高校教研人员人力资源能力的培养

一是高校教研人员在职考研。与大专生、本科生相比,硕士和博士研究生在知识的深度、广度和技能的熟练程度等方面优势明显,特别是博士毕业生。而且,大多数研究生都有跟导师一起做课题的经验,理科研究生还有参与实际项目的经验,这些经验是弥足珍贵的,对研究生自身素养的提高有很大的帮助。与本科毕业时相比,学生在研究生阶段有了更多时间来考虑未来发展,思考自己的人生定位,对职业发展有了一个相对更加长远的计划。国家也十分鼓励高校教师在职考研,提高高校教师自身的道德、文化修养,同时通过自身的岗位,把知识传授给学生。

二是信息化社会里的再培训。信息化时代,网络尤其是国际互联网的出现产生了全新的网络文化。21世纪的教育现代化问题,很重要的因素之一是与现代信息工具(计算机、网络等)在教学中的应用情况有关。体现在具体的教学过程中,教师的主导地位又决定了教师必须有较高的信息素养和使用现代信息工具的能力。教师是教育实施过程的驾驭者,因此,教师的教育观、教育技术水平直接影响着教育信息化的进程。

(1)加强对现代教育舆论宣传的力度

广泛开展素质教育、创新教育,使广大的教师从思想上认识到提高自身信息素养的重要性、紧迫性、责任感,自觉主动地加强学习,提高自己的信息素养。教师要胜任现代教育教学工作,就必须强化信息觉悟和信息观念,加强信息素质的培养。

(2)教育部门应建立和完善在职教师的培训和进修制度

我国政府十分重视对高校教师信息素质的培养,在实施的"高校教师继续教育工程"中,明确提出了对教师进行信息技术培训的目标,对我国教师的信息技术培训作出了方向性的指导,使各个学科教师的专业知识,特别是对迅速发展的教育、信息、网络技术有一个及时、全面的学习或了解。培训应强调实用性和连续性,并对现代教育中教师的各项教育技术技能指标进行测试,凡不能达标或未通过测试者,应限期通过,实行教师岗位"上岗证"制度。同时,建立激励机制,对那些信息素养高,并在现代化教育中作出显著成绩的教师给予适当的物质和精神奖励。

(3)鼓励教师利用业余时间自学

教和学都是长期的行为,一种素质和技能的养成也需要长期和细致的劳动和积累,不可能一蹴而就。制订学习计划,确立各阶段的目标,循序渐进,日积月累,才有可能得心应手。制订一个可持续发展的学习计划,是教师自觉提高自身信息技术素质的良好开端。这里强调是长期的学习计划,不是为了一次公开课、一次比赛、一次评比而进行的短期行为。

(4)紧密结合学科进行学习和实践

从现在开始的相当长的一段时间里,课堂教学仍然是学校教育的主要方式。学校教育的信息化,很大一部分表现在课堂教学的现代化上。信息技术应用到课堂上的效率,落到实处是辅助教学课件的制作水平与应用效率。当前的课件制作,虽然有很多的公司、机构在制作课件,但这些课件应用的效率并不高。教学过程并不是一个格式可以规范得了的,不同教师课堂教学的思路不同,同一教师对同一内容也不见得是机械照搬。教师在现代教育教学思想的指导下制作课件,再用这些课件更好地体现其教学理念,是未来计算机辅助教学的发展趋势。因此,让第一线的教师成为课件制作的专家、课件应用的能手,是提高教师信息技术素质的目标与成果。

(5)营造有利于教师信息素养提高的良好外部环境

建设良好信息技术环境是培养信息意识的物质基础,学校应根据自身的经济实力配置相应的现代化教学设施,建设校园网。经济条件许可的学校可建立多功能网络教室、电子阅览室,所有教室配备大屏幕彩电和计算机并全部连入互联网;可成立网络中心和信息技术教研室,购进必要的软件和教学资料,建成自己的教学资源库;可成立由校长任组长的信息技术教科研领导小组,探索网络环境下研究性学习的策略和模式,进行信息技术与学科课程整合的实验研究,推动整个教师队伍信息素养的提高。

信息化社会的到来,对人类的生活、学习和工作都产生了深刻的影响,对教育来说更是挑战与机遇并存。教育要面向现代化,面向世界,面向未来,教育信息化是一项关系全民族发展的系统工程,是培养具有创新精神和实践能力的高素质人才和劳动者的、关系国计民生的大事,要推进教育信息化的进程,就必须在进行硬件建设的同时对广大教师进行信息技术培训,以提高广大教师的信息素质。

2. 中国高校教研人员人力资源能力的提升

能力建设是手段,人力资源开发是目的。随着社会的发展和科学的进步,需要大量素质高、能力强的优秀人才,这些人才的培养关键还要靠高校教育这个主阵地。因此,更需社会注重对高校教研人员的能力培养,建立健全的社会支持系统。作为学校要承担这个重任,全面提高教育教学质量。要做到这一点最根本的一条是建设一支热爱党的教育事业、素质好、能力高的高校教师队伍。尤其近几年新教师不断增加,但素质没有明显提高,很难适应新的条件下教育事业的发展。加强新教师培训管理,全面提高教师素质,是摆在每个基层工作者面前的重要任务。近几年来我国十分重视高校教研人员政治和业务素质的提高,充分调动了高校教师献身教育、教书育人的积极性,使国内高校教育教学质量显著提高。

一是师德教育,提高教师政治素质。加强教师道德修养至关重要,"传道之人,必须闻道在先",塑造他人灵魂的人首先自己要有高尚的灵魂。要热爱教育事业,有高度的敬业献身精神,是干好工作的前提。国内要求各高校重视对教研人员的政治学习,通过学习教育理论,激励一大批新教师,使他们认识到教育阵地是一片热土,是能够充分发挥他们聪明才智的地方,从而达到真正的"敬业爱岗",把全部热情投入到教育事业中。

师德教育还突出地表现在榜样的力量上,教师的示范性劳动,决定了教师在思想品德及作风上必须成为学生的表率。凡是要学生做到的教师首先做到,身教重于言教,教师的榜样作用,换取学生的信任,教师对学生的爱,换取学生对老师的尊敬,从而搭起师生之间感情的桥梁,形成一股巨大的教育力量,形成良好的学风和校风。

二是加强教学管理和教研教改,提高教师业务素质。

(三)中国高校教研人员能力建设社会支持系统展望

21世纪是一个国际关系全面调整和变革、世界经济一体化、科技推动被普遍认可的时代,竞争将愈演愈烈。国际贸易自由化、资本流动全球化和人力资源一体化已经成为不可逆转的大趋势。这种趋势一方面为世界各国在全球范围内有效组织和配置各种生产要素、快速发展经济提供可能条件;另一方面也对各国尤其是发展中国家的地位形成了严峻的挑战和威胁。教育是国家的根本,尤其是高等院校的教育问题,关系到国家的发展前景。教育是为社会服务的,社会的发展又对教育施加着巨大的影响。科技进步不断为教育增添新的内容,教育必须适时反映科技进步的最新成果。百年大计,教育为本。要实现全面建设小康社会和中华民族伟大复兴的宏伟目标,必须坚持实施科教兴国战略和人才强国战略,把教育摆在现代化建设优先发展的战略地位。近年来,在党中央、国务院的正确领导下,教育事业实现了跨越式发展,教育改革取得了突破性进展,面向现代化的教师群体建设的问题是一个长期而艰巨的任务。本书仅在中国高校教研人员能力建设社会支持方面进行了一些有效的探索,还有许多理论和实践的问题需要我们作进一步的研究。

一是面向现代化的教师群体建设的操作系统进一步科学化的问题。如何优化教师群体的培养措施,面向现代化,教师应具备怎样的智能结构,培养教师的动力机制有哪些,需要进一步的研究和探索。

二是科学组织教育过程的问题。教师群体素质的提高面临的一个重要课题就是科学组织教育活动问题,如何根据教师成长的规律,最优化地组织教育,最大限度地发挥教师的创造力,开发教师的潜能,以求以最少的代价,取得最大的教育效益,全面提高教师的群体素质。

三是多层次、多角度地培养教师群体的问题。要建立一支适应21世纪需要的、能够在全国高等院校教育教学管理的改革中产生影响的教师群体,以此来推动我国教师群体素质的进一步提高,还有待于作进一步的实践和探索,需要联系社会各方面的力量,采取各种手段,包括提高教师的待遇等,进一步形成培养教师群体的良性循环机制,促进教师自我教育和自我成长。

第二节　中国高校人力资源能力建设生存支持系统研究

在当今竞争激烈的环境中,高校要想在社会主义市场经济中求生存、求发展,必须有一支高水平的教研队伍。当前,高校师资队伍不稳严重制约教学科研水平的提高。在这种情况下,如何使教研人员适应当今高校环境,提高教学和研究能力,是高校势必解决的问题。

随着高等教育的迅猛发展,师资队伍的建设问题显得日益重要。研究我国高校教研人员生存能力建设生存支持结构状况,分析师资队伍结构的特点,提出优化教研人员科研环境的方案,使他们能够人尽其才,这对于推动我国高校教育发展具有重要意义。

"人创造环境,同样环境也创造人。"人与环境的关系是相互制约、相互依靠的互动关系,而高校科研环境对教研人员的影响也是如此。要想拥有良好的科研环境,那就要靠高校教研人员努力去创造,而良好的科研环境又给教研人员特别是青年教研人员提供了充分展示自我价值的舞台。所以要激励高校教研人员刻苦钻研、顽强拼搏、勇于探索、敢于竞争,并且取得突出的科研成果,使科研工作呈现良性循环的态势。反之,科研环境的不利则制约着教研人员的能力建设。

影响高校教研人员的因素很多,但笔者认为主要因素一是待遇,二是住房,三是自我价值的实现,四是压力。说到底,是高校目前的人才环境特别是教研环境不能适应市场经济的发展。随着人才市场的健全、劳动人事制度的不断完善,学有所成者要解决前两个问题并非难事,对于自我价值的实现这一问题,尤其是青年教师,若长期得不到解决,就难以在高校立足,只有趁年轻另觅他路,以实现自我价值,对于在工作中的压力的缓解这一问题,更是当前教师面临的难题。

教育改革使素质教育全面推进,高校教研人员的素质与能力已经成为人们关注的焦点。高校教研人员在飞速发展的当今社会如何向社会提供一些高素质、学术扎实的优秀人才,如何在竞争激励的工作岗位上实现自己的价值,已成为势必解决的问题。通过对国内、国外高校教研人员的能力建设的对比分析,提出相应的建议,使高校教研人员在能力建设和生存方面有一个明确的方向,以满足社会和家庭追求高质量教育的需求,适应社会发展的时代要求。

一、能力建设生存支持的定义及我国教研人员在这方面存在的问题

(一)能力建设生存支持的定义

要想研究我国高校教研人员能力建设生存支持,就必须理解它的含义。以下是笔者个人的理解,能力建设顾名思义,就是对能力进行建设,在本文中我们研究的是高校教研人员的能力建设,也就是完善高校教研人员的各项能力,使他们的能力得到充分发挥,然后进行再培养、再学习,这样形成一个循序渐进的提高过程,达到一个可持续发展的目的,

高校的生存环境对于教研人员来说是相当重要的,一名教研人员要想在所在高校生存下去,并且能力得到充分发挥,自我价值得到实现,就必须适应所在的环境。这里的环境一是客观存在的环境,二是软环境,即教研人员的科研环境。例如工资福利、住房、压力、激励等也是影响他们取得研究成果的因素。

因此,能力建设生存支持就是环境能支持高校教研人员能力的提升、发挥、培养,即人尽其才,物尽其用。如何才能实现人尽其才呢? 接下来分析一下我国这方面的现状。

(二)我国高校教研人员能力建设生存支持现状

中国有丰富的人力资源,在高校更是如此,但在过去的计划经济管理体制下,育人环境和用人方面都存在问题,致使人力资源(教研人员)未得到充分开发和利用。

受社会大环境及国际环境的影响,高层次教研人员外流严重。在这方面,可以以俄罗斯的惨痛教训为证,有关资料显示,俄罗斯在 1987 ~ 1994 年间科技部门流失 140 多万专家、学者和科研辅助人员,即在册人员的三分之一;从事科研活动的专家人数,1989 年为 138.93 万人,而到

1994 年仅剩 64.08 万人,短短 6 年间流失 70 多万人,这些人才的流失给俄罗斯的社会经济造成了极其严重的后果。而据联合国统计,仅美、加、英三国在 20 世纪 80 年代就从世界人才流入中获益 500 亿美元,进入 90 年代,发达国家的此项收入更是有增无减。从 1978 年到 2009 年底,中国各类出国留学人员总数达 162.07 万人,留学回国人员总数为 49.74 万人。

我国高校决策者由于受到一定的政策限制,相应的高层次人才政策倾斜措施不得力,因而缺乏吸引力。例如有的高校住房制度不完善,加之学校调控能力较差,致使人才调进该单位很久分不到房或在其他方面有诸多后顾之忧,严重影响其工作的积极性;又如户籍管理制度、就业管理制度等,都有配置不当的情况,相应的法律也不健全,从而限制人才资源的合理流动和有效配置,不能形成一个优化人才成长的环境。就目前我国的现状来看,我国在这方面还存在着很多问题,这些问题需要各界人士共同去解决。

(三)我国高校教研人员能力建设生存支持存在的问题

目前,高校教研人员队伍存在以下主要问题:一是教研人员总量不能适应高等教育发展的要求。表现为现有教研人员数量不足和教师数量增长率小于高等教育规模的增长率,在一定程度上增加教研人员负担,影响教学质量,影响教研人员创新精神的培养。二是教研人员队伍结构不能适应高等教育发展的要求。主要表现为教研人员队伍学历偏低;由于学生成培增长,教研人员队伍急剧扩大,高层次人才的供不应求,使这一问题更加突出。尤其是一般农林院校、财经、政法、师范等院校。其次是年龄结构有待改善,虽然 35 岁以下的青年教研人员所占比例高达 48%,但要适应教学科研需要还要有个培养过程。还有是教研人员队伍的专业结构不合理,教育本身和国家经济发展急需学科的教研人员紧缺,如计算机、英语等公共基础课的教师严重不足,许多原有基础薄弱、师资储备不多的院校,形势更加严峻。三是许多新增专业、学科学术骨干和学科带头人缺乏,学科梯队不健全,开展创新教育、创新研究能力弱,给高素质人才培养带来很大困难,限制了高等教育的持续健康发展。四是"学缘结构"

问题仍然比较突出,学缘结构不合理现象具有很大的普遍性。

在明确了能力建设生存支持的含意、了解了我国的现状和存在的问题之后,我们开始对我国高校教研人员能力建设生存支持进行系统研究。

二、我国高校教研人员能力建设生存支持系统研究

(一)高校教研人员能力的种类及其特点

能力分为体能、智能、技能三种。体能是高校教研人员从事教研活动的最基本的能力,如果体能有问题的教研人员从事教研活动,他的生存支持系统是很脆弱的。智能是高校教研人员所必需的第二种能力,智能的高低决定着一名教研人员是否在其研究的领域有所建树,并且对他本人的发展前景也是一种可以借鉴的标准。技能是伴随着体能、智能两种能力的形成而在其之上的能力,主要是以实践为基础。这三种能力对于一名高校教研人员来说是必不可少的,只有拥有了这三种能力,才能在竞争激烈的环境中更好地生存。

(二)环境因素对我国高校教研人员研究的影响

环境因素对我国高校教研人员的研究有一定的影响,具体表现在工资福利待遇、住房问题和压力,在人才竞争激烈的今天,高校教研人员肯定会选择适合自己的环境去发展,所以创造良好的教学科研环境,让教研人员的能力得到充分发挥是十分重要的。下面逐个分析影响我国教研人员的因素。

1. 工资因素

中国内地高校绝大多数是公办高校,属全额拨款的事业单位。高校教研人员的工资由国家工资和校内津贴及补贴组成。国家工资由人事部制定统一标准,校内津贴及补贴由高校自主分配。

中国内地高校教研人员国家工资主要依据职务、任职年限、工龄和学历确定。校内津贴及补贴主要依据职务确定。中国内地高校教研人员工资具有几个特点:第一,国家工资分配制度和校内工资分配制度并存,各类高校教研人员国家工资全国统一标准,校内津贴及补贴各高校根据本校的财力和办学目标制定分配方案。第二,高校内部分配自主权不断扩

大,基本工资占教研人员工资收入的比例逐渐降低。1993 年以前,高校教研人员工资全部由国家统包统分。目前北京的高校教研人员国家工资占其工资收入的比例约为 20%—30%。第三,各类高校教研人员工资差距并不明显,市场化程度比较低。第四,教研人员的工资水平逐年提高,尤其是 1999 年各高校推行岗位津贴制度以后,薪金改革已经拉开序幕,高校教研人员的工资收入在各行业中的排名迅速提升,尊师重教的风气已经在社会上形成。第五,各高校之间人才竞争愈演愈烈,各种高薪聘用人才计划纷纷出台。

2. 心理压力

随着高等教育改革的不断推进,其给高校教研人员带来全新发展机遇的同时,也带来了更大的挑战和压力,而作为高校教研人员,其所处的特殊位置、环境和所担当的特殊角色、使命,在这种社会变革、转型过程中特别是职称改革、工资改革、住房改革、人才管理制度改革过程中承受着特殊的心理压力。

根据对宁波大学 2003 年在职青年教师心理压力状况进行的调查,已婚的教研人员占 45.7%,未婚的教研人员占 54.3%;初级职称者 57.1%,中级职称者 34.7%,高级职称者为 5.3%,其他 0.4%;最高受教育程度为大专者占 10.6%,本科 64.9%,硕士 22.4%,博士 2.9%,所在部门为教学占 30.2%,科研占 13.1%,行政管理 40.4%,教辅占 24.1%,后勤 2.9%。从调查中发现,所有的教研人员都感到有心理压力,而形成高校教研人员心理压力的原因是多样的,归纳起来主要来自社会、工作和生活三个方面。

(1)社会压力

从社会环境方面看,心理压力来源于社会、政治、经济、文化的急剧变化。高校教研人员作为文化的传播者,要不断适应并学习,这使得教研人员的权威性日益受到挑战。调查中只有 25.7% 的教研人员认为教师的社会地位及受人尊敬的程度较高,有 58.0% 的教研人员认为一般,还有 17.6% 的教研人员认为低。因此,他们在社会文化变迁中有着更深层次的压力。

随着社会的发展,人们对教研人员的期望值越来越高,教研人员要充当知识的传授者、模范公民、纪律维护者和家长代理人等诸多角色。因此,教研人员在面对多种角色期待不能顺利调节时,就会出现角色冲突。问卷调查显示,高校教研人员具有高成就感和高工作动机倾向。他们多将"赢得竞争性工作"放在优先选择之列,期望在学术领域内实现自己的抱负,有61.3%的教研人员要提高自己的学历,有45.7%的教研人员把晋升职称作为自己今后的第一目标,他们都在一种具有挑战性、竞争性的工作环境中实现自身的价值。但目前的现实是:一方面,改革开放和竞争机制在高校的引入,为青年教师的迅速成才提供了有利的条件;另一方面,日益强化的功利观念与相对拮据的现实生活的强烈反差,使部分教研人员失落心理强烈,有61.6%的教研人员认为自己的工作强度和实际收入不符合,因此出现各种心理冲突和心理压力在所难免。

(2)工作压力

从工作性质来看,高校教研人员的工作是培养人才的复杂的脑力劳动,既要教学(管理),又要科研,创造性很强,这就造成了脑力上的高消耗。而从当前高校环境来看,学校所采取的涉及教研人员切身利益的改革措施,诸如职称改革、工资改革、住房改革、人事管理制度改革等,给教研人员带来了更大的活动空间和自由选择的机会,同时也给教研人员带来了巨大的心理压力。调查中有30.2%的教研人员认为教学任务繁重,有25.3%的教研人员认为科研任务繁重,有50.2%的教研人员认为职称晋升(发表论文)难,有24.5%的教研人员认为申请课题难。以前,在职称评定、职务升级、课题的安排上虽有论资排辈现象,但基本上平稳,压力较少。而现在,收入拉开了距离,科研任务加重,同事之间的竞争加剧了,人际关系紧张了,随着竞争上岗,挂牌上课,校、院、系等各级评奖制度的实行,资历较浅,人际关系不稳,较高的角色期望与较低的学术、经济、社会地位,较高的自我评价与不如意的外界评价之间的冲突,使教研人员感到巨大压力。

工作负担重。调查中,教研人员的工作任务繁重,周课时在5—8节的教研人员有16.3%,9—12节的教研人员有22.7%,在12节以上的教师也有 12.7%,教研人员晚上的睡眠时间则显得不足,就寝时间在 22 点以前的只有 13.1%,在 22—24 点的,占 61.6%,在 24 点以后的占 25.7%,而且有 73.4% 教研人员在晚饭后到就寝这段时间都在做与教学科研有关的工作。这表明高校教研人员的工作时间和生活时间没有明确的界限,工作压力不容易消除。

(3)生活压力

由于青年教师参加工作时间短,职称低,工资收入也较低。经调查,有 59.6% 的青年教师年收入在 3 万元以下,有 22.0% 的青年教师年收入在 3—4 万,只有 4.0% 的青年教师收入在 5 万以上,但青年教师面临的生活问题却不少,如组建家庭、孩子、老人需要照顾等,再加上住房改革、医疗改革,影响最大的又是青年教师。

人际交往失调。人际交往对于每一个社会人来说都是十分重要的,青年教师对此比较认同,有 86.1% 的教师认为人际交往十分重要。交往不仅是信息交流的渠道,同时也是沟通感情、发展个性和心理保健的重要手段。在青年期,除了职业选择以外,最大的心理困扰就是人际交往。对于职业相对稳定的青年教师来说,交往就成了他们社会生活中相当重要的组成部分。但是,大多数高校青年教师独立性强,他们在事业上富有竞争性而不肯认输;在待人接物方面正义感强,对不合理现象深恶痛绝,不愿迁就和屈从,刻意追求自己的独立人格,追求完美,因而,易为他人所误解,这从调查的数据就可知,有近 41.6% 的教师认为自己的人际关系一般,9.8% 的教师认为自己的人际关系不好。这样就造成许多高校青年教师交往的障碍,人际交往障碍所导致的心理压力会影响高校青年教师的整体情绪,并波及他们的工作、学习与身心健康等方面。

四、我国高校教研人员能力建设生存支持策略研究

(一)强化在各种环境下加快高校教研人员的能力发展

1. 解放思想,与时俱进,运用创新观念指导师资队伍建设

在跨越式发展中,必须解放思想、更新观念。一是实践"三个代表",坚持马克思主义指导,是师资队伍建设的根本保证。建设师资队伍应该

具有世界眼光,勇于创新,坚持三个"解放出来"。二是运用超前思维使师资队伍建设具有前瞻性。许多超前思维是在对大局的把握和深层思考中提炼出来的,我们要认真学习领会党和国家的大政方针,进行理性分析,把握经济社会发展的脉搏,针对可能出现的新变化、新问题,通过科学分析,依据客观规律,创造性地对高等教育未来发展的趋向和态势进行预测,提前做好师资队伍的建设工作,为学校跨越式发展提供师资保障。三是运用创新思维使师资队伍建设具有特色性。创新思维具有独立性、连动性、多面性、跨越性、综合性等特点,在师资队伍建设中要运用这种思维方式努力创新,敢于打破陈规,既要向别人学习,更要针对学校、学科专业实际,创造性地提出跨越式发展中师资队伍建设的新思想、新方法,制定新战略和新对策,形成具有自身特色的师资队伍建设体系。师资队伍建设既要考虑单位、本地实际情况,更要跳出单位、本地的范围;既要坚持以在职人员为主,也要发挥兼职人员、退休人员的作用。这样师资队伍建设才具有广泛基础,师资人才才能得到合理优化配置。

2. 教研人员能力建设中应着重把握的几个方面

(1)重视创新意识和创新能力的培养。现代高等教育的目标是培养具有创新精神和创新能力的高素质人才,要实现这一目标,重要的是要建设一支具有创新意识与创新能力的师资队伍。在跨越式发展中,为了满足教学的暂时需要,往往容易忽视这一点。一些学校在工作重点定位上没有很好地调整教学与科研的关系。如果教师不了解当代科学前沿,没有从事科研的亲身经历,不具有开拓创新精神,没有创新意识和创新能力,他们只能传授书本知识,是不会培养具有创新意识和创新能力的人才的。美国斯坦福大学的一位教授,连续5年获得学生们无记名投票评出的优秀教学奖,但聘用期满后却因学术成果寥寥无几被学校解聘了,这在我国是难以想象的。近年来我国的一些大学已在这方面进行大胆改革,与国际接轨,在考核体系中列入一些反映教师创新意识和创新能力的指标,如科研项目、成果、论文等,与教学工作量同等对待,以此为导向,促进教师自身素质的提高,从而提高教学质量。

(2)重视"学科带头人、优秀中青年骨干教师"的选拔、培养与管理。

学科带头人队伍建设是学校学科建设和发展的核心所在,也是学校能否实践可持续发展的关键所在。优秀中青年教师是学校教学、科研领域的中坚力量,是学科带头人的后备军,是学校人才队伍中最重要的组成部分。因此要建立良好的选拔培养优秀教师的机制。一是要选拔出思想政治素质好,学术水平高,在专业领域已做出了一定成绩,并有较好发展前途的教师;二是要"不拘一格",对有发展潜力的教师大胆启用,精心培养;三是对优秀教师实行"三个优先":优先派出学习提高,优先配置实验设备,同等条件下,优先晋升高一级专业技术职务;四是实行双重考核,滚动发展,以保证队伍建设的质量,做到优胜劣汰,这样才能形成良好竞争氛围,调动广大教师的积极性,以此带动新兴交叉学科发展。

(3)重视教师的继续教育。教师的继续教育是师资队伍建设的一项重要基础工作,也是教师更好地履行岗位职责所必需的。通过继续教育着重帮助教师掌握近年来国内外课程改革的发展趋势,不断汲取反映本学科的新概念、新理论、新结构、新材料、新方法和新技术,在广博的基础知识之上掌握相关学科的前沿知识,并将其运用到课堂上激发学生创新的兴趣,把教学过程变成一个不断提高创新能力的过程。重视教师的继续教育,通过有计划、有步骤地使教师进行学历提高、进修学习、参加社会实践、基本知识与技能的培训等方式,提高师资队伍建设的学历结构和教师的实践能力,提高教师的教学水平。

(4)重视教师教学质量的监控与提高。教学质量是跨越式发展必须重视的问题,是培养高素质人才的保障。这是教务部门的工作,也是人事部门的工作。具体可采取监控方式来保证教学质量,在课堂与实践教学环节上建立教学质量的三级评价制度,实行校级专家检评、院(系部)检评、学生测评,对教师教学质量进行全过程监控,以确保评价结果的科学性和公正性。除此以外,可采取多种形式,如青年教师讲课比赛、观摩教学等活动,将教学方法与教学手段的改革作为一项重要评比内容,要求教师在练好讲课基本功的同时,注重将电子教案编制、CAD课件、多媒体技术等现代化的教学手段及最新科技成果运用到讲课中去,这对增加课堂信息量,提高教学质量和教师素质,起到很好的促进作用。

3. 正确处理好教研人员能力建设中的几个关系

（1）教师的稳定与教师流动的关系。师资队伍建设中教师稳定和教师的流动是矛盾的两个方面。流动是绝对的,稳定是相对的,师资队伍要在流动中求得稳定,在稳定的基础上流动。通过创设良好的政策制度、创建良好的环境、创新事业等方式,同时辅之以感情,使那些对学校学科发展具有举足轻重作用的学术骨干稳定下来,发挥作用;同时,按照市场规律,允许教师进行合理流动,对那些不适合在教师岗位上工作而有其他持长的教师引导他们流向新的岗位,这样有利于部分教师寻求新的发展,又能保障师资队伍整体水平稳定和提高。

（2）教师的培养和引进的关系。教师培养和引进是师资队伍建设的两个重要方面,引进教师周期短,见效快,但要受制于地理环境、经济条件等方面的影响;教师培养有明显的针对性,但周期较长。对于底子薄,又处于跨越式发展时期的学校,师资严重短缺,依靠培养,短期内不能满足需要,限制发展。对于地理位置不占优势的学校,依靠引进,财力不允许,所以,应采取引进与培养两者兼顾、齐头并进的方式。在积极引进的同时,对一些难以引进的紧缺学科和专业的高层次人才,要立足自身,选择一些政治思想好、业务能力强,有发展前途的青年教师送出去攻读学位或进修提高,以弥补学科发展的不足。

（3）教师职责与待遇的关系。教师是教学科研的直接承担者,决定一个学校的发展水平和培养人才的质量,肩负重要职责。加强师资队伍建设不断提高教师的整体素质和业务水平,同时也要建立、健全相应的科学、规范、可操作的考核制度,把考核结果作为教师职务晋升、工资晋级的重要依据。教师是学校的主体,是学校的生产力,学校要通过分配制度的改革来提高教师的待遇,进行人才建设投资。

（二）我国高校教研人员能力建设生存支持的可持续发展战略

1. 高校教研人员能力培养措施

（1）实施高校中青年学科带头人培养计划。

（2）启动高校中青年学科带头人重点资助计划。从已入选省高校中青年学科带头人、省"151人才工程"的人员中,选拔一批重点培养对象,以项目为引导,实行重点资助。

（3）启动高校优秀青年教师资助计划。为鼓励高校优秀青年教师尽快成长,选拔一批 40 周岁以下具有博士学位的教师和 35 周岁以下具有硕士学位的教师,以项目为引导给予经费资助,使他们通过独立承担科研课题尽快脱颖而出,成为新一代学术骨干和学科带头人。

（4）本科毕业生教师培养。对尚不具备研究生学历的年轻教师,我们要求各高校采取有效措施,合理安排时间,让他们完成研究生课程班的学习,通过全国同等学力申请硕士学位考试取得学位。培养经费采取学校、个人和教育厅各承担一部分的办法解决。

（5）对一批优秀的海外归来青年教师,使他们在享受留学基金的同时,在教师职务评审过程中,采取优惠政策,根据其学术水平,给予评定相应职务。

2. 我国高校教研人员工资制度改革的几点思考

（1）理顺工资关系

第一,理顺地方高校和部属高校教研人员之间的工资关系。目前,经过改革和调整,我国高校一部分归地方政府管辖,办学经费由地方财政支付;另一部分归教育部管辖,办学经费由中央财政支付。改革开放以来,地方经济不断发展,地方出台的津贴、补贴年年增长,而教育部没有相应的津贴、补贴政策,由此造成了同在一个地方的高校,由于上级主管部门不同,教研人员之间收入差距越来越大,工资关系越来越不顺,部属高校的压力越来越大。因此,必须理顺地方高校和部属高校的工资关系。

第二,理顺重点高校和一般高校教研人员之间的工资关系。不同高校教研人员之间工资待遇存在明显差距,这在国外高校是非常普遍的事情,而我国公办高校都是事业单位,全国都是一个标准。事实上,重点高校对国家的贡献比一般高校要大得多,对教师的要求高,评价标准要严,教研人员的水平相应比较高,他们的收入比一般高校的教研人员应该高一些,理顺重点高校和一般高校教研人员之间的工资关系,有利于重点高校的教研人员队伍建设,实现一流人才,一流报酬。

第三,理顺不同学科教研人员之间的工资关系。随着教研人员工资市场化的程度越来越高,不同学科教研人员的劳动价值在人才市场上的体现是不一样的,如果在同一高校,不同学科的教研人员工资收入一样,就会导致一些热门学科的教研人员流失。因此,理顺不同学科教研人员之间的工资关系是教师工资市场化的需要。

（2）调整工资结构

随着我国高校内部分配制度改革的进一步深化,教研人员的工资项目繁杂,有国家工资、校内津贴、职务补贴、房租补贴、住房补贴、附加津贴、书报费、洗理费、政府津贴、特聘教授津贴以及奖金酬金等等。且各部分比例失调,国家工资占教研人员工资收入的比例不断降低,工资外收入的比例越来越高。北京地区高校教研人员的国家工资占工资收入的25%—30%,沿海地区这个比例更低,偏远地区这个比例要高一些。这样低比例的国家教研人员工资已经失去了工资的调节职能。此外,教研人员工资外收入比例逐渐增大,有的热门学科教研人员工资外收入高于工资收入,由此导致他们对本职工作的积极性不高,喜欢兼职。因此,在深化高校教研人员工资制度改革过程中,要重点调整工资结构,使教研人员的收入工资化,即尽量减少工资项目,把各项津贴、补贴等项目纳入工资;实行货币化分配,即将以前如住房等实物性补贴以货币形式支付给教研人员。同时,要以岗位、绩效、市场等因素调整工资结构。

（3）改革工资管理体制

随着社会主义市场经济体制的逐步建立,事业单位的外部环境和内部管理体制都发生了前所未有的变化,教育事业单位工资宏观管理总体上以指令性和短期、直接、具体计划为主,形式上是目标管理,但实际上容易成为各项具体过程的叠加,一方面造成计划乏力;另一方面每年追加、调整计划现象频繁,计划在一定程度上成了实际上的事后还账。因此,在宏观层次上,政府对高校的工资管理政策应以指导性为主,在保证经费投入的前提下,加强工资总额和工资基金的调控,进一步扩大高校的分配自主权。在实践中,我国公办高校都是全额拨款的事业单位,但政府在经费投入方面仍存在不足的现象。例如,从近几年全国性调整工资标准的情况看,每次给高校的拨款标准是全国平均增资额的80%,而高校教师由于高学历、高职称的人员集中,实际增资水平远远高于全国平均增资水平,每次增资政府实际拨款约占高校实际增资的 50%—60%,出现的经费缺口由高校自行解决。因此,政府在对高校经费投入方面应加大力度,这样将有利于改善高校教研人员的收入状况。在微观层次上,高校要深化内部分配制度改革,要把知识、技术、管理等生产要素纳入分配体系中,做到一流人才,一流业绩,一流待遇。

(4)选择合理的分配模式

高校中属于学科带头人一类人才的教研人员不同于其他类型人才的关键一点在于他们"育人育才"的功能和责任。教研人员的劳动是能够创造价值的复杂脑力劳动,这种劳动的付出是艰辛的、繁重的、高强度和超负荷的。与其他职业相比,教研人员的劳动具有几个特征,即劳动过程的复杂性、劳动内容的创新性、劳动方式的独特性和劳动成果的双重性。因此,在选择分配模式时,应该适合高校教研人员的劳动特点,要体现知识的价值、知识对社会的作用和贡献。高校教研人员属于知识工作者,即知识型人才。他们学历高,知识渊博,具有主动创造性。知识作为生产要素之一参与分配,其价值不能用衡量简单劳动的方法来计算。因此,知识型人才需要建立知识型工资制度。知识型工资制度是指以知识为核心付酬因素,适合知识工作者的劳动特点、体现其劳动价值的工资制度。与传统的工资制度相比,它应具有工资水平高、稳定性好、市场化、科学的增长趋势和宽带的工资结构等特点。

(5)建立有效的激励机制

激励就是激发人的内在潜力,开发人的发挥能力,调动人的积极性和创造性。工作、工资、晋升等都是重要的激励因素。当人们对激励因素不满足时,就会产生不满意的情绪,导致工作热情不高、工作效率低等不良后果。当人们对激励因素满足时,就会产生满意的情绪,激发出工作热情和创造力。

在知识经济时代,对于大学来说,用适当的工资政策来激励教研人员有着重要的意义。工资激励不单单是物质的激励,实质上它是一种很复杂的激励方式,隐含着成就激励、地位激励等,如果能巧妙地、合理地运用工资激励杠杆,不仅能调动教研人员的高昂士气和工作热情,还能吸引国内外优秀人才,为学校的发展注入生机和活力。

3. 高校青年教研人员心理压力的调适

针对高校青年教研人员心理压力形成的因素,我们认为社会、学校及青年教研人员本人都应采取积极的措施,力争使他们减轻、解除压力,能高质量地完成教学任务。

(1)从社会角度,政府要制定有利于教研人员的相关政策

在社会上形成尊师重教的风气,呼吁全社会切实关心支持青年教研人员,提高青年教研人员的工作积极性,增强他们的职业自豪感,让他们在一个被爱的、被尊重的氛围中工作,能最大限度地减除他们的后顾之忧。

(2)从学校的角度,要形成科学合理的管理机制和有效的激励制度

营造良好的校园环境,加强思想政治工作和心理压力疏导工作,为青年教研人员创造实现人生价值的条件。

在教研人员管理制度改革和业绩评价体系中,给青年教研人员提供一个公平合理、公开有序的竞争环境,积极创造条件满足青年教研人员的合理需求。从调查情况来看,大学青年教研人员的需要顺序为:第一,提升职称;第二,进修提高;第三,改善住房;第四,经济收入。这里可看出,青年教研人员具有精神文化需要优先、创造成就需要强烈等特点。因此,高校领导应针对青年教研人员需要的这些特点,引导青年教研人员高层次的精神追求,重视他们的创造欲与成就感,重视青年教研人员的自尊和荣誉需要,为其成才创造各方面的有利条件;实行一系列的倾斜政策,为青年教研人员的成才提供相对有利的经济、科研、教学的环境;从基本生活条件方面尽量满足青年教研人员的基本需要,稳定队伍,使之安心教育工作,并在献身教育事业的实践活动中健康成长。

营造良好的校园环境。良好的校园环境包括物质、制度和人际关系。良好的人际关系是人格健康成长和发挥创造能力的重要因素。一个团结互助、协调和谐、平等相待、有竞争有合作的集体环境,定会让人感到心情舒畅,信心百倍。从调查情况来看,青年教研人员的交际广度和深度都有

限。学校应多组织他们开展一些健康有益的集体活动,如座谈会、讨论会、报告会、演讲会以及体育娱乐活动,这不但能培养他们的集体主义观念,增强其事业心和责任心,而且为他们提供了交际的机会和场所。

加强思想政治工作和心理压力疏导工作。调查中发现有 48.9% 的青年教研人员认为自己的心理不是非常健康,却只有 17.5% 的青年教研人员会通过领导和专业人士来解决问题。所以,学校要针对青年教研人员的心理特征,把深入细致的思想政治工作渗透于教学、科研、管理、服务等各项工作中去,建立相互理解、信任、和谐、催人奋进的工作氛围,从情感上感化人,让青年教研人员处处体会到领导的爱心,体会到组织的关心。同时积极创造条件,在学校的物质、制度、管理上要多从人的"心理"角度出发,以人为本,真正地关心人、尊重人,并组织心理讲座、测验和调查、咨询活动,增加让青年教研人员转移、宣泄压力的途径,创造条件帮助他们进行自我调适。

(3)从个人角度,要做到正确认识压力,善于调节情绪,努力提高自身素质和水平

面对压力,青年教研人员要学会驾驭。首先要认识到压力及其反应不是个性的弱点和能力的不足,而是人人都会体验到的正常心理现象。其次,采用积极的压力应付模式,具体地说就是自觉调整自己,把回避模式转向主动模式。再次,当个体受到压力威胁时,他人的帮助和支持可以使人充分发挥应有潜在能力,提高活动效率。因此,要重视家庭的生活,重视和亲朋好友的交往。

善于调节情绪。情绪调节是个体通过一定的机制和方法,使自己或他人情绪的各方面达到良好的状态的过程。首先,学会控制情境,首要的一点就是要认清高校改革的迫切性,了解改革的基本思路和措施,做到有备无患而不是措手不及。控制情境也包括客观分析自己,正确定位,以适应情境。其次,运用积极认知,改变认知是一种非常重要的调节策略,积极认知就是在看到事物不利方面的同时,更能看到有利的方面,这种看待问题的方式,容易使人增强信心、情绪饱满。再次,注意行为调节,当不良情绪已经发生的时候,可以通过一些行为上的改变而加以调控。

同时,青年教研人员要努力提高自身素质和水平,除了应树立正确的人生观、价值观,不断完善自己的人格,还要不断完善自己的知识结构,用唯物辩证的方法分析解决问题,提高思辨能力。特别是要积极主动地参加社会实践,不断丰富自己的人生阅历,提高自己对挫折的承受力,从而增强社会适应能力。

4. 高校人力资源开发与优化配置

转变观念,真正理解和实施人力资源开发。要搞好人力资源开发与管理的最大障碍在哪里? 北京一指通网络科技有限公司的人事总监郭立群认为:"主要是观念,观念的不正确又来源于知识结构的不足等。因此,首先要对本行了解,其次要对企业管理有了解,做人力资源管理实际就是为企业管理做后勤。把人力作为一种资源,可开发、塑造和成长的资源,在这种情况下,才可能去充分发掘人才资源。说到底,人力资源管理是市场化的需要。"为此,高校应以市场需求为导向,调整、配置、重组现有的教育资源,依靠市场机制使高校人力资源开发与优化配置形成良性循环。国家近年陆续颁布的《教育法》、《教师法》、《高等教育法》等法规,都有利于高校人力资源开发和利用,对加快教育的发展起到积极的推动作用。

采取措施,实现人力资源的优化配置。从第一部分列举的高校人力资源比例失调的实例看出,目前高校人力资源的投入比与产出比是非常低的,这显然是一个矛盾。但其原因却很多:一是师资队伍结构不合理;二是各高校专业教师分布不均衡;三是生源受到体制等因素限制而无法受到高等教育;四是高校内部管理人员过多等。要解决这些必须对症下药:(1)扩大生源,使高校人力资源不闲置;(2)改变人力资源结构,即教师、科研人员、管理人员的比例结构;(3)创造教师合理流动的机会和机制,但应以不流向社会为前提;(4)可创造生源流动的条件和机制,如打破地区界限、地方院校可面向全国招生等。

科学、合理地使用人才资源,以保持高校稳定,形成高级人才资源的节约。对高校人才,既要"引进",更要"用活用好"。在这方面,以人事分配制度改革为重点的校内管理体制改革应首先体现高校人力资源高度开放的思想。首先要树立正确的人才价值观和知人善任的用才观和不拘一格的选才观,按照公开、公平、平等、竞争、择优的原则,努力形成一套适应经济发展需要,有利于人才成长和使用、有利于人才脱颖而出的用人机制。其次,按照人力资源的价值量和转化的资本量建立人力资源的使用制度,以改变高校以往"要用的人留不住、多余的人出不去"的现象。可在高校内部建立人才模拟市场,使人才在高校内部得以合理流动,这样既满足一些高级人才不愿脱离高校但又想换岗位施展自己才能的需求,也使之不外流。再次,大力开展智力引进工作,20 世纪 80 年代以来,我国出国留学人员累计突破 30 多万人,但学成回国的只有 9 万余人。近年,沿海一些城市纷纷制定有关政策,以优惠的条件吸引大批海外学子回国创业、为国效力,从美国顶尖大学毕业的中国留学生有数千人选择回国,逐渐形成"人才回流"趋势。在吸引的人才中,不仅局限于具有中华血统的海外学子、华侨华人,还包括非华族血统的专业人士。引进工作的趋势是"招天下之才,为我所用",各高校都可以根据自己的实际情况制定吸引人才的政策和措施。北京大学著名经济学家张维迎教授说:"竞争,不管是人才的竞争,还是技术的竞争,都是表面的,国与国之间的竞争核心是体制,是制度。如果一个国家的制度使得优秀人才都往外流,就非常有问题了。不解决根本问题,搞多少'人才工程'都没有用。"

优化配置教师队伍。教师是高校最宝贵的人力资源,但也是高校人力资源配置的难点和重点。其优化配置的出发点是岗位,即以岗位为基础的人力资源的优化配置,而高校人事管理部门从某个角度来说,是教师的决策主体。因此,首先必须实现从"人事管理"向"人才资源管理"的转变,应根据可持续发展理论,注重教师的综合管理、合理配置、优化组合及平衡发展。其次,在教师和工作岗位之间优化配置的基础上,还应注意教师与教师之间的优化配置,努力实现"能岗配置"。应以落实各类人才工程计划为重点,选拔和培养一批在国内外学术界有一定影响、能担当跨世纪重任的学科带头人,但绝不能忽视面上教师的培养培训工作,力争每一个"人力"都上升到"人才"的境界。再次,建立严格的聘任及考核制度,构建行之有效的教师考核评价体系,从而建立起一支结构优化、业务精良、团结协作、乐于奉献的教师队伍。

适应社会需要,多渠道、多形式提高教职工的综合素质。一应注重教职工的思想政治教育,培养其正确的人生观和价值观,使员工找准自身的位置,与组织形成一个责、权、利统一的共同体,从而最大限度地发挥个人价值,实现员工和组织一同发展;二是不同能级的人力相互配置,力图形成一种最佳能力结构或能力场,即将不同的"位"、"岗"、"资"、"责"、"权"、"利"分配在具有不同能级的人身上实行培养能力且运用能力的开发,做到各尽其潜、各尽其能、各尽其才、各尽其长、各尽其用,避免人力资源配置不合理而造成浪费;三是改变计划经济体制下的人事管理体制,建立新形势下符合不同人力资源性质和特点的工资分配制度和一套人员能进能出、职务能上能下、待遇能高能低的竞争机制,既使"能者有其岗",又使"庸人混不过";四是对教职工业务素质的培训提高要有规划、有措施、有检查,并适当投资,以形成人力资本的积累,更好地服务于高校教育、教学和科研工作。这方面可借鉴我国香港成人职业教育方式。香港成人职业教育的培训不图形式、不囿于"文凭"和"学历",而是从实际需求出发,讲求培训实效。其培训内容主要有:一是进行各项本职工作的专业技能职能教育;二是介绍本单位发展史或实际业务工作,进行归属感教育等。

江泽民总书记在党的十五大报告中指出:"培养同现代化要求相适应的数以亿计的劳动者和数以千计的专门人才,发挥我国巨大人力资源的优势,关系 21 世纪社会主义事业的大局。"高校人力资源的开发与优化配置单靠某一位领导、某一个部门是绝不可能实现的,它是一项社会工程、系统工程,因为人力资源的配置是双向的,无论是配置的主体还是客体都是人,都有主观能动性,如果二者的能动性基本正确且基本适应,则将实现人力资源的配置优化,反之则不然。因此,必须通过高校各部门、各层次及全体教职工的努力,方能做好高校人力资源开发工作,使之有效服务于社会经济,服务于科技进步。

第三节　中国高校人力资源能力建设环境支持系统研究

经济全球化进程的加速,对我国高等教育产生了重要影响。人对知识的需求也越来越强烈,尊师重教是一个势在必行的课题。而改善教研人员的环境支持系统也势必引起了越来越多的人的重视。环境是指人生活在其中并给以影响的客观世界,能影响于人的一切外部条件的综合,它包括自然环境和社会环境,而影响人的身心发展的主要是社会环境。在各高校教研人员能力建设的环境支持系统中,国家和政府部门比较看重提高教研人员的工作环境,而且在这一方面也做得很充分。虽然工作环境方面有了一个很大的改善,但是政府对高校教研人员的生存和生活环境方面的改善与对他们工作环境方面的改善相比而言就差了一个层次。因此,对于高校教研人员能力建设环境支持系统的研究应该从生存环境、生活环境和工作环境三方面进行展开。下面我就以青岛大学教研人员能力建设环境支持系统的研究来论述这一问题。

当前,国际、国内环境都在发生着深刻的变化,教育工作也面临着新形势,我国的高等教育也面临着深刻的变革,高等教育已经由原来的精英教育转型为大众教育。越来越多的人迈进大学门槛,人人都接受高等教育已是新的发展趋势。因此,为了提高教育的质量,为了充分调动教研人员的积极性,我们有必要对我国高校教研人员能力建设环境支持系统进行更深入的研究。通过对高校教研人员能力建设环境支持系统的研究,可以使我们认识到不仅要重视教研人员工作环境的改善,更要注重他们生活环境的改善。通过研究这个课题,可以一目了然地看到政府工作的得失,以便及时调整工作的重心,让教研人员真正体会到"以人为本"的理念,从根本上提高他们工作的热情,只有这样,我国教育水平及教育质量才能稳步上升,才能真正把教育事业推上一个新的高度。我认为,要对该课题进行细致、深入的研究应该从生存环境、生活环境以及工作环境三方面来进行探讨。

一、高校人力资源能力建设环境支持系统研究背景

(一)对环境支持系统的研究

1. 系统

(1)系统的概念

系统这一概念来源于人类的长期社会实践,但由于受到科学技术发展水平的限制,一直没有得到应有的重视。在美国,直到 20 世纪 40 年代才开始在工程设计中应用系统这一概念,到了 50 年代以后才把系统的概念逐步明确化、具体化,并在工程技术系统的研究和管理中得到广泛的应用,70 年代以后又进一步被推广到人类社会经济活动的几乎所有领域。系统的概念最初产生于实际的工程问题和具体事物,例如人们很早就研究了灌溉系统、电力系统、人体呼吸系统、消化系统等。随着社会的发展与科学技术的进步,人们发现在这些千差万别的系统之间,存在着共性。研究它们之间的共性,对于研制、运行和管理具体的系统具有重要意义。于是,有关系统、系统分析的研究就应运而生了。

系统是由两个或两个以上、相互独立又相互制约、执行特定功能的元素组成的有机整体。系统的元素又称为子系统,而每个子系统又包含若干个更小的子系统。同样每一个系统又是比它更大的系统的子系统。

一个形成系统的诸要素的集合永远具有一定的特性,或表现为一定的行为。这些特性和行为不是它的任何一个子系统(元素)所能具有的。一个系统不是组成它的子系统的简单叠加,而是按照一定规律的有机组合。

(2)系统的分类

系统可以按不同的方法分类。按照系统的成因,可以分为自然系统、人工系统和复合系统。存在于自然界不受人类活动干预的系统称为自然系统;由人工建造、执行某一特定功能的系统属于人工系统;介于自然系统与人工系统之间的系统是复合系统。环境保护系统及其各种子系统大多属于复合系统。

按照状态的时间过程特征,可以分为动态系统和稳态系统。状态随着时间变化的系统称为动态系统,否则称为稳态系统。按照系统和周围环境的关系,可以分为开放系统和封闭系统;按照系统内变量之间的关系,可以分为线性系统和非线性系统;按照参数的分布特征,可以分为集中参数系统和分布参数系统等。

表4—1 系统的分类

划分依据	系统的类型		
按成因分	自然系统	人工系统	复合系统
按时间分（初始条件）	动态系统	稳态系统	
按与周围环境的关系分（边界条件）	开放系统	封闭系统	

同一个系统可以按不同的分类方法归属于不同的类型。例如，污染控制系统既是复合系统又是动态系统，还是开放系统。对于不同类型的系统所产生的问题，可以采取不同的解决方法。系统的分类情况如表4—1所示。

2. 环境支持系统

研究环境系统规划、设计、管理方法和手段的技术科学，又称环境系统分析、环境系统方法、环境系统处理、环境系统科学。它以环境质量的变化规律、污染物对人体和生态的影响、环境工程技术原理和环境经济学等为依据，并综合运用系统论、控制论和信息论的理论，采用现代管理的数学方法和电子计算技术，对环境问题和防治工程进行系统分析，谋求整体优化解决。

我们所研究的中国高校教研人员环境支持系统也属于复合系统，应根据实际现象从生存、生活和工作环境三个方面进行研究。

(二)生存环境、生活环境和工作环境

1. 生存环境

生存环境对人类来说是最基础也是最重要的一个外界条件，人活在世上，首先应该解决其生存的条件。在远古时代人类凿山洞、采野果、砍荆棘、种水稻等，所有的这些行为都是为他们的生存开辟道路，去营造一个舒适的生存条件。试想，如果大气中没有氧气，地球上没有水源，人能够生存吗？对于人来说，他们首先应该找到一个适合生存的地方，至少要有氧、有水，温度适合的环境。接着，他们在以后的生活中会不断地改良他们的生存环境，使人更适于生存。

但是生存环境对于人而言，随着时代的不同，人们的要求往往不同。

过去,人也只是对自然环境有起码的要求,如今,人居需要优美的环境,尤其是外商在选择投资点时,往往把当地的生态环境看得很重。现在,国内外都在建设生态城市。专家认为,由于各地对生态城市的理解不同,所以生态城市会有不同的表现和内涵,同时受各城市地理、空间、位置的限制,其规模、资源和环境特征不一样,也很难用一个标准来衡量。但有一个原则,就是必须保持系统的健康和协调,具有高效率的物流、能流、人口流、信息流和价值流,具有持续发展和消费的能力,具备高度生态文明的生活空间。专家还强调,生态城在维护本城市生态环境的同时,也要注意保持相关区域生态系统的平衡和协调。

2. 生活环境

生活环境是指与人类生活密切相关的各种自然条件和社会条件的总体,它由自然环境和社会环境中的物质环境所组成。严格说来,社会环境中的精神环境不属于环境保护法所保护的环境。

生活环境按其是否经过人工改造来划分,可分为自然环境和人工环境。自然环境是各种天然因素的总体。如与人类生活密切相关的空气、水源、土地、野生动植物等。人工环境是指经过人工创造的用于人类生活的各种客观条件。如用于人类生活的建筑物、公园、绿地、服务设施等。生活环境按其从小到大划分,可分为居室环境、院落环境、村落环境、城市环境等。按其用途可分为休息环境、劳动环境、学习环境、工作环境、旅游环境等。生活环境的保护与每个人生活质量的好坏息息相关,因此,我国环境保护法把保护和改善生活环境作为该法的一项重要任务。生活环境包括形形色色的各个方面,就是指影响人的生活质量的各个方面的因素。生活环境对人类是至关重要的,它不仅影响人的寿命,而且许多疾病,灾难的发生都与之有着极为密切的联系。特别是在当今社会,随着竞争的日益激烈,生活、工作压力使人类感到很累,生活节奏快得让人难以跟上节拍。越来越多的人重视生活环境的质量,好的生活环境可以使人身心放松,工作效率大大提高;而坏的生活环境则会导致疲惫不堪甚至积劳成疾。因此,对生活环境的研究也是必不可少的,尤其是对教研人员这些大量的脑力使用者。生活环境质量的上升会使他们对未来人才的教育事业上贡献非凡。

（1）人们对于生活环境的需求涵盖心理、生理需求等不同层面。该需求包括生理需求：人们要求各种上述提到的生理需求有物质保证，希望有休息场所……该需求还包括心理需求：如人们对于居住的舒适感有所要求，人们希望有私人空间以及公共的交流空间；需要进行文体娱乐活动，以达到愉悦心情、保持健康等目的；人们也需要充分接触自然来放松心情，减缓城市生活带来的各种压力。前面几点是对居住区房屋及相关设施的要求，在规划设计中都是比较容易达到的，而最后一点，在城市生态环境质量日益下降的今天，似乎越发难以达到了。但恰恰这一点是人类天性的体现，人们需要接触自然，因为良好的自然环境宽容、美丽、有灵性，最能包容人类，让人类感到身心都得到最大限度的舒展、自由。

（2）人们对于生活环境的需求，其范围是由个人的居住空间逐渐扩散到与之相关的大区域。人们不仅仅对于自家的居住条件有所要求，因为人在生活区的活动不仅仅局限于自家的房屋。人们需要进行文体活动，需要与周围人群进行物质、精神交流。这要求有一个更大的背景环境，包含人们进行这些活动的场所。这一切也都说明人们的生活空间除了私人住房以外，还有很大的交叉使用的公共空间。因此我们讨论人们对于生活环境的需求。人们所需的活动场所不是孤立的，而是需要有机联系在一起，并与所处的环境达到一种和谐的。人们的需求也就包括对这些场所的环境要求，以及将这些场所作为人们小居住环境的背景环境的要求。上述的生理、心理等需求在每个由小到大的生活环境层次中都有要求。

做规划设计，就是要想办法满足人们这些对生活环境的需求，将各种需求尽可能地结合起来考虑，设计出和谐又符合要求的生活区。

营造良好的城市居住环境，具体来说首先要建设物质基础设施。这包括在保护自然环境的基础上，积极为城市居民营造安全、舒适的生活环境。通过各种手段提高居住环境质量，创造更加生态化的和谐生活环境。并同时提供设施齐全、交通便捷的城市生活硬件环境。

更重要的一点是,在物质环境的基础上,以人为本,充分考虑人们心理、精神上的需求。在设计中体现一种包容力,一种从容,一种人文关怀,一种平和心态。

3. 工作环境

对中国高校教研人员能力建设环境支持系统的研究最重要也是做得最充分的一个方面就是对工作环境的研究。前面所述的对生存环境和生活环境的研究都是为工作环境服务的。我们研究的最终目的是通过提高工作环境质量及改善相应的因素以便提高高校教研人员的能力,从而激发教研人员的工作积极性和创造性,来培养出一批高素质的新世纪的人才。建立良好的工作环境才是吸引和留住人才的关键。这里所说的"工作环境",既包括"硬件"环境,也包括"软件"环境。

(1)"硬件"环境主要是指物质报酬、办公设施等。政府应构造合理的薪酬结构线,既突出内部公平性,同时又突出外部竞争性和内部竞争性,给优秀教研人员以有效的物质激励;良好的办公环境一方面能提高工作效率,另一方面能确保教研人员的健康,使他们即使在较大压力下也能保持健康平衡,应倡导"以人为本"的办公设计理念,对办公桌、办公椅是否符合"人性化"和"健康"原则进行严格核查,以确保教研人员每时每刻都能保持良好的工作状态和工作热情。

(2)相对"硬件"环境而言,"软件"环境建设也同样值得充分重视。"软件"环境主要是指单位的文化、人际关系、工作氛围等。"相信任何人都会追求完美和创造性,只要给予适合的环境,他们一定能成功",本着这个信念,教育机构应充分信任和尊重教研人员,让他们时刻保持良好的情绪,充分发挥才能和想象力,注意协调学校内部的人际关系,以提高自身的沟通技巧和表达方式。

学校应真正做到以薪酬和福利留人,以真诚和感情留人,以事业和发展留人,给人才的生存、成长提供优越的环境和条件,推动人力资源的良好发展。学校应创造出一个"尊重知识、珍惜人才、爱护人才、人尽其才"的良好社会氛围,真正去调动教研人员的积极性,在人才竞争日益激烈的今天,使教育机构能保留住一支素质良好且有竞争力的人才队伍。

二、国内高校教研人员环境支持系统分析

很多国内学者对高校教研人员能力建设环境支持系统这个课题已经有了一个比较深入的研究。随着经济的腾飞,政治的昌盛,中国人民的生活水平有了一个很大的提高,人们的文化教育水平也明显提高了一个层次。现在的社会是一个知识爆炸的社会,知识的更新速度也快得惊人。因此,人们对日新月异的知识的需求也越来越强烈,尊师重教是一个势在必行的课题。在各高校教研人员能力建设的环境支持系统中,国家和政府部门比较看重提高教研人员的工作环境,而且在这一方面也做得很充分。目前,国家政府投入大量资金对办公楼、科研机构进行建设,对科研项目拨巨款赞助来看,就足以说明这一点。良好的环境才能激发教研人员工作的积极性和创造性,才能最大限度地挖掘他们的潜力和聪明才智,才能为教育事业做出最大的贡献。因此,工作环境的改善是必要的。

虽然工作环境方面有了一个很大的提高,但是政府对高校教研人员的生存环境和生活环境方面的改善较之对工作环境的改善程度就差了一个层次。他们认为既然是为工作服务的,只要工作环境上去了,教研人员就可以把工作做好了。根据马斯洛的需求五层次理论,人首先要求满足生理需要、安全需要,即生存和生活条件各方面有了保障之后才能把充裕的精力放在工作上。一个衣不遮体、食不果腹的人怎么可能把心思花费在工作之上呢。因此,我们必须在保证了生存、生活环境优越的前提下,不断改善教研人员的工作环境,才能让教研人员在衣食无忧的基础上把极大的热情投入到工作中去,为教育事业贡献更多的个人才智。

三、问题的解决

生活环境对于教研人员的工作状态起着很重要的作用。所以学校要不断对教研人员的住房、交通等费用在一定程度上进行补贴,提高教师的

工资。只有让教研人员真真切切地感觉到自身的价值,才会激励他们付出120%的努力把工作搞好。

针对中国的现实情况,中国政府应建立保障教研人员权益的制度体系,政府要不断地提高教师的待遇,利用长假期间组织教师出去郊游,让教研人员的身心得到放松,便于开展下一轮的教学和研究工作。

第四节　中国高校人力资源能力建设发展支持系统研究

随着社会主义市场经济体制的建立,高校教研人员开始作为社会人才的一部分加入了人才流动的大潮。但是由于我国社会主义市场经济体制还不完善,人才流动的法制建设不健全,高校教研人员流动更多地表现出一种无序、不合理的流动。农村地区、西部地区高校教研人员流失严重,高校教研人员严重短缺;而城市地区、东部发达地区高校教研人员积压,造成人才浪费。但是在这方面的研究还很少,这方面的支持系统还很不完善。面对高校教研人员流动的不合理状况,我们不能回避,不能抱怨,更不能置之不理任其发展。我们要正视现实,研究高校教研人员流动的规律性,采取应对措施和支持系统,积极参与人才的市场竞争,促进高校教研人员流动的合理、有序,保证其能力建设的发展。

一、国内高校教研人员能力建设现状

从目前我国来看,高校教研人员能力发展问题正在跨越高等教育自身的领域,引起全社会的普遍关注。自20世纪中叶,科学技术的飞速发展引起了科学知识的迅猛增长,科学技术综合化趋势日益加强,科学的社会功能、社会地位以及社会作用日益增强,社会生活也日趋科学化。这一过程的完成,是通过教育、特别是高等教育作为中介得以实现的,因而,对于高校教研人员能力建设发展的问题提出了相应的迫切需求。历史激烈变革时期社会对高质量、高水平的复合型人才的强烈需求,教育要面向现

代化以及社会需要的种种变化,必然要求高校学科结构的优化,要求人才培养目标与科学研究方向的相应变化,这些变化反映到高校教研人员能力发展的支持上,也就需要高校教研人员的知识结构与能力结构不断变化,不断增加应变能力、竞争能力和创造能力。另外,高等教育面向世界、面向未来,必然面临着激烈的竞争,高校教研人员作为高等教育的主体,必须迎接新的挑战。这样,我们就需要有一个很强大的支持系统来支持高校教研人员能力的发展。

（一）2008 年中国的高校教研人员的基本情况

1. 年龄情况:

表 4—2　2008 年中国普通高校教研人员的年龄情况　　单位:人

	总计 Total	30 岁 及以下 30 and under	31—35 岁 31 to 35	36—40 岁 36 to 40	41—45 岁 41 to 45	46—50 岁 46 to 50	51—55 岁 51 to 55	56—60 岁 56 to 60	61—65 岁 61 to 65	66 岁 及 以 上 66 and o- ver
总计 Total	1237451	357507	233748	201652	203499	103946	77687	38322	14363	6727
其中:女 Of Which: Female	564643	204154	113995	90397	80830	37209	26021	8460	2766	811
正高级 Senior	128966	32	912	7792	37275	28461	27416	14055	8530	4493
副高级 Sub-sen- ior	342699	1306	25338	83208	113232	55189	38203	19055	5125	2043
中级 Middle	435640	96149	158870	97815	48237	18240	10863	4622	684	160
初级 Junior	258320	200230	40975	10450	3836	1604	845	376	4	
无职称 No Rank	71826	59790	7653	2387	919	452	360	214	20	31

资料来源:中华人民共和国教育部

2. 学历情况:

表4—3　2008 年中国普通高校教研人员的学校情况　　　单位:人

	总计 Total	博士 Doctor's Degrees	硕士 Master's Degrees	本科 Normal Courses	专科及以下 Short-cycle Courses and Under
1. 专任教师 Full-time Teachers	1237451	151907	400820	657890	26834
其中:女 Of Which:Female	564643	44194	198190	312164	10095
正高级 Senior	128966	49344	29792	47896	1934
副高级 Sub-senior	342699	55266	81798	198437	7198
中　级 Middle	435640	42521	164746	218721	9652
初　级 Junior	258320	1856	94306	157174	4984
无职称 No Rank	71826	2920	30178	35662	3066
2. 聘请校外教师 Part-time Teachers	307808	35450	97404	160862	14092
其中:女 Of Which:Female	113223	8160	38313	61905	4845
正高级 Senior	58820	18151	17686	21935	1048
副高级 Sub-senior	102590	10556	30565	57646	3823
中　级　Middle	94456	4986	32407	51592	5471
初　级 Junior	29804	528	9546	18093	1637
无职称 No Rank	22138	1229	7200	11596	2113
聘请校外教师中:外教 Foreign Teachers A- mong Part-time Teach- ers ones	10550	2503	2868	5092	87

资料来源:中华人民共和国教育部

　　3. 高校教研人员总量增长不多,办学效益提高不是很大。高校高校教研人员由 1995 年的 715425 人发展到 2001 年的 970506 人,但在校学生数由 1995 年的 776421 人增加到 2001 年的 2013546 人,当量生师比由 9.9∶1 提高到 17.7∶1。

　　4. 教师职务结构的改善不明显,骨干教师队伍趋于中年化,但还没有趋于年轻化。高校教研人员中教授的比例由 7.2% 提高到 9.0%,副教授的比例由 27.7% 提高到 32.4%。

5. 高校教研人员学历层次还不是很健全。研究生毕业学历由 25.9% 提高到 30.9%,仅增加了 5 个百分点。

6. 高校教研人员的年龄结构没有得到很好的优化,历史上形成的中年教师"断层"现象没有彻底的改变。35 岁以下的教师仅占专任教师总数的 26.3%,教师队伍缺乏足够的朝气和活力。

7. 高校教研人员的学缘结构没有明显改善。高校教研人员中非本校毕业生只超过本校专任教研人员总数的 60%。

我们看到这些基本情况和出现的一些问题并不是目的,目的是要看看这些教研人员的流动情况,以及影响他们能力建设发展的因素有哪些,然后,有针对性地采取相应措施,这才是主要的目的。这才会有利于我们找到一个支持系统来保证高校教研人员能力建设的发展。

二、高校教研人员的流动状况

（一）高校教研人员流失与物质待遇的关系

当前,各个高校校为了稳定教研人员队伍,防止优秀教研人员流失,纷纷采取措施切实提高高校教研人员待遇。从目前教研人员流向看,多是教研人员由物质待遇差的落后地区流向物质待遇好的发达地区。因为教研人员也和其他人才一样,在对物质条件的需求上具有"经济人"的一面。但是教研人员属于中高层人才,他们对物质待遇需求的同时,更看重精神的激励,更追求个人价值的实现。当教研人员的物质待遇达到一定的程度时,教研人员的流失原因往往表现为物质待遇以外的其他因素。

（二）高校教研人员流动与教研人员工作压力的关系

高校教研人员的压力可以分为环境压力、人际关系压力、竞争性压力、升迁压力等。如果教研人员的压力在一定的承受范围内,教研人员的压力主要表现为积极影响。因为在一定的承受范围内,教研人员的工作压力越大,意味着教研人员的工作越富有挑战性,教师在工作中的投入就越多,教研人员的个人价值的实现程度就越高,教研人员也就越不易流动。但是教研人员的工作压力一旦超过一定的限度,就更多地表现为压力的消极影响,即教研人员压力越大教研人员流动的可能性就越大。

（三）高校教研人员流动与高校教研人员个人特征的关系

高校教研人员的个人特征包括高校教研人员的年龄、教龄、性别、个性特点、生理因素、专业特点、工作兴趣等。从年龄看,年轻高校教研人员比年老高校教研人员流动性大。年轻高校教研人员精力充沛,对未来常抱有较高的期望,再加上没有家庭负担,流动的成本较低,因而年轻教研人员流动性较强;老年教研人员因在工作中投入较多,多有家庭拖累,流动的可能性较小。从性别上看,男性比女性流动的可能性较大。从教龄看,教龄长的高校教研人员因对教师职业付出了较大的精力,因而流动的可能性较小;教龄短的高校教研人员则相反。从教研人员的个性特点看,自主性比较强的高校教研人员、热衷成就的高校教研人员、自尊心比较强的高校教研人员流动的可能性较大;而依赖性较强的高校教研人员、自尊心稍弱的高校教研人员、自省性较强的高校教研人员流动的可能性较小。

（四）高校教研人员流动与教育事业发展的关系

高校教研人员流动与教育事业的发展存在着一种互动关系。一方面,教育事业越发展,对高校教研人员的优化配置程度就越高,这必然要求教研人员流动;同时,教育事业的发展会促使一些新的学科出现,一些旧的学科萎缩,这要求重新对高校教研人员队伍进行配置,也就是要求高校教研人员流动,因而教育事业的发展会促进教研人员的流动。另一方面,高校教研人员的合理流动会促使教育事业的进一步发展,高校教研人员的合理流动有利于教研人员的优化配置,有利于调动教研人员的积极性,有利于改善高校教研人员队伍的整体结构,因而会促进教育事业的进一步发展。

（五）高校的教研人员管理模式与教研人员流失的关系

普莱斯的研究指出,企业集权化程度越强越会导致较高的雇员流失水平。这一点对于高校教研人员来说同样适用。因为高校教研人员是中高级人才,民主意识较强,对学校的民主化程度要求也相应的较高,希望自己能参与学校的管理。如果学校管理的集权化程度较强,教师代表大会制度、工会制度不能很好地发挥作用,其信息自上而下,缺乏来自教研人员的反馈,忽视了高校教研人员的个性需求,久而久之,高校教研人员工作中的困难和情绪无法宣泄和调解,导致高校教研人员的不满意,流动便会频繁发生。相反,如果学校的工会制度、教师代表大会制度能够真正地发挥作用,教师能够参与学校的管理,能够将自己的意见向学校反映,则会加强高校教研人员对学校的忠诚,教研人员流失的可能性则会减少。

(六)教育人员流动与学生扩招的关系

现在大学师生比已由 1998 年的 1∶11 变为 1∶17,也就是说,平均每名大学教师要教 17 名学生。

1999 年高校扩招以来,高等教育实现了快速发展,大学生增加了 4.2 倍,而大学教师人数只增加了 2.1 倍,大学教师数量的增长速度跟不上学生的增长速度。高校办学条件的改善,滞后于学生规模的扩大,影响着高校教育质量。教研人员的负担越来越重,他们会寻找教学任务比较轻的学校,或者转向其他行业。

近年来,由于社会的发展和国家人才政策的变化,使得高校教研人员自主流动愈加频繁,很多高校教研人员流向上海、广东等发达地区,给学校的教育教学工作带来了很大的负面影响。《中国教育报》开展的业界人士心态调查结果表明,高校教育人员频繁的流动对教育人员的能力建设发展有很大负面影响,所以,高校教育人员频繁的流动并不是一件好事。具体如下:

第一,我国教育尤其是基础教育的发展,地区间存在着很大差距,造成这种差距的直接原因当然是经济发展的不平衡,但在其对教育的现实影响上,却直接表现为师资力量的差距。很显然,落后地区和经济欠发达地区的师资力量相对薄弱,这也是这些地区教育长期落后的直接缘由。如果允许高校教研人员自主无序流动,势必形成中小城市和落后地区的优秀高校教育人员不断流向大城市和经济发达地区,那么,这些落后地区的教育到何时才能走向良性的发展之路? 基础教育的均衡发展怎样才能变成现实呢?

第二,大多数高校教育人员肯定自主流动,在我看来,更多的是出于个人的功利考虑,从这个意义上说,目前的高校教育人员自主流动表现出来的价值观,还仅仅停留在把教育工作看做是一种职业、一种谋生的手段,而并非事业。但教育工作最需要的就是事业心和敬业精神,当一个教育人员一旦取得了高级职称,或者得到了可以到更好的学校应聘的资本,就马上流向别处,置无辜的学生于不顾,置学校的长期培养和苦苦挽留于不顾,这样的高校教育人员,其为人师表的形象还如何在人们的心中留存? 我们长期以来始终都在对学生进行爱校教育,可有不少学生直接对我说:老师,学校对我们进行爱校教育,可你们老师自己一有机会就会跳槽,这不是自相矛盾吗?! 这确实是一个值得我们深思的问题。同时,教师为个人利益频繁流动,对教育问题不可能深入钻研,更不利于自己的专业发展和专业成长。

三、影响高校教研人员流动的因素

高校教育人员流动如此频繁,又对高校教育人员能力建设发展产生很大的阻碍,那么我们要清楚,到底是什么因素促使高校教育人员的频繁流动呢? 具体因素如下:

(一)工资分配制度方面

1. 教职工收入较低。对于地处北京市的各大部属高校,由于地方生活费用居高不下,地方高校享受到的各项地方津贴,部分在京高校难以实现。因此相当比例的重点高校教育人员的收入却无法与地方院校职工的工资收入相比。这使教育人员的心理很不平衡。西部落后地区的高校教研人员的收入也较低。工资分配制度严重影响着高校教育人员的流动,教职员工的收入问题,成了首要的问题。

2. 教学科研成了第二职业。由于学校的工资太低,不足以提高生活质量,高校教育人员往往寻找校外、职外的兼职机会。致使他们对校内的课程准备不足,对学校内课程虚于应付,直接影响了教学、科研质量。

3. 纷纷建起小金库。同样由于收入低的缘故,一些基层单位便纷纷寻找自己的"生财之道",或联合办学,或联合开发,总之名目不少。这样虽然有助于改善高校教育人员生活,但是带来了管理上的新问题,又造成了不同基层单位之间的收入差别,这种差别更会带来努力上的负激励。

4. 没有梧桐树,招不来金凤凰。由于待遇太低,造成了学校严重的封闭发展,内部循环,人才的引进相当困难。现在出现较多的现象是,本校的突出人才很容易就流向了其他高校或科研部门或者出国,而自己要引进、获得一流的人才却很难。于是,只好将自己的学生留下来,学生的学生们不断地继承衣钵,自然就限制了科学研究、教学必需的创新性。在这样一个开放的时代里,没有开放性的人才作为活水,学校怎么会永葆旺盛的生命力?

5. 学校还是疗养院?由于传统计划体制的影响,也由于引进人才等制度的作用,以及一些其他原因,高校相当多的部门普遍存在人浮于事的现象,难以提高效率。教育人员与行政、教辅、工勤人员之间付出与获得不成正比现象日趋明显。

(二)用人制度方面

1. 没有实行按需设岗。很多的高校在岗位的设置上不是很慎重,因人设岗,因人设庙的情况随处可见,教授、副教授、讲师、助教相互之间的岗位职责讲不清楚。经常听到教授抱怨干的是助教的活,问题就出在岗位设置不合理。高等学校各级教师职务岗位承担不同的岗位职责,并应按合理的比例配置。本来应该是助教岗位,都设成教授岗位,教授太多,助教太少,教授不干,助教的职责谁来承担呢?美国高校教授、副教授比例比较高,我们不能盲目攀比,国外的统计口径与我国是不同的。

2. 没有公开招聘,竞争上岗。我们在现在的经济体制下,单位用人比较习惯于组织安排。组织安排有很多弊端,个人干不好工作,可以把责任归咎于组织安排不当。很少高校实行竞争上岗机制,这样就增添个人与组织、领导的矛盾关系,淡化人际关系,增加个人对领导的怨气。作为管理部门来讲,带来了很多人为的矛盾;对个人,更加阻碍了其不断充实提高。有些人只要晋升不了,他就责怪组织、责怪领导。校里收到很多专业技术职务聘任方面的上访信,捕风捉影、挖空心思琢磨是不是领导打击报复。职位不是个人自己选的,而且也不是通过竞争得到的,他就不会很珍惜这个岗位,不会敬业爱岗。

3. 没有实行合同管理,没有实行真正的聘任制。现在的人事管理并没有实行法制化、规范化、模式化。高校人事管理对"合同"这个概念的意识还不是很强。学校和个人的关系并不是以合同形式约定的受法律保护的聘用关系,包括学校对个人的履职考核、奖惩以及双方的权利、义务等都不是以合同约定为依据。学校对教职工的管理缺乏用合同来约束。合同没有规定的,对双方都没有法律约束力。如果高校教育人员和高校发生劳动合同纠纷,依法解决纠纷的唯一依据也是双方依法签订的聘用合同。目前高等学校,特别是内地的学校,合同管理、依法管理的意识非常淡漠,在劳动仲裁或者法院审判的时候,往往都是学校败诉。很多学校感到很委屈,觉得法院总是保护个人。但从我们实际接触的一些案例看,高校败诉或多或少与学校自身工作缺欠有很大关系,暴露出高校缺乏法律意识,缺乏法制观念,缺乏合同管理意识。

(三)管理体制方面

院(系)事务由几个人决策,缺乏权威性,不担任院(系)领导的教授无权参与管理的状况。

过去,高校评委对职称评定的最终结果起着决定性的作用,而评定的依据主要是个人条件(或者说是上报的材料),却很难照顾到各院系的专业特点。正如史宁中所说,作为教授和博导,我很清楚地了解数学学科的发展和教育人员状况,但对学校的诸多学科却很难有发言权。

目前我国高校普遍实行的仍是计划经济体制下形成的高度集中的内部管理体制,院(系)作为教学科研实体责、权不一致。在市场经济体制下,院(系)直接与社会接触的渠道多了,在人才培养、合作研究、社会服务等许多方面院(系)需要作出抉择。在这种情况下,仍沿用权力高度集中的一级决策的管理体制,势必导致学校领导事必躬亲、琐事缠身,不能集中精力谋划大事,同时也难以发挥院(系)的主动性和积极性。

四、应对措施

经过一系列的分析,发现阻碍高校教研人员能力建设发展的因素很多。就是这些阻碍因素会使我们国家的整体素质不能快速的提高,会造成教研人员产生消极的心态,会使我们国家的经济发展速度有所减慢,不利于社会主义经济建设的发展,不利于科技的进步。所以我们要解决这个问题,保证高校教研人员能力建设发展,就要建立一套完整的能力建设支持系统。

(一)在工资分配上的措施

基本岗位津贴。基本岗位津贴是全校在岗各类职工按所受聘的岗位职务享受相应标准的岗位津贴。教研人员只要受聘上岗,就可按实际所聘职务享有这块相对固定的基本岗位津贴,原来是教授,这次聘任中被聘为副教授的,只能拿副教授岗位津贴。

任务津贴。对教研人员来说,任务津贴是收入的一个重要来源,是按完成工作任务的数量和质量,享受相应标准的工作任务津贴。教研人员的任务津贴包括课时津贴、科研项目津贴、指导研究生津贴、学生工作津贴等。当然这项津贴的实施也充分考虑到与教学科研质量、年度考核结果等的结合。因此,这项津贴是最能体现多劳多得原则的活津贴,而且对教研人员上不封顶,有效地调动了教研人员教学科研工作的积极性。

业绩津贴。业绩津贴是学校根据教职工的工作业绩、成果和贡献设立的奖励津贴,目的是要加大对在工作上取得突出成绩、作出突出贡献人员的奖励力度。包括教学奖励津贴、科研奖励津贴和科技论文奖励津贴等。在津贴分配改革中,我们始终坚持教职工的津贴分配与履行岗位职责、完成工作任务的数量与质量、工作业绩和贡献大小紧密挂钩,在增量中提高了教研人员待遇,并通过多劳多得明显拉开了收入差距,彻底打破了平均主义"大锅饭",充分调动了教研人员工作积极性,为全员聘任制的顺利实施提供了有力保障。

(二)管理方式和体制上的措施

实行"教授委员会集体决策基础上的院长(系主任)负责制",并制定了一整套实施办法和规章制度。教授委员会主要由二级学科的学科带头人组成,其任期为三年,院(系)党总支书记为教授委员会成员,一般由院长(系主任)担任主任委员。教授委员会可以一改过去院(系)事务由几个人决策,缺乏权威性,不担任院(系)领导的教授无权参与管理的状况,成为决定院(系)发展规划和教学科研组织形式,决定学科建设、专业发展和教研人员队伍建设,职称评定、教师聘任以及自主支配经费使用的决策机构。

完善教研人员管理制度,依法维护教研人员合法权益,依法管理教研人员队伍。在教师资格认定、遴选任用、职务聘任、培养培训、流动调配、考核奖惩、工资待遇、申诉与仲裁等各个环节上,通过健全和完善相应的管理制度,保障教研人员管理工作公正、公开、公平,逐步实现政府依法治教,学校依法管理,教研人员依法执教。

建立和完善高校教师队伍建设工作评估监测机制。建立反映高校教师队伍建设工作水平和成果的评估指标体系,加强对高校教师队伍建设工作水平的监测评估,特别是对教研人员队伍建设工作规划的执行、经费投入、激励机制、队伍结构、配置效益、成果业绩等进行比较评价,将评价结果作为反映学校办学水平和管理水平的重要指标。

加强对高校教师队伍建设工作的领导。学校应有高校教师队伍建设领导和协调机构及工作部门,负责制定和组织实施学校教师队伍建设的方针、政策、发展规划及年度计划,宏观把握教师队伍建设的发展方向,协调各职能部门的工作,建立和完善管理制度,形成协调高效的运行机制,加强对高校教师队伍建设工作的组织领导,促进我省高校教师队伍建设工作迈上一个新的台阶。

(三)提高综合思想素质上的措施

要注重学习,勇于实践。教育理论是指导教学活动的强有力的武器,也是提高研究能力的首要条件。只有掌握了一定的理论,才能在理论指导下有目的地进行探索。这里说的探索包括教研人员个体的独立研究和高校教师群体的共同研究。就目前教研人员的研究能力来看,多数教研人员还不具备独立开展课题的实力,因此,应提倡多开展群众性的专题研究活动,还要认真学习优秀教研人员的先进经验。

要努力掌握从事教育科研的基本方法。对于教研人员来说,首先应侧重选择与现实生活密切相关的、有实用价值的课题,这样既可扬其实践经验丰富之特长,避其理论功底不足之短,又可以使研究直接服务于教学需要。当前教师的科研课题应该主要涉及以下内容:创新教育观念、创新教学模式、创新与各科教学、现代教育技术的运用等。其次是进行课题论证,查阅文献资料:一是要了解前人或他人在这一领域的研究现状;二是获得更多的教育理论知识,在查阅文献的基础上进行课题论证。

学校领导要创设教育科研的氛围。这里包含两方面的含义:一是鼓励教研人员开展科研活动,为他们从事教改、教研提供宽松的环境;二是要采取有效的措施,积极开展丰富多彩的教育科研活动。努力培养教研人员的科研能力,向教研人员介绍科研方法和教研信息,传播先进的教育理论,组织教师外出学习考察和参加各种学术研讨会,定期或不定期地请专家搞讲座,使学校的学术研究有声有色、持之以恒。同时对于教研人员的教育科研成果要以制度化的形式给予精神上的表彰和物质上的奖励,对于高质量的教育科研成果,要向有关部门申报奖励。

(四)职务岗位设置上的措施

把各类专业技术岗位分为主系列和非主系列两大类岗位,其中主系列岗位包括高校教师职务系列和科学研究系列岗位;非主系列岗位包括实验技术、农业技术、工程、图书、出版、卫生等职务系列。主系列岗位的任务是直接承担学校教学科研和学科建设等核心工作,学校为了保证这些重点工作,决定将全校高级专业技术岗位总量的80%用于设置此类岗位,并按照各院部所承担的教学科研和学科建设等实际任务需要,根据学校文件规定的设岗标准。

(五)教研人员规模和结构上的措施

学历结构:高校具有研究生学历教师的比例要在现有的33.9%的基础上增加到60%,其中具有博士学位的教师达到15%以上。教学科研型学校具有研究生学历教师的比例要达到80%以上,其中博士教师达到30%以上;以教学为主的本科院校具有研究生学历教师的比例要达到60%以上,其中博士教师达到20%以上;高等专科学校、职业技术学院具有研究生学历教师的比例要达到35%以上。

职务结构:教授、副教授占教师总数的比例基本控制在40%左右。

教学科研型学校,教授、副教授可达到55%;以教学为主的本科院校教授、副教授占30%—40%,少数院校可达到45%;高等专科学校、职业技术学院教授、副教授占15%—25%。

学缘结构:到2005年在校外完成某一级学历(学位)教育或在校内完成其他学科学历(学位)教育的教研人员应达65%以上。

学科结构:加强新兴学科、边缘学科、交叉学科教师的培养,充实基础教学、基础研究力量,形成一支适应经济、社会发展和产业结构调整需要、门类齐全、专业结构合理的高等学校教师队伍。

(六)其他方面的措施

适当安排教师工作任务。教师工作任务过轻或者过于单调,会导致教师流失;但是教师工作任务过重,教师不堪重负,同样也容易流失。因而对教师工作任务的分配一定要从教师的实际能力出发。教师的工作任务既不可过重,严重超出教师实际能力的承受范围,也不可过轻,让教师很容易地就能完成。教师的工作任务应该是在教师能力的承受范围之内,同时需要教师一定的努力才可以完成。也就是说教师的工作任务应富有挑战性,使教师的工作本身成为教师的激励因素。

科学实施教师差异管理。不同的教师存在着不同的需求。根据教师的不同特点,对教师实施具有个性化的激励措施,能够达到对教师的最佳管理效果。对教师的流动也是这样。不同个性特征的教师,其流动的特点也不尽相同。因而根据教师的不同个性特征,实施差异管理,会促进教师的合理流动。如年轻教师精力充沛,对未来常抱有较高的期望,再加上没有家庭负担,流动的成本较低,流动性较强,因而对年轻教师要加大培养的力度,同时还要对其进行思想教育工作。再如对于外语、计算机等热门学科的教师,要适当加大其工资待遇,使其具有一定的社会竞争力。

要建立健全与国际接轨的高等教育鉴定与质量认证制度、建立多元化的高等教育质量评价体系以及促进学校持续发展的高等教育评价制度。

中国加入世界贸易组织后,随着跨国技术服务领域的扩展,高校教研人员的国际认可已成为必不可少的一环。建立与国际接轨的高等教育质量认证制度,推动学历的相互承认势在必行。高等学校要努力拓展国际交流和合作的领域,推动高等学校学历的相互承认。同时,学会规则,利用规则,争取发展我国高校教研人员的最大潜力。

第五章　中国高校人力资源能力建设管理系统研究

第一节　中国高校人力资源能力建设组织系统现状

在高校人力资源能力建设中,如何设计一个合理的组织管理系统具有非常重要的作用。我国高校人力资源组织系统的建设经历了逐渐完善的过程,随着高校用人要求的逐步提高,组织系统也从单纯的仅包含人力的事务管理部门逐步走向包含为建立选人、用人、留人及激励机制更细致的部门,即除了起始的人事科主要负责一般性的人力招聘、工资管理、人事档案记录等的基本功能,逐步建立起了专门的师资科、职改科、人力资源交流中心等部门。一般来讲,人事组织系统包括以下机构:人事调配科;劳资与社会保障科;专业技术职务聘任办公室;师资培养办公室;杰出人才工作办公室;博士后管理办公室;档案室;人才交流中心等机构。

这些机构都有明确的分工、职责,同时制定了相应的规章制度,并利用信息化的手段在人事处的网站上公示,而基于现在人力资源管理系统的平台,各职能部门已经在不同层次上实现了对数据的存储、分析和共享。具体来讲各个职责部门的职能如下:

1. 人事科(负责人事处综合业务管理工作)

(1)机构设置与人员编制管理工作;

(2)人事调配、离退休审批和自费出国审批工作;

(3)人事统计工作;

（4）教职工综合考核与奖惩工作；

（5）人事档案与人事处综合档案管理工作；

（6）人才招聘及信访、接待工作。

2. 师资专家科（负责师资队伍建设、为专家服务等工作）

（1）享受国务院政府特殊津贴人选的推荐工作；

（2）有突出贡献中青年专家人选的推荐、考核等管理工作；

（3）"长江学者"、"泰山学者"等的人选推荐等管理工作；

（4）院士服务工作；

（5）为外聘院士服务与管理工作；

（6）为国家百千万人才工程第一、二层次人选、享受政府特殊津贴人员、博士生导师服务工作；

（7）新调入、接收教师岗前培训工作；

（8）高校教师资格认定工作；

（9）教师后学历教育管理工作；

（10）参与国家级或省级重点学科、重点实验室的建设工作。

3. 职改科（负责专业技术职务评聘与专家工作）

（1）专业技术职务岗位设置管理工作；

（2）专业技术职务聘任资格审查与学科评议工作；

（3）非教师系列专业技术职务的聘任与聘后管理工作；

（4）非教师系列专业技术人员的培训、进修与后学历教育管理工作；

（5）涉及专业技术人员的考试工作。

4. 劳资科（负责劳动、工资与社会保障工作）

（1）教职工工资、津贴、奖金的计发管理工作；

（2）教职工社会保险管理工作；

（3）劳动政策与劳动纪律管理工作；

（4）固定制、合同制工人调配与临时用工管理工作；

（5）技术工人等级考试、职业培训与聘任管理工作；

（6）劳动统计与工资统计工作。

5. 人力资源开发交流服务中心

（1）贯彻执行校内人事制度改革有关政策,做好校内待聘人员进入中心管理的交接工作;

（2）负责分流人员待岗期间的转岗培训及考核工作;

（3）负责组织分流待岗人员在中心期间的政治学习及党团组织活动,并按规定交纳党团费;

（4）负责校内岗位招聘信息的发布工作,按照用人单位条件,组织待岗人员按照有关程序竞争上岗;

（5）负责办理分流待岗人员自愿应聘校外岗位的有关事宜;

（6）负责待岗期间人员的档案管理及工资发放;

（7）负责校办产业和后勤社会化单位聘用人员以及其他聘用制工作人员的人事代理工作。

6. 博士后管理办公室

博士后进出站及日常管理。

第二节　中国高校人力资源能力建设制度系统现状研究

根据我国目前教师队伍状况和新形势的要求,为了使我国的高等教育尽快与国际接轨,使我国成为教育大国和教育强国,我们必须从多方面加强高校教师队伍管理模式和方法的改革。改革现行教师职务评审模式,切实推行教师职务聘任制,重视高校教师结构的整体优化,促进高校教师的合理流动,同时保持骨干教师的相对稳定,按照科学的教师激励模式制定符合中国国情的教师队伍管理体系和管理制度,促进我国高等教育事业的大发展。

我国目前高校建立了以下相对完善的管理机制:教师职务聘任制度、教师职称评审模式、教师资源的流动与稳定机制、教师激励机制、学科带头人、骨干教师的培养机制。

一、高校教师职务聘任制度

实行教师职务聘任制的目的在于聘任最合适的教师担任最合适的职

务,真正做到人尽其才,才尽其用。这是我国学校人事制度改革的必然趋势,能有效促使教师在岗位上有危机感,在工作上有责任感,在事业上有竞争感,在工资上有满意感。

我国高校教师职务聘任制度,自改革开放以来一直处于不断的探索和改革之中,迄今主要经历了三个发展阶段。第一阶段自 1986 年至 1998 年,第二阶段于 1999 年开始至 2001 年,第三阶段目前正在进行。

1986 年,中共中央、国务院转发了《关于改革职称评定、实行专业技术职务聘任制度的报告》(中发〔1986〕3 号),国务院发布了《关于实行专业技术职务聘任制度的规定》(国发〔1986〕27 号),中央职称改革工作领导小组转发了《高等学校教师职务实施条例》(职改字国科发〔1986〕11 号)。这些文件的颁布标志着以社会主义市场经济体制及与此相适应的高等教育体制为基本参照系的高校人事制度、内部管理制度的改革拉开序幕。根据这些文件精神,我国高校在此前恢复教师职称评定的基础上,将教师职务聘任与职称评定紧密结合起来,实行"评聘合一"的教师聘任制度。这一阶段的改革在高校机构改革、编制制度改革、工资分配制度改革及竞争、激励机制的建立等方面取得了很大的成效,明确了我国高校人事制度包括教师任职制度改革的方向,奠定了我国高校教师任职制度改革的政策基础。

1999 年,鉴于 1993 年发布的《中国教育改革和发展纲要》的历史使命基本完成,我国社会主义市场经济体制在理论上与实践中都有了新的突破,教育领域需要一个新的纲领性文件,国务院正式批转了教育部的《面向 21 世纪教育振兴行动计划》。在这一计划的推动下,我国高等学校内部管理体制改革进一步深化,高校人事制度的改革也逐渐向纵深发展。这一阶段改革的主要成就是在实践中打破了高校教师进易出难、职务只上不下的传统格局,确立了教师职务与职称既有联系又不完全对等的新关系,建立了高校教师流动制度。

在上述改革的基础上,我国部分高校于近期又迈出了教师任职制度改革的新步伐。高校教师职务聘任制度从评聘制向岗位聘任制转轨,是我国自 1986 年以来高校教师任职制度改革的深化。与以往的改革相比,这次改革力度更大,涉及面更广,难度也更大。新实施的高校教师职务聘任制将在岗位设置方面彻底改变因人设岗的现象,完全"以各学科、专业实际承担的教育教学工作任务、学科建设需要为依据,设置各级教师职务岗位";岗位职责更加明确,招聘条件相应提高,方式更加公开,程序更加规范;独立运行且在全国通用的高校教师任职资格评定将被废止,教师职务只是某一高校与个人之间的合约关系,教师职务终身制将被彻底打破。

根据我国教育行政部门的意见及部分高校实施情况,实施高校教师聘任制并不是另起炉灶,而是这些年来高校教师聘任制度改革的延续,是在总结和承继以往改革经验和改革成就基础上形成的新的突破。其基本目标是彻底改变与社会主义市场经济体制不相适应的高校人事管理体制,通过"按需设岗、公开招聘、平等竞争、择优聘任、严格考核、合约管理",广开才路,精选人才,建立精干优化的教学、科研队伍,实现人才资源的合理配置,建立责、权、利相统一的用人机制,合理使用人才,充分调动高校教师的工作积极性,挖掘高校教师的潜力,进一步提高高校师资队伍的质量和整体工作效率。实行教师职务聘任制是深化高校人事制度改革的重要内容,是师资管理制度改革的核心。这一制度在一定程度上激发了广大教师的积极性和创造性,促进他们不断提高业务能力和教育教学水平。

然而,由于种种原因,目前我国实行的教师职务聘任制还不是真正意义上的教师职务聘任制,主要表现在:

第一,没有真正理解教师职务聘任制的实质,将评定教师的任职资格等同于聘任教师的职务,即"评定资格"与"聘任职务"应该分开的却没有分开。

第二,教师的职务聘任与教师履行岗位职责出现分离状态,也就是说只聘任教师的职务,而没有注重考核教师是否履行相关的岗位职责,即"聘任职务"与"履行职责"应该结合的却没有结合。

正是由于我们偏离了教师职务聘任制的目标和宗旨,因此产生了一些弊端:例如部分教师评聘上高级职务后,认为"船到码头车到站"了,于是端着"铁饭碗"、吃着"大锅饭"、挣着"放心钱",结果在内无心理动力、外无心理压力的情况下,故步自封,不思进取,业绩平平。而真正意义上的教师职务聘任制,必须有明确的职务岗位设置、职务责任、职务岗位结构比例、职务任期、职务工资,是一种把教师的任职、任务、任期等结合为一体的聘任形式。它以聘任合同的方式确定教师被聘任的职务、被聘任的期限、被聘任期间的教学任务、应当承担的教学工作量及履行职责后应得到的职务工资等。

二、高校教师职称评审模式

专业技术职务评审是目前对高等院校教师的学术水平、工作能力、工作业绩的综合测试方式之一,也是对知识和教师的尊重以及对教师复杂劳动的肯定。公正的职称评审,能充分调动教师教学和学术研究的积极性,激发他们的创造力,促进教师队伍素质的提高,对社会作出更大的贡献。因此,教师的专业技术职称评审工作的严肃性、公正性、合理性就显得尤为重要。

(一)目前我国各高校的职称评审体系包括以下几方面的内容

1. 建立高校教师职务量化评审体系的原则

实行高校教师职务量化评审是深化职改的必由之路,而量化评审指标体系的建立则是实现量化评审的前提和基础。指标体系的建立须遵循以下原则:指标体系既要体现高校教师职务职称改革的方向,又要使各项标准成为教师进行自检的尺度,促进教师奋发向上,从而全面推进高校的教学科研的发展。实行目标、过程、条件评审相结合,既注重申报人的基本情况,又注重业务能力和工作业绩;既注重教学工作,又注重科研成果。依据教育部《教师职务条例(试行)》的有关规定,将定性的任职条件和标准进行分解、归类、量化,力争较准确、较完整地反映每一个申报人的各项信息。

2. 量化评审的指标体系

该体系包括申报人的基本情况、教学工作、科研成果及获奖、其他工作四个方面。每个方面又分为若干个评审条目,要求申报人任现职以来个人基本条件和工作业绩必须满足量化评审标准中的若干个评审条目,方可有资格参加评审。然后按照赋分标准,将有资格参加申报的人的材料进行归类、量化、计分。

3. 高等院校教师职务赋分评审指标体系

根据以上原则将拟定的"高校教师职务量化评审指标体系"分为两层:第一层是量化评审方面(一级指标4个:基本情况、教学工作、科研成果及奖励、其他工作),第二层是量化评审条目(二级指标17个:基本情况5个,即学历、外语、考核、任职年限、计算机水平;教学工作5个,即工作量、教学质量、授课门数与对象、指导研究生、其他教学工作;科研成果及奖励5个,即获奖成果、论文、著作、科技成果、成果推广;其他工作两个,即荣誉奖励、党政兼职)。每一个评审方面或评审条目在整个指标体系中的重要程度,由权重系数(KIJ)的大小来确定,见图5—1:

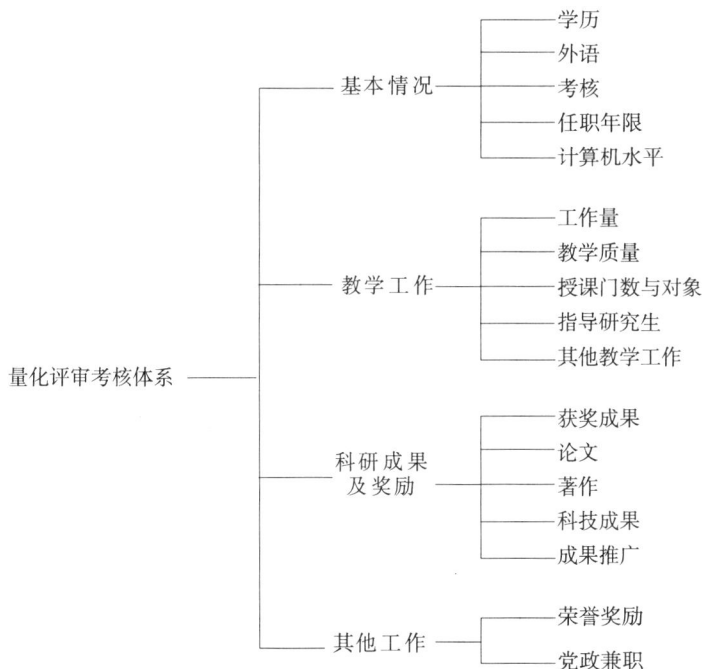

图5—1 高等院校教师职务赋分评审指标体系

4. 高校教师职务量化评审赋分标准的制定

根据国家和各级教育主管部门制定的高校教师职务评审的有关规定,考虑到每个评审条目在实际评审过程中可能出现的情况,分别赋以适当的分值,以达到量化的要求。以"基本情况"中的"学历"条目为例:按照《教师法》的要求,高校教师须具有本科以上学历,因而规定,本科毕业具有学士学位的为基本分60分,硕士学位为75分,博士学位为90分,博士后100分;本科以下不计分;同理制定出高校教师职务量化评审赋分标准。

(二)目前职称评审体系存在的问题

现行的职称评审,由于相关制度还不完善、评审方法存在一些缺陷,或多或少地妨碍了职称评审的严肃性和公正性,职称评审方式依然存在着一些问题,主要表现为:

1. 存在"两重"(学历和论文)、"两轻"(水平和业绩)的弊端

在职称评审中,对学历、资历和发表的论文看得较重,而教师的业绩、能力和学术水平等最重要的职称内涵结构要素常被忽略。对学历的片面强调与"实事求是"的精神相悖,造成了职称评审的不合理性。如毕业后的工作年限成为职称评审的强制性规定,并以此来界定职称申报资格的有无。担任现职后发表的论文数量和级别成为晋升职称的必备条件,而不顾工作态度、实际能力、专业成果如何,只要熬足年头就可以晋升高一级职称的现象,更是背离了职称的实质性意义。对于那些把职称看成奋斗目标和一切工作的出发点和落脚点的人们来说,一旦职称到手,就不思上进,安于现状,不求改革,极易造成教职工队伍缺乏生机、活力和不断进取精神的现状,形成群体惰性现象,同时也形成了重科研轻教学、重论文轻实践的错误导向。甚至有的人为了评职称弄虚作假,急功近利,败坏了学风。

2. 职务聘任制度没有真正落实

在职务聘任中需要引入的竞争机制是由岗位设置、择优聘任、绩效考核等重要工作环节所构成,是按计划评审和实行终身制的管理。现行的职称评审方式,往往导致"重评轻聘",结果即不是根据学校教学科研和学科建设重要评聘。

三、高校教师资源的流动与稳定机制

在市场经济体制下,高校教师的流动不仅是必然的也是必要的,稳定是相对的。高校应通过建立新的管理模式来促进教师的合理流动和保持骨干教师的相对稳定。

(一)高校教师流动的必要性与必然性

教师的正常流动对于师资队伍的建设是非常必要的。首先,教师的流动是适应市场经济体制下合理配置人力资源的一个方面。教师通过社会与学校之间的流动,可以克服人力资源的闲置和浪费,实现"人尽其才"。

其次,通过校际之间的流动,可以避免学科上的"近亲繁殖"现象,发挥人才的"杂交"优势,有利于学科发展、学术繁荣和教师素质的提高。

再次,教师在校内流动,有助于解决教师编制、职称结构、年龄结构等不合理问题,有利于优化师资队伍结构。

(二)教师队伍稳定的相对性

在市场经济条件下,高校教师队伍的稳定是相对的,是流动中的稳定。不能认为教师队伍不流动就是稳定,流动就是不稳定。但是如果教师流动过于频繁,外流严重,势必会影响教师队伍整体素质的提高,不利于工作的延续和事业的发展,影响到人才的培养质量。如果只进不出,或者不进不出,虽然表面上看来比较稳定,但却不利于人才的合理配置,势必会造成人力资源的闲置或浪费,甚至出现内耗,反而不利于队伍稳定。因此,我们要促进教师的双向流动,在流动中实现队伍正常的新陈代谢和保持相对稳定。虽然教师队伍的稳定是相对的,但教师队伍中骨干部分的稳定却是必不可少的。骨干教师只有保持相对稳定,才能多出成果和出好成果,也才能通过骨干教师去影响和带动其他教师,从而提高整个教师队伍的素质。

(三)目前我国高校采用的促进教师合理流动的有效方法

1. 依法管理,避免盲目流动

高等教育的发展与社会的进步有着密不可分的关系,各级政府和教

育主管部门应进一步转变观念,提高认识,把发展教育的战略落到实处。各高校应根据《教育法》、《教师法》和《高等教育法》等教育法规,制定适应本校的配套管理制度,在内部管理中尽快实行合同管理,即教师实现聘任制,要明确聘期内的工作要求,并对其进行定期考核。同时,对机关人员实行职员制,后勤人员实行劳动合同制。教师外出进修学习必须与学校签订服务期限合同,如到期后不回学校工作者,应赔偿学校的一切损失,并承担违约责任。通过合约管理,可有效杜绝教师的无序流动。同时国家和地方政府也要发挥宏观调控职能,根据高校专业建设和人才配置的实际情况制定相应的政策,给一般院校和偏远地区高校一些优惠政策,留住人才。

2. 优化人才成长环境,提高教师经济待遇

根据教育部对教师队伍的调查显示,影响教师队伍稳定的要素有两个,即经济待遇和住房条件(分别占 49.7% 和 8.2%)。因此,改善教师生活条件,提高教师经济待遇是高校吸引人才、稳定人才的关键因素。高校应根据人才成长的特点和需求制定相关政策,营造优化人才成长的环境,真正提高教师的政治和经济待遇。要充分利用高校学术力量和科研实力强的优势,加强高校与社会的合作,在提高学校学术水平的同时,提高教师的收入。同时,机关后勤应树立尊师重教的思想,努力提高服务意识,主动为教师排忧解难,努力营造良好的教学环境。

3. 引入竞争机制,促进教师不断进取

高校是培养社会主义建设者和接班人的重要园地,教师队伍的建设直接关系到人才的培养,必须对教师进行业务素质和高尚的职业道德教育,帮助他们树立正确的世界观、人生观、职业道德观。要正确处理奉献与索取的关系,同时要引入竞争机制。在制定分配政策时要拉开差距,优劳优酬,加大对优秀人才的奖励,对不胜任工作或给工作造成不良影响的要调离教师队伍。通过定岗、定职责,公开招聘,严格考核,真正使教师能在教学第一线创造一流的业绩,获得一流的报酬,使广大教师都能积极钻研业务,奋发向上,使整个教师队伍保持勃勃生机。

4. 改革教师管理模式,引进并稳定优秀人才

我们要加强师资队伍的管理,努力实现两个转变。一是改变封闭的管理模式,二是从单纯的稳定教师队伍向教师资源开发和利用转变。一方面要支持和培养一批优秀人才和学术骨干,同时要积极引进高层次人才,改善教师队伍结构,使其既相对稳定,又合理流动。在保持一支相对稳定骨干教师队伍的同时,积极利用校外的教师资源,采取互聘、联聘的方式,加强教师资源共享,既不增加人员编制,又促进了教师资源的优化合理配置。还可以建立高校与其他企事业单位间的人才流动合作制度,为更大范围的学术交流、科研协作提供方便,为教师开阔眼界、增强竞争意识、进行互相学习和交流创造条件。

(四)目前我国高校采用的保持骨干教师相对稳定的措施

人才的合理流动是优化师资队伍的有效措施,师资队伍应在流动中求稳定,在稳定中求发展。流动的原则应该是人适其事,事得其人,人尽其才,才尽其用。高校的人才需要流动,但不是流失。各高校主要从以下两个方面入手来保持教师队伍的稳定性:

一是主观与客观相结合。在这里,发挥人的主观能动性很重要。人可以创造环境条件,也可以改变环境,以期朝着人们需要的方向发展。在大环境相同的条件下,不同的学校,甚至同一学校不同的院系,教师队伍稳定的情况却大不相同,这方面的因素固然很多,但人的主观能动性则是至关重要的。

二是硬件和软件建设相结合。具体地说,硬件主要包括住房条件、工资待遇、教学科研设施等;软件主要包括思想教育、管理水平、服务质量等。

但是目前高校教师也产生了一些不合理的流动,分析有以下一些原因:

市场经济条件下,追求高收入是人才流动的主要动因之一。收入偏低,酬劳不均,脑体倒挂等不合理分配现象是造成教师人心不稳的重要因素。一个人寒窗苦读近20年取得博士学位,在大学任教评为教授,其年薪不如一位歌星一次演出的出场费,甚至不如一位个体户的月收入,这不能不引人深思。1993年工资套改后,当时虽然高校教师的工资收入有较大提高,但与其他行业同类同级人员之间仍有明显的差距,地方高校更是如此。地方高校是地方财政全拨款单位,受地方经济状况和财政收入限制,经费大都十分紧张,虽然近年来新专业的设置增多,招生规模扩大,但经费来源仍然有限。高校科技推广、技术转让、校办产业创收的能力和校企联合办学的路子由于种种原因也难以打开局面。近年来,教师的经济收入有较大幅度的增长,但教师职业的理论地位与实际地位之间仍还存在明显的反差;对高校教师的素质要求及其对社会贡献的要求与教师实际从社会获得的待遇报酬之间也仍存在着一定的反差。所以,可以想象,一个人的劳动报酬若不能与其所付出的劳动价值相符,就会有自身价值"贬值"的感觉,就会通过"跳槽"等方式来实现"自我价值"。

四、高校教师激励机制

激励,即对人的激发和鼓励,在管理心理学中,通常指激发人的工作动机的心理过程。实质是激发人行为动力,有效地调动劳动者的生产和工作积极性。激励之所以能调动人的积极性,原因在于人具有"需要"。马克思说:"在现实世界中,个人有许多需要。"需要产生动机,动机产生行为,需要是积极性的动力源泉。人从事任何活动的目的,归根到底都是为了满足某种需要。需要是建立激励机制的基础。

(一)中国高校教师激励机制的内容

报酬激励。各高校根据自己实际情况采用了不同的报酬激励形式。包括:绩效工资;收益共享;一笔总付奖金;知识工资;团队报酬等。有的学校采取逐步实行动态岗位津贴制度(如北大、清华、华中农大等),按教学科研总积分决定拿多少岗位津贴,通过一个渐进化改革过程,最终完成整个学校的薪酬体系改革。

选拔激励。目前许多高校都采取将学有所长且具备相关管理才能的高校专业型人才直接选拔到各级领导岗位上去作为对教师的一种激励机制。这种机制不仅是改善高校班子结构、科学民主决策的需要,对于学校整体学术风气、人文氛围和提升教师基础地位也有明显的促进。它为教师职业生涯疏通了出口,为优秀人才脱颖而出提供了方便之门、公平之路。并且这种新体制另一个好处是有利于组织从文化层面改善内部民主结构,激活组织内所蕴藏的巨大创造力,是一项员工参与式管理理论与高校现实对接的新实践。

考核激励。纵观国内高校改革进程,目前已出现北大(UP OR OUT)、中大(评聘挂钩)、华中农大(高职低聘)、上大(只聘不评)等模式。其中在职称聘任上,在科研和教学并重的基础上更多采用量化指标,制定相应的量化体系,使职称的评聘建立在公平的基础上,对教职工对学校做出的价值可以进行肯定,以此来激励高校人力资源的发挥。

精神激励。在对教师实施物质激励等其他激励手段的同时,各高校还采用对不同的教师类型(如年龄、职称、性别、个体差异等)采取适宜的精神激励手段。比如对教学上优秀教师的评选、对科研上有突出贡献的教师的评选等。

(二)高校教师激励中存在的问题分析

复旦大学秦绍德教授曾经说过:"目前,我国高校教师管理的激励实践中,各高校不同程度地存在着重物质性的激励,轻精神性的激励;重群体激励,轻个人激励;重职称激励,轻岗位激励;重行政、科研激励,轻教学激励等一系列弊端;在实行激励机制的前提——人才评价机制方面,一是重量不重质;二是心态浮躁,评价周期短,重眼前利益,不看长远效果;三是校内、圈内、国内自我封闭,在人才评价与激励上形成不正之风。"这种现象是目前高校教师激励的真实写照。笔者认为,问题原因可以归为以下几个方面:

高校人力资源管理者对激励的理解过于简单化。高校人事处(部)是高校人力资源管理的主要部门,其工作思路和模式或多或少地沿袭了过去人事管理的风格,离现代人力资源管理的要求还有差距。认为激励就是提供物质刺激,是很多高校人力资源管理者持有的观点。高校教师是典型的知识型员工,他们的需要不同于企业一般的员工,仅仅从物质方面给予满足是远远不够的。另外,忽视高校教师的个性差异,对所有教师采取同一激励方式或手段,也是导致激励效果不显著的重要因素。

激励与人力资源管理的其他职能脱节。一些高校教师认为,激励就是年终津贴的发放和年度先进工作者的评选。他们之所以产生这样的错觉,主要原因是高校教师激励与教师管理的其他方面没有关系。其实,高校教师的选聘、培训、职业规划、绩效评估、薪酬核算等,都是激励的内容,它们是息息相关的。如果高校教师的激励缺乏人力资源管理其他职能的支撑,势必成为空中楼阁,造成人力成本的膨胀和人力资源价值的浪费。

激励机制死板,激励模式单一。很多高校的教师薪酬与其课时数量、发表论文数量、承担课题数量等直接挂钩,导致教师片面追求多上课、多发论文或多做课题,忽视了教学和科研质量的提升。有些高校教师写的论文,纯粹是东拼西凑的结果,根本没有创新;还有的干脆把自己过去的论文拿出来改头换面,重新投稿。这一方面是高校教师考核机制不健全的结果,另一方面也说明了高校教师激励机制不灵活,激励模式有待改善。

五、学科带头人、骨干教师的培养机制

高等院校教师队伍正值新老交替高峰,近几年内,部分学科带头人和学术骨干将要退出工作岗位。高等学校的学科建设是提高教育质量的重要工作之一。学科建设要上水平、上质量,高水平的学科带头人和合理的学科梯队的配置是必要条件。因此,不失时机地选拔培养中青年学科带头人和骨干教师已成为高校十分迫切而重要的任务。

我国高校学科带头人、骨干教师的培养机制的内容:

集中财力、物力,面向国内外公开招聘学科带头人。比如现在高校多在网站上公示,公开招聘"长江学者"、"泰山学者"等。

以学科建设为龙头,重点抓好40岁左右,具有高级职称或博士学位、已在教学科研中取得高水平研究成果的中青年骨干教师的培养工作,并对其实行跟踪管理,严格考核、严格评估,优胜劣汰。

设立学术带头人后备人选科研基金,结合重点学科及重点实验室建设,采取优先支持科研项目的办法,加大资助经费投入,为中青年骨干教师的成长提供用武之地,让有限的资金获得最大限度的办学效益。

在力所能及的条件下采取倾斜政策,改善他们的工作条件。资助他

们发表学术著作,参加国内外学术会议,改善实验条件。支持他们通过各种方式出国进修、访问交流、合作研究,使他们得以在开放的国际环境和国际学术舞台上开阔视野,追踪前沿。

在师资培养方面,政府也采取相关措施,实行政策倾斜,来加速培养中青年骨干教师和学术带头人。如教育部"高层次创造性人才工程"体系中通过实施"百千万人才工程",建立特聘教授制度,实施万名骨干教师培养计划,建立国内访问学者制度,设立"高等学校优秀青年教学和科研奖励基金"、"跨世纪优秀人才培养计划"、"资助优秀年轻教师基金"、"留学回国人员科研启动基金"、"博士点基金",配合国家设立的"国家杰出青年科学基金"、"人才培养基地建设基金"及自然科学基金等专项基础计划等措施都是很好的举措,有利于加速学科带头人和骨干教师的成长,以造就一支结构优化、素质精良、富有活力的高水平的教师队伍。

第三节 中国高校人力资源能力建设管理
考核系统的现状研究

高校人力资源的能力考核是根据其工作的实际情况,定期地、客观地、全面地对教研和管理人员工作业绩和个人素质、能力以及发展潜力进行系统评价的过程,它是开发高校教研和管理人员能力的基本工具。我国高校经过多年的探索已经建立起一套合理的考核体系,成为人员任用、调配及职务升降以及教研和管理人员培训和确定劳动报酬的依据,也是对教研和管理人员激励的手段。但在实践中也存在诸多问题。

一、中国高校人力资源能力建设考核的内容和方法

不同的国家对能力考核内容的设计,与其社会制度、个人能力发挥程度密切相关。一般来说,一个人的能力越强,发挥得越好,就越容易取得好的工作业绩。一个人的能力发挥既受外在环境的影响,又受其内在因素的制约,这个内在因素就是"德能"。德能实际上起着能力系数的作用,它既可以为正,也可以为负,它既可以加强能力,也可以削弱能力,因

此它是人力资源能力建设的重要方面。"勤"和"廉"都是"德"的具体体现,是教研和管理人员能力考核的不可缺少的内容。

传统的教研和管理人员考核工作中一直较多采用以定性为主的方法,它是由考核者通过多种渠道和形式来获得被考核者的大量信息,然后凭借考核者自身的知识、才能和经验对获得的信息进行分析,在此基础上对被考核者作出较综合的判断。定性考核所注重的是对被考核者的素质、能力和绩效进行"质"的方面的评定。考核结果一般表现为文字描述式评语。所以,定性考核的准确性和可比性较差,并且定性考核受考核者本身的素质、知识水平、与被考核者的熟悉程度以及感情等主观因素影响较大。这种传统的教研和管理人员考核方法曾经对正确选拔和合理使用教研和管理人员起到积极的作用。但是,随着我国社会主义市场经济的发展和高等教育改革的深入,对教研和管理人员的要求越来越高,单靠模糊的定性考核评价教研和管理人员的方法,将不适应现代教研和管理人员考核的要求。所以越来越多的定量考核方法加入到整体考核的设计中来。

(一)中国高校人力资源能力建设考核的传统分析方法

对人力资源能力建设的考核,许多学者都早有论述。目前,在国内外的人力资源管理中,对能力建设的传统考核方法主要有以下几种:

1. 考绩法

在人员的任用考绩中,主要考察人员的现实表现和工作绩效,并通过其工作效果对人员的能力进行评价与确认。

2. 考评法

在考评中,由与被考评者在工作中长期接触并相互了解的上级、同事和下属来共同对其思想和工作表现进行评价,并将评价的结果加以数量化,以期求得评价结果的客观性、准确性和科学性。

3. 考试法

以口试、笔试、实际操作为手段,来测定一个人的知识、能力和专业技术水平。

4. 模拟法

通过设计和模拟一定的情境,让被测者在这种情境中进行实际操作,观察被测试者在该情境下所表现出来的行为特征,以评定其各种能力。

5. 心理测验法

用已标准化了的实验工具(如量表)作为引发个体反应的刺激,所引发的反应结果由被测者陈述,然后经过统计方法处理,予以量化,描绘出行为轨迹,并对结果进行分析解释,最后得出结论。常用的心理测验由人格测验、能力测验、职业向性测验等。由于心理测验法能从不同的角度反映一个人的不同侧面,具有明显的客观性、科学性、准确性和实用性等特点,很大程度上弥补了上述几种方法的不足,因而备受国外人力资源管理部门的青睐。

(二)中国高校人力资源能力建设考核的定量分析方法

对于中国高校人力资源能力建设的考核,传统的分析方法多以定性分析为主。为了充分实现高校人力资源能力建设的绩效,还需进行人力资源能力的定量分析研究。这方面的工作目前已经取得了一定的进展,发展了一系列的定量分析和定量研究的模型和方法。这些定量研究和分析对于提高人力资源能力建设的绩效、发挥人力资源管理的战略性职能具有重要意义。

虽然对人力资源能力建设的考核或者是人力资源管理绩效的评估已有了上述种种理论方法,但实际上要对人力资源能力作一个宏观、准确、透彻的评价并非易事,这方面的理论和方法也远未成熟。因为对人力资源能力进行评价是个复杂的工程,涉及多方面因素的影响。对现有的人力资源能力考核方法进行分析就可以发现,有的评价方法只说明了人力资源管理的一部分问题,缺乏宏观的分析,有的方法则缺少人力资源能力考核的定量测量指标,还有的未能将人力资源能力考核与组织的绩效相联系。

第四节　中国高校人力资源能力建设管理信息系统的现状研究

随着人力资源管理系统的日渐成熟和完善,普通高校也逐步把人力资源的信息化管理纳入人力资源能力管理的整体系统之中。特别是随着互联网和内联网技术的发展,使得第三代人力资源管理系统的出现成为必然。第三代人力资源管理系统的特点是从人力资源管理的角度出发,用集中的数据库将几乎所有与人力资源相关的数据(如薪资福利、招聘、个人职业生涯的设计、培训、职位管理、绩效管理、岗位描述、个人信息和历史资料)统一管理起来,形成集成的信息源。友好的用户界面,强有力的报表生成工具、分析工具和信息的共享使得人力资源管理人员得以摆脱繁重的日常工作,集中精力从战略的角度来考虑企业人力资源规划和政策。

目前我国高校有部分已经在使用人力资源的电子信息化管理软件。而使用人力资源管理信息系统的高校对人力资源信息系统的使用也处于不同层次和发展水平上,有的高校仅是把以前的一些手工的工作简单地用计算机来代替,比如用计算机来代替对人员档案的管理、工资管理,按照严格意义这还谈不上真正的人力资源的信息化管理。有的高校在人力资源信息化管理过程中就走得比较远,职能模块也应用得比较多,比如不但有人事管理的基本的录入与存储、查询,还实现了利用计算机实现对人力的绩效评估,在一定程度上实现了人力资源信息化的管理。比较完善的系统包括以下几个模块:

人事管理:包括工种管理,人员调动,离职管理,考勤管理,住房管理,职位管理,职位调整,假期管理,人事档案管理。系统可以对人员的当前信息、历史变迁信息、照片信息、动态多媒体信息、论文专著等信息进行录入、编辑、查询、统计、分析、输出等各项管理。可对人员进行分类别管理;提供多种录入方式;可自动生成各种花名册、登记表、高级花名册、管理台账等应用表格;系统通过多种方式可以实现不同单位或相同单位不同部门之间人事信息数据的发送和接收。这些内容囊括了高校人力资源管理的所有常用信息。

人力资源计划系统:包括计划的制订以及实施情况。

培训计划:包括计划的制订以及培训师类型的维护。高校通过本模块可以规划自己的培训体系和调配培训资源,合理安排和管理日程、课程、进度和结果等信息,进而评估效果,指导、控制培训开发的下一个循环,促进教工个人发展,保持与高校战略目标相统一。

绩效评估:包括评估方法维护、评估计划、计划实施等模块。

人力资源测评:包括测评项目维护、结果维护、测评结果分析等模块。

招聘:人才是高校最重要的资源。优秀的人才才能保证持久的竞争力。招聘系统一般从以下几个方面提供支持:进行招聘过程的管理,优化招聘过程,减少业务工作量;对招聘的成本进行科学管理,从而降低招聘成本;为选择聘用人员的岗位提供辅助信息,并有效地帮助高校进行人才资源的挖掘。包括如下几个子系统:招聘需求维护、设置测试项目、测试题库维护、测试结果维护。

报酬管理:对高校的日常工资档案进行管理,可利用预置或自定义的标准与公式自动对单位各类人员的工资进行工资核算、定级、晋级、晋职、晋档、扣税、银行代发等处理。系统提供标准及计算公式的发送和接收,统一各级单位工资标准。可以按部门、按月对各类人员的工资进行计算、汇总,制作工资项目分析表、工资表、工资条及各种工资台账;根据本单位的工资变动要求自动进行工资晋档、晋级,自动处理工资政策改革引起的变动;根据领导的要求随时生成每个人员的工资项目登记表及按不同分类要求制作出工资项目花名册;自动生成银行代发文件,实现工资发放电子化。

其中在应用中也存在不少问题,在以下几方面更值得注意:

1. 系统封闭,信息孤岛现象严重,业务处理效率低

在现有系统中,普遍存在的问题是各系统之间相互独立。对于管理人员而言,需要在单机的各个系统之间来回操作,尽管从形式上积累和收集了大量的业务数据,但是没有统一的格式,也没有经过科学的整理和分类,有价值的复合信息少。另外,信息管理体系不完善,信息部门化现象明显,严重影响了工作效率和工作质量。用户需要获取的相关信息分散存放在不同的部门中,由不同的工作人员专门管理,这一方面使得信息不能及时被获取,降低了工作效率,另一方面要想得到数据的横、纵向比较也相对困难。

2. 功能单调、决策性低

虽然计算机技术已经在人事信息管理中得到了应用,但是目前的信息系统还只是停留在教职工档案管理和工资管理为主的基本功能上,只能做到输入、存储、修改和简单的查询,对于信息的加工、分析无能为力,忽略了管理中的决策问题。例如,工资管理软件只能提供个人工资状况的查询、修改,对于年发工资总额的增长幅度、同类单位平均工资比较、各类人员工资发放情况分析、人力成本和效益之间的关系等重要的辅助决策的信息,却无法直接得到。

3. 信息及时性和准确性差

高校各职能部门各自维护自己所需要和所处理的信息,导致信息无法同步,原始数据存在分散多次存放而导致一个信息多个副本的现象,致使不论是内部人员还是外部干系人员(如需要访问人事信息的其他部门、高层领导、校内其他人员等)均难按需获得及时的、准确的数据与信息。

4. 缺乏智能化、人性化

现行的系统通常不能帮助管理人员完成事务型的管理任务,也就是说不能提醒工作人员应该注意最近哪些工作应该开始展开。比方说,哪些教职工的合同到期,需续签;哪些教职工的职称评审年限已到,需要准备材料等。由此造成的失误往往影响到职工的工作积极性。

鉴于以上的原因,我们认为利用高校现有网络环境构建高校的人力资源能力建设考核信息系统是必须的,它可以摒弃现有人事管理信息系统管理的诸多弊端,充分发挥计算机网络的统一存储数据、分散快速查询信息的特点,利用计算机强大的数据计算功能,进行相关数据的横、纵比较,从而从有限的数据中获取更多的更有利于管理工作的信息。

第六章　中国高校人力资源能力
建设组织系统设计

第一节　中国高校人力资源能力建设组织管理系统设计

高校人力资源能力建设中,如何设计一个合理的组织管理系统具有非常重要的作用。高校是为达到一定的高等教育目的,根据一定的规则而建立起来的实体,高校的组织管理系统亦即组织结构是指在一定的教育管理体制下,为了实现特定的目标而在高校内部各组成部分之间确立的一种关系模式。赫伯特·西蒙曾经说过:"有效地开发社会资源的第一个条件是有效的组织结构。"组织一定的结构模式决定了组织内部的管理流程和资源分配,在组织中决定人的行为的首要因素是组织结构。同样,高校的组织结构通过影响高校中的指挥系统、运作系统和人际关系,最终影响高校组织效能的发挥。从管理上看,具有有效的组织结构的组织能产生出系统的效应。结构理论也认为,组织结构影响组织的功能,功能是结构的表现。只有组织的结构合理,组织的功能才能得到最充分的发挥。

一、国内外高校组织结构的历史流变及其原因分析

在公司制度出现以前的古典企业大部分是家族企业或合伙式企业,产品单一,基本由出资人直接管理,因而这些企业必然是简单的组织结构形式,是扁平式的。随着社会的发展和企业的规模不断扩大,在出资人和

基层工人之间出现了职能管理人员,管理层次有了增加,扁平式组织结构开始向多层次金字塔结构的方向演变。这类组织结构的管理层次一般只有三层。在 19 世纪公司制度出现以后,企业的经营管理日趋专业化,经营管理权逐渐掌握在专业的经理人手中。公司制的出现增加了企业的管理层次,由原来的三层增加到五层——股东、董事会、经理、中层专业管理层、基层工人,使较扁平的金字塔向隆起的金字塔转变。在进入 20 世纪 20 年代后,为了适应更激烈的市场竞争,企业开始多元化发展,企业横向一体化和纵向一体化同时发展,企业的规模急剧扩大,这种金字塔结构导致企业运作的僵化和效率的低下,因此,事业部制应运而生了。企业的事业部享有较高经营自主权,在一定程度解决了高耸金字塔组织结构带来的弊病。

企业组织结构的流变为我们探讨高等学校的组织结构提供了一定视角。高校在其产生的最初时期,其组织结构和规模与上述的最初企业极为类似,基本是扁平式的和直线式的。随着社会生产力和科学技术的迅猛发展,高校职能的不断扩展,高校的规模越来越庞大,高校的组织结构也越来越复杂,同时随着国家主义价值观的凸现,政府权力不断渗透到高校内部,干预高校内部事务,因而像政府部门那样的行政组织(即科层制组织)在高校内部也逐渐建立起来,高校成了学术组织和行政组织的结合体。考虑到高等学校组织中学术事务占主导地位这一特殊性,在这里主要探讨高等学校学术组织结构的历史流变及原因分析。现代西方高等学校的学术组织结构一般按等级分为三个层次,以英、美两国为例:最低一级在美国和英国都称为系;中间一级英国称为学部,相同层次在美国称学院;高校一级是两国高等学校组织结构的最高层次。目前德国高校的学术组织结构与其他西方国家相比有些差异。德国最早成立的高校是 1348 年的布拉格高校和 1365 年的维也纳高校,当时高校享有教会和君主授予的一些特权,为便于掌握教学和考试,高校实行学部制,即:分成神学、法学、医学三个专业学部和一个实行普通教育的文学部(当时的文学部是低级学部,地位没有专业学部高)。这一时期德国高校的组织结构是高校——学部两级制。十五六世纪以后形成了高校学术组织的三级结构,即:高校—学部—讲座或研究所。其中学术组织结构的重心在讲座和研究所一级,这种模式一直持续到20世纪60年代末。战后,德国通过的立法导致了德国高校的组织结构发生了很大变化,其中最突出的变革是以学系取代第二层次的学部,通常是五六个学部被划分为15—25个学系,同时将原先隶属于学部的讲座或研究所独立出来,取得与学系同样的地位。因此,现在的德国高校形成了"高校—学系或研究所"两级组织结构。

我国高等学校学术组织结构从新中国成立前到1952年基本是采用"校—院—系、所"三级模式。从1952年开始,我国高校全面学习苏联进行大规模的院系调整,调整后的组织结构变为"校—系—专业、教研组"模式。同时,国家对每一级组织的具体职能都作了规定,如在1961年公布的"高教六十条"规定,"高等学校的领导制度,是党委领导下的以校长为首的校务委员会负责制";"系是按照专业性质设置的教学行政组织";"教学研究室是按照一门或者几门课程设置的教学组织"。"文革"期间,我国高等学校基本处于瘫痪状态。改革开放以后,我国的政治、经济等社会结构发生了巨大变化,尤其是20世纪90年代以后,随着高校办学自主权的扩大和科学研究比重的增加,我国高校相继出现了教研室改造、创建研究所、调整撤并专业、增建学系、恢复兴办学院等一系列改革措施。这些措施使得高校的行政组织和学术组织结构亦随之发生了重大变化。以20世纪90年代以后通过调整、合并、划转后教育部直属的71所高等学校为例,这些高校的学术组织结构分为四类:第一种类型是"大学—学院和学系"(这里学院和学系是并存的),有北大、清华等43所,占60.56%;第二种类型是高校下面仅有学院,当然在学院之外还独立设置了体育部、外语部、基础部等单位,这些单位有的是系级,有的是院级,有南京大学、浙江大学等23所,占32.2%;第三种类型是"大学—学部—学院—系、所"模式,全国仅武汉大学一所;第四种类型是"大学—学系"两级结构,有中央财经大学、中央音乐学院、中央美术学院、中央戏剧学院4所规模较小的高校。

根据系统组织理论,任何组织结构的变革都是内外部环境变化共同

作用的结果。一般而言,高校组织结构发生变革的原因主要有以下几方面:

首先,高校自身内在逻辑发展的需要。高校从最初较单一的学术组织发展到当代"多元化巨型高校",一个重要原因是高校在适应社会发展变革过程中其内部组织结构不断进行自我调整的结果。如果高校不顾外界社会现实而故步自封或墨守成规,不进行自身组织结构调整,最终会走向衰落。中世纪大学的衰落就是明显例证。

其次,社会政治、经济环境的变化会促使高校组织结构发生变革。从经济的角度看,17世纪末,德国资本主义工场手工业的成长,要求和促使自然科学的发展,这为有利于科学研究的讲座制和研究所为核心的高校学术组织的形成奠定了基础;目前我国正处在由行业经济向区域经济转型的时期,高校在办学思想、人才培养模式、课程设置等方面都应发生改变,这些必然促使高校的组织结构发生相应的变革。从政治的角度看,德国高校的讲座或研究所学术组织的出现,就是在普法战争战败之后,洪堡所倡导的高校改革中为科学研究的需要而设置的;而20世纪60年代后期德国发生的学生运动等政治危机也直接促使了德国高校立法的改革,进而促使德国高校的组织结构发生变革。我国在新中国成立后所出现的高校组织结构变化往往都是服从于政治需要而进行的。

再次,现代科学技术的飞速发展直接推动了高校组织结构的变革。现代科学的发展趋势是高度分化又高度综合,综合是主流,分化是为了更高程度的综合,高校中各类学科的交叉和融合,形成了众多边缘学科和新兴学科,而新学科的发展,必然要求高校学术组织结构进行调整和变革。

在对中国高校人力资源能力建设的研究中,能本管理思想对高校的组织结构提出新要求——创建能力型组织,这是对高校的组织结构进行的重新思考。

二、能力型组织的内涵及特征

(一)能力型组织的内涵

与传统的组织相比,能力型组织侧重于组织内部能力的培养和各种能力的综合运用以及人力资源的开发,尤其是组织中人力资源的能力建设。能力型组织含义具体包含以下几方面:①把提高组织的能力作为发展的首要目标,其他目标都要服从这一目标。只有这样,才能实现物质财富增长的目标,才能保持组织持续的竞争优势。②把提高组织成员的个人能力作为组织目标的重要组成部分。组织的能力虽然不仅仅是组织成员个人能力,但组织成员个人的能力是组织能力的最关键的因素。③组织中个人能力的发挥和提高与组织的能力发展是一致的,是互为前提、互为条件,相互促进的。组织只有为成员个人能力的充分发挥和不断提高创造良好的外部环境,才能使个人能力最大限度得以释放,同时组织成员只有愿意为组织发展不断提高和发挥其能力,并把为组织发展而充分发挥其能力作为自我价值实现的重要途径,才能促进组织能力的发展。

(二)能力型组织的特征

第一,组织管理对象能力化。组织的能力包含多个方面,但能力型组织特别强调人力资源重于物质资源,人的创新能力(即创造新价值和新思想的能力)高于资金、设备,人的知识、素质和能力是组织人力资源管理的核心,也是组织竞争力获取的源泉。对于高校而言,组织管理对象能力化意味着更加重视以高校教师为代表的人力资源能力的培养和提高。

第二,组织机制学习化。即具有学习型组织的特征。指组织内部形成一种学习机制,培育促进学习与创新的环境,使成员养成"终身学习"和"持续培训"的习惯,不断学习、不断创新;组织自身也不断学习,忘掉旧知识,充实新知识,并形成一种转化机制,将知识转化为能力。"学习型组织"成为当今世界一种重要的社会理想和教育理念,对现代教育产生了深远的影响。如何在高校内构建学习型组织,提高高校运作效能,对能否培养、使用和留住大批高素质的人才有着举足轻重的作用。

第三,组织结构柔性化。组织结构趋于柔性化目的就是使组织具有参与竞争、对多变的外部环境能作出快速反应、能够对外界变化迅速进行内部调整的能力。增强高校在不确定环境下的适应性。这点正是组织灵活性原则的体现,也只有这样的结构才有能力适应竞争多变的环境。

传统官僚组织是工业革命下的产物,其组织结构较为僵化,已脱离现实而无法有效地解决当前层出不穷的问题,无法应对快速变迁所带来的冲击。社会学家本尼斯将传统层级化组织结构失效的原因归为四项:一是环境因素,当代科技的快速发展和分化使组织间的相互依存性高于竞争性,环境的变迁影响和制约着组织的发展;二是工作价值观的改变,人们开始要求和重视工作上的自主权和参与感;三是组织的目标和任务将变得更加复杂和无法预测;四是未来的组织结构将是暂时性的,必须具备快速适应与变迁的暂时性系统。而柔性化组织结构能避免失效。柔性化组织结构是一种简单、高度分化的结构,决策权与控制权充分下放,同时它还促使组织成员跨越功能和事业单位的界限。这种柔性化组织结构不仅能够适应时代的变化并满足社会的需求,而且能够迅速地解决问题并提高组织的效能。高等学校组织是我们迄今看到的最复杂的社会组织之一,仅仅靠单一、僵化的官僚组织已无法解决高校所面临的问题,必须辅之以柔性化的组织结构。正如美国著名行政学者全钟燮所指出:社会的本质已发生了根本变化,迫切要求人们必须从权变的观点来处理、解决公共事务和公共问题。

第四,组织层次扁平化。与传统的金字塔形的组织相比,管理层次减少了,管理幅度扩大了,这样可以避免传统型组织内信息传递和处理效率不高、对外部环境变化反应迟钝的缺点;组织的扁平化是以现代信息技术的应用为前提的,组织内部成员间相互密切联系,将是一种新型的团队成员之间的关系。如美国通用电气公司从 20 世纪 80 年代开始,就不断地进行组织结构调整,打破僵化的等级森严的金字塔垂直结构,缩减组织层次,从原来的 26 层减到 5 层,裁减四分之一的管理人员,60 多个业务组织层次被组合为 12 个业务部,各部被授予一定的人、财、物的权力,管理处于平衡状态,增强了生产协调性,大大提高了效率。微软公司总裁比尔·盖茨更是强调:"微软公司天生就是一个信息时代的公司,我们的目的就是在我和公司中的任何人之间不得超过六个以上的管理层次。"在高校的组织结构设计中实现扁平化,以基层作为管理权力和信息的基点,可减少高校组织的层次,使高校决策部门尽量接近教职工和学生,直接为教工和学生服务。如德国高校的组织结构正在逐渐实行扁平化,它使得低层次的基层学术组织(学系或研究所)更加灵活和富有创造性,便于建立跨系、跨学科的研究机构。

第五,组织系统开放化。现在人类已进入信息网络时代,信息作为社会资源已从独占走向共享,从封闭走向开放,同时计算机科学和网络技术的发展为人们进行横向沟通提供了支持。组织作为一个开放的系统,通过现代信息网络,实现内外部间相互联系、相互作用,这样的组织系统已与整个社会经济大系统浑然一体,要素间能相互流动、重新组合,从而能构成新的机能,产生新的能力。

三、中国高校创建能力型组织的必要性

任何组织都是追求效率的资源组合机制,它是由目标、活动、制度和技术四个基本要素构成的动态复杂系统,高校也不例外。当前,随着社会从工业型社会向知识型社会转变,经济全球化、社会信息化的发展趋势使组织生存的外部环境正发生着较大变化,传统高校管理组织正面临挑战。世界各国都在重新认识知识创新人才的培养问题,讨论如何建立先进的教育机制。应对经济全球化所带来的环境因素的变化,迎接人才培养要求的多元化、综合化的挑战,全国各高校也面临着改革与发展的问题。为适应这种变化,只有组织形态不断创新,通过创建以"能力"为管理核心的能力型组织,才能不断增强其竞争实力,实现高校组织的持续发展。能本管理思想的提出是人本管理思想发展的新阶段。它的提出,推动了组织能力理论的新发展,为能力型组织管理提供了理论基础,使高校组织的能力得到持续提升,为高校在多变的环境中获取竞争力,实现持续发展提供了原动力。

(一)知识经济时代来临,传统高校组织管理系统面临新挑战

当前以信息技术革命和经济全球化为基础的知识经济时代的到来,使得高校生存的技术环境、制度环境、社会环境都发生了巨大变化,使得传统的组织结构正面临新挑战,这要求对传统型组织进行创新,将传统组织建立成学习型组织、创新型组织、实效型组织、能力型组织。现代科学技术发展、知识创新、市场需求都对高校学科交叉、综合提出了更为紧迫

的要求,各种跨学科组织形式(研究组、研究中心等)正与以往单一的组织形式(院、系及系级研究室等)一起成为高校学术组织的重要组成部分。以往的直线职能制学科组织结构的缺陷越发明显,已经不能适应时代的要求。要对各种学科组织形式统筹兼顾,使各个学科共同发展,必然要求高校采取一种全新的组织结构。

传统组织价值观念面临挑战。传统高校的价值观念中,从管理者特别是领导者来看,往往将教师作为行政干部看待,以行政干部的用人单位所有、行政隶属关系、上下级的服从关系来规范教师,将教师当做学校的固定人力资产,不轻易让其"流失";在教师管理的重点上,片面强调机关职能部门的重要性,表现出"以机关为中心",管理活动偏重于事务性,而一些关系学校发展的重大战略问题,如教师的进修培训、创造力开发等,得不到足够的重视和落实。从被管理者(教师)来看,大部分教师(特别是中老年教师)的"我是单位人"的"终身制"观念在头脑里根深蒂固。这种观念下形成的教师管理必然会淡化或弱化教师在学校教育中的主导作用,既不利于教师积极性、创造性的充分发挥,也违背了教育、教学自身要求不断创新发展的规律,整个的教师队伍犹如"一潭死水",人才无法实现双向流动,缺乏生机和活力。

在经济全球化、市场一体化趋势下,组织竞争表现为能力的竞争并日趋激烈,组织的发展日益突出人的能力价值及其在人和社会发展中的重要作用,人是生产力中最具有决定性的力量,人的能力不能够释放出来,生产力就不会解放和发展,因此当前需要彻底摆脱"官本位"、"钱本位"意识的束缚,大力推动观念更新,建立"能力本位"的价值观念,将是社会和组织发展的必然要求。

传统组织文化将面临挑战。在传统的高校管理中,集权式的垂直管理型组织成为高校的主导形式,组织管理的执行通常是上级向下级下达任务,组织层级明显,并通过设置极为详细的规则来保证成员之间的正式关系,而对于教师之间的非正式关系并不重视,使高校教师这些学术力量处于被动接受命令状态,主观能动性难以发挥,在这种制度中形成的组织文化导致了高校教师间不合作,甚至产生不正常的非正式关系,很难形成真正意义上的团队精神。当前知识经济时代,新技术、新产品不断涌现,市场不断开放,经济的动态性、竞争性、创新性、快速增长性不断显现,这种新的竞争态势要求组织应变能力逐步提高和升级,原先的组织文化在新经济时代将面临种种冲击;同时生产方式的转变也要求组织文化不断创新,新经济时代的发展靠的是知识创新、技术创新的能力,而不像传统经济靠的是劳动、资本和自然资源的投入,然而知识创新、技术创新能力提高的首要条件是组织文化的创新、观念的创新,这就需要创造一种促进各类主体不断学习、提高开拓创新能力的文化氛围,创造成一种以能力为核心的组织文化,建立在诚信基础上的团队合作成为组织竞争力发挥的保障。

传统管理模式也面临变革。高校现行的师资管理模式是计划经济体制的产物,在用人制度和用人机制上始终保持一种固定不变的模式,客观上限制了师资的来源与进人渠道,使师资队伍长期处于静态管理之中,容易滋生"铁饭碗"思想,不利于师资队伍的建设和发展;在使用和考核上,"重身份、轻岗位",职责不清,考核走过场,职务、职称、工资、奖金等只升不降;在利益分配上,只同身份、职务、职称挂钩,重职务(称)轻贡献,吃"皇粮"旱涝保收。在师资管理中缺乏竞争和淘汰机制,长期以来,师资管理只注重身份管理,教师的职称演变为一种"身份",并以此进行管理,曲解了专业技术职务聘任。时下,知识经济时代已经到来,知识经济的灵魂是创新,人的智力与创造能力将在未来知识经济与知识竞争中起主导作用。这就提出高校组织管理不仅是"人本管理",还需要"能本管理"创新,即以人的能力为本位,其核心是大力开发和利用人的智能与知识创新之源,最大程度地激发高校教师的主观能动性,促进高校教师能力的提高。

组织结构将需要创新。我国高等学校学科组织的传统结构是校—系—专业三级结构。除了这种传统结构外,大体上还有校—院—系、校—系—研究所(室)、校—系/系级研究所—研究室、校—院—系—专业教研室等几种类型,总的来说,它们都是一种直线职能制的组织结构,即实行以专业划分为基础的金字塔形的层级管理体制。这种单一化的纵向管理模式具有典型的集权色彩。它一方面有利于各种政策、方针的上传下达，提高高校的办学效率，同时有助于高校教学职能的发挥，为社会培养了一批业务能力较强的专业人才。但这种直线职能制结构运用在高校组织结构中，存在体制上的僵化、不利于新兴专业以及交叉学科的产生及发展、抑制了教师的主观能动性、资源配置不科学及浪费的问题。特别是各个学院、院系行政界定分明、壁垒森严，不仅阻碍了不同领域学者学术上的交流，而且相互之间资源不能共享，导致了学校人力、物力、财力上的浪费，同时阻碍了知识的发展速度，不利于高校人力资源的能力建设。

在新竞争环境中，高校传统组织结构再不变化将显得反应迟钝，将难以适应新形势下组织发展的需要。知识经济时代的组织是以智能技术和专业知识技术为基础，结构将趋向扁平式的、网络型组织结构，在整个组织中职能、团队和个人目标相联系，信息资源共享将是知识创造经济的前提，也是组织效率的保障。

（二）能力型组织的创建是高校组织结构发展的必然趋势

管理学家彼得·德鲁克指出："现代组织的组成是为了创新……而且现代组织必须将一切旧有的、习惯的、熟悉的和舒适的东西，进行系统化的摒弃，不管它们是一件产品、一种服务、一个过程、一项技术，或是人和社会的关系，还是组织本身。简而言之，现代组织必须适应持续不断的变化。"人类已进入21世纪，知识经济时代已经到来，组织生存和发展所依赖的外部环境正在发生巨大变化；组织变迁历程规律告诉我们组织形态是随着科技的发展而不断变革的，技术是管理组织的基础，在工业时代组织是以机械技术为基础的，因而产生传统的组织形态与之相适应，然而，知识经济时代，计算机的运用使得智能技术和专业知识技术成为组织基础，它要求对传统组织形态创新，确保员工能力特别是创造力得以充分发挥，因此当前传统组织形态与新的社会竞争环境及技术环境已不协调，传统的组织形态正面临挑战。传统的组织结构理论都有一个缺陷，即都或多或少带有集权主义倾向，因此在组织中的分权程度较低。正是由于这种低的分权度，使得组织成员缺乏责任感、自律意识、决策权限，从而造成组织的学习积极性低，缺乏创新精神与激励创新的动力。在知识经济时代,人作为知识、信息的载体将成为关键性的资源,成为经济发展的新动力,这使得传统的组织将产生根本性的变革。纵观我国高校发展的历史,组织结构始终遵循的是一种校—院(系)单一化的纵向管理模式。而且我国高校长期以来是以事业单位的面目出现,使得中国大学的组织结构和功能不同于世界大多数国家,单位制度的存在使得大学的组织结构过于僵化,缺乏灵活性,也谈不上创造性,难以适应当前高等教育改革形势的需要。随着科技进步与经济发展,学科出现综合化趋势,我国高校面临的政治、经济、文化环境发生了巨大变化,为了提高中国高校的国际竞争力,真正实施对人力资源的能本管理,必须对这种单一的学科组织结构进行变革与创新。而以"能力"为核心的能力型组织创建是高校寻求持续发展的要求,将是组织创新的方向。

四、高校构建能力型组织的原则

根据能力型组织的含义及管理理念,能力型组织设计应坚持以下几方面原则。

(一)以能为本的原则

能本建设是为应对经济全球化和新经济挑战的需要而提出的,具有鲜明的时代特色,成为各国综合实力和发展潜力的关键因素,是当今世界各国均十分关注的课题。美国历届政府都把人才资源开发建设作为保持其世界头号大国地位的战略性举措,美国前总统克林顿认为:"我们不在于公民拥有什么,而在乎他们能会什么,掌握了什么。"日本把"培养具有新世纪通用技术和能力的人才"作为"日本新生计划"的重要内容。管理大师彼得·德鲁克认为,现代的经营理念应该建立在"组织环境—特殊使命—核心能力"这一假设上。事实上核心能力已经成为现代组织包括高校确立竞争优势的基础,但组织中人是最活跃、最重要的因素,因此核心能力中人力资源的能力的开发和提升是核心能力中重中之重,能力型高校组织设计就应以提高和培育教师的能力为中心。美国管理学家钱得勒有一个著名的观点:"结构跟着战略变。"所以高校组织结构变革应围绕人力资源能力建设这个战略进行,对教师的管理和劳动必须以尊重、激励、服务为主,这样才有利于充分发挥教师的积极性和创造性,做到既要有利于教师能力的提高、释放,又要有利于高校组织能力的获取、保持和发挥。

(二)符合时代发展要求的原则

这一原则反映了组织结构特征与环境特征、组织结构设计中的因变量与环境特征之间的关系,它要解决的是时代特征与组织结构特征一致的问题。它要求必须把握时代特征来设计组织。现代社会是一个高度分化和高度综合相结合的时代,因此高校的组织结构必须反映和体现时代要求,不仅表现在教学、科研单位的设置,而且体现在管理决策层、联结装置的设置,体现在各种各样灵活机动的有利于、服务于社会的组织的出现。这方面国外许多著名高校已做出了大量改革。例如,日本筑波高校设置了既讲分化的学系,又设置了体现综合的综合科目;法国则制定法律要求设置跨学科的教学科研单位,其教学、科研组织的划分与设置都体现了时代的要求。现代社会要求高校为社会服务,高校不能只在"象牙塔"里。因而,高校决策层中社会各方面人员的参与,决策层人员构成的多元化,是这种社会要求在高校决策设计中的具体反映。

(三)坚持组织学习并使知识有效转化为能力原则

知识经济时代,知识成为重要的资源,组织管理的重心转向对知识这种无形的软资源的管理。因此中国高校组织设计要充分考虑组织的结构利于成员与组织对存在于组织内部和外部知识的学习,并且实现知识价值能有效地转化为个人能力和组织的能力,最大限度实现知识的效用。组织能力并非是个人能力的简单叠加,因而组织设计中也应考虑使个人能力最大限度地转化为组织能力,发挥1+1>2的效用。

(四)组织结构的灵活性原则

在传统的"象牙塔"的状况下,高校所处的环境相对稳定,其组织结构趋向科层结构,即组织结构层级较多、结构相对稳定、行为正规化、教学程序化、教学内容固定化。当环境发生变化时,这种组织就缺乏一定的可塑性,不能立即对外界的变化作出最快的反应,就可能丧失竞争能力。

在现代高校中,由于高校的职能多样化,环境变化日益迅速,教学科研与社会的联系日益紧密不可分离,高校要根据社会需要从事科研,根据社会需要组织教学科研和社会服务活动,因而高校组织结构必须保持一定的适应性、灵活性和机动性,以有利于学校扩大对外开放、开展联合协作,面向国内和国际两个市场,增强自我发展的能力。我们在组织设计中要有一种"以变应万变"的思想,"使组织结构及过程能随不断变化的战略轻松自如地重塑和统一"。

（五）要遵循管理科学的原则

权责对等、分权与授权是管理科学所确认的管理原则。权责对等就是要求所承担工作的责任范围与其在职责范围内的支配力量相辅相成,只有做到了权责对等,才能真正调动组织成员的积极性。管理者要对下属进行适度的分权与授权,组织内最高管理层应将决策的部分工作分配给下属管理层,并正确授权,这不仅有利于组织内部的信息沟通,而且也有利于创造职工参与管理的机会。

五、高校能力型组织管理系统的设计思路

高等学校在现代社会中担负着培养人才、发展科学、直接为社会服务等职能,对高校而言,组织结构的设置,是影响一所高校办学水平高低、功能发挥大小及发展前景好坏的关键因素。通过合理的组织结构设计,使高校内部管理流程更科学、资源配置更合理,更重要的是以此影响和激励广大教职员工对学校教育事业的积极性,开发他们的潜能,这不但与高校人力资源能力建设的要求相一致,而且也有助于高校更好地发挥其职能。

（一）尊重高校专业性组织的技术特点

伯顿·克拉克曾深刻地指出,要解析高校,了解其结构,"首先要研究基层,研究生产","当我们把目光投向高等教育的'生产车间'时,我们所看到的是一群群研究一门门知识的专业学者。这一门门的知识称做'学科',而组织正是围绕这些学科确立起来的"。亨利·明茨伯格提出的组织结构理论也认为,任何一个组织都有五个基本的构成部分,即技术核心、高层管理、中层管理、技术支持部门和管理支持部门。技术核心包括了从事组织基本活动的人们。在高校组织中就是高校的教研室和学生

的班级。按照亨利·明茨伯格提出的组织结构理论,高校的组织结构可以用下图 6—1 来表示:

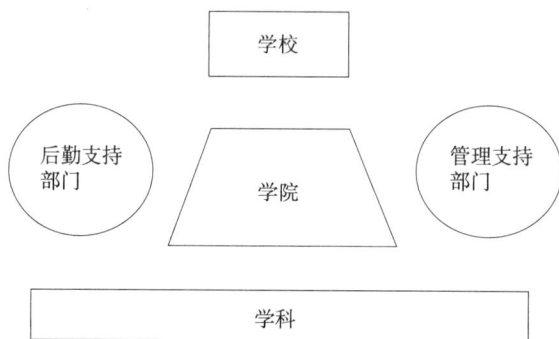

图 6—1 高校的组织结构

技术包括了组织完成的工作,组织技术与结构之间存在着主要联系。组织理论认为:技术不确定性越大,则形式化和集中化的程度越低;技术的互倚性越大,就必须投入更多的资源用于协调;目标性互倚可以通过标准化(即规则或者程序的发展)进行控制。在高校组织中,技术主要围绕知识(学科)展开:知识的传播、发现和应用,技术的不确定性较之企业和公司更大,尤其是知识的发现(科研工作),其不确定性更大,客观上要求高校组织赋予基层的学院和学科以更大的权利,适应其技术的不确定性。高校组织的技术特征要求学校实施的是更加分散化的组织管理,而现有高校行政权力集中于学校一级的领导部门,与高校的技术特征所要求的分权化的组织管理相冲突,带来种种管理的问题,同时,窒息了高校组织技术的发展,导致高校核心技术的发展迟滞:科研和人才培养及社会服务在低水平运转,质量、水平难有质的突破;高校教师作为传授知识、创造知识和培养开发高级人才资源的主体,不能科学合理有效地进行配置并加以优化。

(二)建立以学院制为基础的网络化矩阵式学科组织结构

高校作为学术组织,其学科组织结构是高校组织结构设计的重心。

首先按照学科门类或学科群来建立学院,一些专业性比较强的学院至少必须按照一级学科来建立。系一级必须以一级学科规范来建立,个别专业性比较强的系至少也必须按照二级学科来建立。按照这个原则建立起来的学院制,符合学科既高度综合又高度分化的趋势,有利于交叉学科、边缘学科和新兴学科的发展。

　　矩阵式学科组织结构是学科系统与项目系统的有机结合:纵向为学科导向,由学科领导实施管理,符合学科发展规律;横向为问题导向,按项目实行管理,由项目领导实施管理,以解决实际问题(经济、社会、科技、教育问题)为目的。也就是说,学科组织结构中除了按照分化序列设置的纵向学科外,如计算机、生物、材料等院(系),还应该有按照服务对象、项目等横向联合的适合跨学科生长的组织结构形式,包括研究中心、研究院、工程中心等作为补充,如图6—2。这样,研究组(课题组、研究中心等)成为高校学科组织的基本形式。

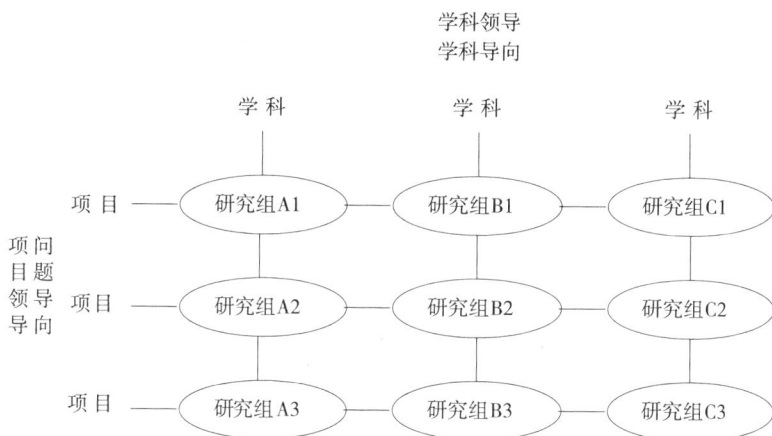

图6—2　二元矩阵式学科组织结构

　　现代大学研究组的活动包括三种:①整合活动,用于研究组的自我维持。每个研究组在形成过程中都要发展出一种"构造"(Constitution),科劳恩将这种构造称为"小组基质"(groupmatrix)。"小组基质"制约着课题组成员之间不同兴趣和能力的协调,并通过提供为所有成员共同分享的信念、态度和意图情境,塑造出项目组的特殊"风格"和"自我形象"。

实际上,通过整合活动形成的构造或基质,就是学科组织文化。②研究活动,即研究组以问题任务取向的活动,直接用于实现知识生产的特殊功能目标,严格地说,生产特定知识的研究活动是循环式地相互联系着的,取向一个研究目标的所有活动都可能对解决共同问题作出贡献,它们要么被研究组的其他成员接受,要么被拒斥。问题的解决不允许中立,而只能在一个循环移动的网络中活动和反动。③科学活动,主要与动员外部资源(资金、合法性、人力等)和创造研究组的生存条件有关。保证在复杂的社会环境中持续生存。研究组必须将其研究成果投入"市场"并获得新的研究任务。但科劳恩认为,研究组为自我维持而动员资源的科学活动,如获得研究项目、参加编委会、参与专家组并提交专业报告等,并不完全被循环地网络化。

矩阵式学科组织结构与传统的科层式学科组织结构不同,具有以下优点:①有利于加强责任感,缩短研究与发展周期。矩阵式组织结构加强了项目研究组的地位和作用。每名科研人员对于所在研究的项目中都有明确的分工,同时有专门的项目负责人对一个研究开发项目的各方面工作负全责,督促科研人员更快更好地完成工作。②有利于加强学术交流,开拓科研人员的知识面。科研人员长期固定在一个学科组织里,身边接触到的都是同一学术领域的人员,不利于开阔眼界和发明创新。在矩阵组织结构中,通过项目小组的形式,为教师提供相互间学习的情境,并能够与不同学科领域的人进行学术上的交流,使教师们逐渐习惯并养成相互支持与合作教学的习惯,又使教师能够接触到更多的知识和技能,真正实现能力建设的初衷。③有利于科学发展和知识创造。在以往的学科组织结构中,学科之间壁垒分明,很多问题因为隶属不同的学科领域而得不到解决,不利于知识和科学的发展。矩阵结构为跨学科的教学、科研创造了条件。④有利于合理配置资源,避免了学科建设中不必要的浪费。通过项目组的形式,使各个学科、院系的资源能够共享,从而节约了建设资金。同时,项目组与学科组之间的互相促进、互相支持,自然会在费用、效率和绩效方面进行校核和平衡,有助于提高科研效益。⑤富于灵活性,易于适应工作任务与客观需要的变化。把完成同一任务所需的有关人员集中在一个项目组里,便于及时讨论与决策,并能根据市场变化及时调整研究方向,而不至于像以往单一的学科组织结构那样,意见经过层层传达而浪费时间贻误时机。

在此结构基础上,以各研究小组、工作站、课题组和项目计划团队为结点,在它们周围建立了大批组织网络,包括合办学院(城市学院、宁波理工学院、软件学院),与企业界、金融界、政府合办研究机构(科技中心、推广中心),与国外科研机构和高校进行项目合作与交流,通过教授及其研究团队创办新型企业,并且以孵化器、科技园等形式与社会进行人员、信息的输入与输出联系,使大学真正成为一个开放的网络型组织。如浙江大学以校内许多高水平的学术机构(结点)为核心,使浙江大学学术组织得以进行全方位的信息沟通,提高了这些研究机构的应变能力和创新能力。

(三)构建能力型组织内部的权力分配体制

在高校内部,存在两种主要权力:学术权力和行政权力。学术权力来源于从事专业教学的教授,行政权力赋予那些围绕大学的目标对大学进行管理的管理者。在大学系、院、校三层的结构中,教授们的学术权力在系这一层次得到充分的发挥,而管理人员的行政权力在校一级得到加强。我国大学学校层次的管理组织包括校党委机构、校学术行政机构和学术民主管理机构。在实践中,这两种权力的冲突表现为高校内部管理的一对基本矛盾,即依靠教师的学术民主管理和依靠管理人员的科层集中管理之间的矛盾。学术属性秉承了学术自由的高校传统,在学术活动中反对过多的约束;而科层属性强调通过树立行政权威来建立严格的等级制度,追求效率。两种属性反映了高校组织的基本特征,它们相互矛盾,有时甚至相互冲突,并共存于组织之中。其特性表现为以下几个方面:①学术权力是高校权力结构中很重要的一个方面。学术权力的主体是以教授为代表的教学、研究人员,权力表现形式为教授的个人统治或教授集体统治。目前,随着知识的增加,学科之间的交叉与渗透,学术权力有日益加强的趋势。作为不同专业的集合,其学术组织是相对松散的,并呈现出时分时合的倾向。②行政权力融于学校的管理活动之中,它以效率化为行动的追求目标,以严格的等级制度为依托,表现出"科层化"特征。其权力主体是高校管理部门的官员或辅助人员。在国外其表现形式为院校董事权力和以校长为首的院校的行政官员的官僚权力。③高校内部组织中,学术权力和行政权力共存,并互相调适。④组织成员活动上的高智力性和相对独立性。⑤组织目标上的多样性。高校的办学目标是多样化的,既要出人才、出成果,还要出效益。出人才,包括各层次的人才,出成果,包括各种类型的成果。

我们知道在外部环境压力下,为寻求生存与发展,高校必须对各种机会作出迅速反应,而这与组织的合理规划、职责的明确分工、行政权力的加强等紧密联系在一起。所以,在高校组织的最高层次,校长的行政权威已经或正在逐步得到人们的认可。不同国家由于高等教育形成的历史背景与文化传统的差异,从而形成了各具特色的组织结构和高等教育管理体制。目前,当代西方各国为了适应社会的发展,都在进行高等教育管理体制的改革。改革的总体趋势是:政府宏观调控,高校实行相对意义上的自治,但这种自治已不再是传统意义上的"学者自治",组织的最高层次行政权力普遍得到加强,旨在强化组织"松散结合或联结"中的有机结合,"无序"之中的有序。而在基层又通过权力的分散,使学术属性得以充分的展现。如英国高校组织模式,学院的自治性比较强。与其他模式中的文、理学院和专业学院不同,英国模式的学院学科比较齐全,比如剑桥高校的三位一体学院就是文、理、法科齐全。在这种情况下,高校就显得相对松散,而学院就变成高校管理的重心。英国高校对所属学院的管理主要是对其发展方向等方面进行宏观的管理和引导,对于学院日常事务,比如常规制度的制定、课程的编制和安排、教材的选择、经费的使用、学术决策、招生聘任等方面一般都由学院自己全权处理,必要时与学院内教师商定,协同处理。

对于中国高校,如何求得学术权力与行政权力的协调与优化是个矛盾:对行政权力的过分追求,势必影响学术活动者的积极性和创造性;对学术权力的过分强调,又将影响大学效率的提高和目标的实现。实践证明传统的校级集权、职能部门权力过大的行政权力主导的管理体制,不但导致管理效率低下,而且不利于调动广大教职工的办学积极性,不利于学科发展。在大学里,可以说知识就是权力,知识最多的人有最大的发言权。随着科学的发展,每个专业领域的判断越来越依赖于握有专业知识的专家教授,正是这些专业知识授予了专家、教授学术权力,并因此而强有力地影响着学院和大学的决策过程。因此创建能力型高校组织首先需要将管理权力真正下放,给学科组织更多的活力,给广大教师提供一个自由发挥的空间。

第一,构建能力型组织必须使行政权力和学术权力适度分离,充分发挥以教授为代表的教师在学校管理中的作用。在保留原有高校行政管理机构的基础上,一方面在学院(部)和校一级的决策机构中,其人员构成应注重学者和管理者的平衡与协调,甚至增加了大量非教授教学人员和学生的比例。或者可成立教授委员会,将学术力量引入校、院级决策机构中,强化学术决策与学术管理,这样可以提高学校决策特别是学术性决策的科学性和可行性,创造一个自由的学术氛围,促进学科的发展。

第二,权力中心适当下移。高校是"底部沉重"的学术性组织。权力过度集中于上层不仅不利于发挥学术权力的作用,而且严重窒息了中下层组织的工作积极性。尽管美国的巨型大学属于比较典型的行政权力向上集中模式,但美国大学中学院和系一级仍拥有一定的自主权,特别是在学术权力方面。至于德国等欧洲各国,往往是越靠近基层,权力越大。权力中心下移,扩大学院和系的自主权,校、院、系各有其权力重心这是加强基层自主适应能力、激发基层自我寻求发展动力的前提条件。

因此结合高校组织内部特性,借鉴发达国家组织内部权力分配情况,中国高校也应朝着权力中心适当下移的方向发展。具体来说,校部是领导决策机构,其主要职责是进行宏观控制和协调,为基层创造良好的环境和条件。由以前的过程管理改为目标管理,直接管理改为间接管理。校各职能部门转变职能,把大量的学术管理、具体事务管理的重心下移,工作重点应放在规划、计划、检查、监督等职能上,对那些超越学院层次的事务,如综合性核心课程计划的制订、学校公共关系等,校职能部门应发挥整合统率作用。学院为实体并实行院长负责制。在学校党委和行政领导以及学院党总支的监督保证下,全面负责组织领导全院的教学、科研、产业、财务、财产、人员聘任、行政管理等各项工作。根据学校的总体发展方向,制订本学院的中、长期发展方向和目标,规划、协调院内各学科的建设,统筹调配全院的人、财、物,使资源得以综合利用。系是大学和学院的基石,是教学和科研的基地,学术创造力的来源,因此系应当在教学和科研方面拥有充分的自主权。

值得说明的是能力型组织的核心管理理念是能本管理,组织的学习依赖于组织成员的学习,组织中个人通过学习所获得的新知识,获得自身能力的提高,同时使组织能力得以培养和形成,实现成员与组织的同步发展。为此,需要从高校行政管理层面、高校学科组织层面乃至教师个人树立终身学习观念,丰富能力型组织的内涵。

第二节　中国高校人力资源能力建设组织考核系统设计

一、考核目的

高校教师作为实施科教兴国战略的主力军和人才培养的直接承担者,其整体素质的高低,直接影响着高校功能的发挥和高等教育改革与发展的成败。

在高校教师人力资源能力建设中,如何建立高校教师能力考核系统非常重要,合理科学的教师绩效考核系统能客观准确地对教师的工作表现、业务水平、工作业绩进行考核评价,从而有效地对教师产生激励约束作用,使其在岗位上有危机感,在工作上有责任感,在事业上有竞争感,在工资上有满意感,鼓励教师继续发挥和提高工作能力,丰富知识和技能,这促进了高校人力资源的能力建设,同时关系着高校教师聘任制的落实和完善。

在国外,高校对教师的考核评估已经制度化和常规化,评估贯穿于教师的聘任、晋升等全过程,而且评估的结果直接与教师的利益相联系,从而充分调动了教师的工作积极性。目前,我国高校教师考核评估存在的普遍问题是内容宽泛,没有与教师的实际工作相结合,且缺乏考评结果的反馈机制,使教师考评流于形式,不能有效激励教师提高工作绩效,因而不利于学校教学和科研水平的提升。为此,必须建立科学合理的考核评估体系,根据各级各类教师岗位的要求制定具体的细则,增加量化考核比重,进一步提高教师考核的科学性和公正性。考核结果要与聘任、晋升和工资待遇等直接挂钩。如果教师在聘任期内没有履行合同所规定的条款,将被解聘或调整到别的岗位,实行优胜劣汰,以促进教师队伍的发展,保证教育质量。

加强高校人力资源能力的考核,是根据其工作的实际情况,定期地、客观地、全面地对工作业绩和个人素质、能力以及发展潜力进行系统评价的过程,它是开发高校人力资源能力的基本工具。

二、考核原则

(一)导向性原则

考核指标对教师的教学工作方向、目标等都有较强的导向性,因此,制定考核指标应当结合学校的实际情况,坚持全面考核,引导广大教师尤其是重点岗位上的教师,在主动承担教学任务的同时,积极开展教学研究,积极投身于教学基本建设,提高教学业务水平,使其兢兢业业地努力工作。

(二)科学性原则

考核指标体系、考核方法要能充分反映教师教学工作的性质和特点,力求全面、真实、准确地衡量教师的工作业绩,正确处理在教学工作中各方面的关系,同时把目标考核与过程考核相联系,以过程促进目标实现。

(三)客观公正原则

在全面考核的前提下,教学工作考核的内容和标准要全部量化,增强考核的客观性,减少考核当中的人为干扰,体现公正、公平的原则。对教师的能力评价分析应采取辨证、历史的态度。既要分析其自身的主观条件,又要分析其所处的客观环境;既要看到现实能力的表现,又要看到其发展的潜力。对较难量化或不能量化的指标,先以定性方法予以评估,再进行量化处理。

（四）可测性与可比性原则

教学工作考核办法应易于掌握标准,区分优劣,繁简适当,简便可行。同时,考核指标应根据不同学科专业教师的工作特点,从特殊中找出其共性的考核内容来确定指标,才能反映考核对象的共同属性,考核才能产生公平的结果。

（五）考核与培养教育相结合原则

考核与培养教育相结合,既包括教师能力考核过程中的教育和培养,也包括考核后所进行的有计划培养和提高。每个教师的能力有高有低,通过考核,组织上比较准确地掌握了其能力状况,可以更好地有针对性地进行培养和教育,进一步提高教师队伍的能力水平。

（六）误差最小原则

在教师能力考核中不可避免地会产生诸如首因效应误差、晕轮效应误差、近因效应误差、感情效应误差等多种误差。因为能力考核的过程是一个多因素起作用的过程,任何一个方面出问题,都会影响到考评结果的准确性。因此,要重视能力考核工作,每一个步骤都要精心安排,尽量减少各种误差的产生因素。人的能力是一个复杂的有机结构,如果要科学地测评能力,就必须要分层次、全方位、多角度地进行测评工作。

（七）考核的连续性和延续性原则

考核过程不仅包括一年一度的学年考核,还应包括与聘任制相结合的聘期考核、平时考核以及在全年中教师与院（部）领导及各人员之间经常性的对话,可以随时对偏离学校发展方向的教师行为予以纠正。应将教师考核评价指标制定成动态,反映不同时期学校的工作重点,考核体系要体现对未来工作的导向,因此考核表格应由三部分组成:自评、学校意见和目标计划,目标计划是对下一个考核期的工作展望,应由教师本人和考核者一起协商完成。

三、考核内容

目前中国国内大多数高校实行科研—教学双轨评优模式,即在学年评优时,要以教学和科研两个成果为标尺,对教师的年度表现进行评价。其具体操作过程是:规定不同职称教师的年度额定教学和科研工作量;按照教师担任课程的多少计算年度实际完成教学工作量;给不同级别的文章打分,计算总分,分数总和为被考核者年度实际完成的科研工作量;分别以实际完成的科研工作量和教学工作量除以额定科研和教学工作量;根据以上计算分别得出教学指数 a 和科研指数 b;判断计算结果,作为考评的依据。

(一)教师的职业道德

教师的思想政治品德、求知精神、工作态度以及言行本身对学生有着潜移默化的影响,学生不仅从教师那里获得科学知识,而且在思想品德、行为规范等方面都受到教师的启迪和带动。高校教师在完成教学工作的同时,还应该积极承担一定的社会工作,如担任学生导师等学生管理工作等,因此,具有一定的社会工作能力和管理水平也是高校教师应具备的素质。但该考核内容难于量化,容易受主观因素影响,因此选用易于量化和考核的教师开展教学、参加会议活动、参加各种社会工作和服务的出勤率及体现教师工作态度和责任心的教学事故率作为考核指标。

(二)教学方面

1. 教学工作量

高校教师实行编制和岗位管理首先要求教师必须完成一定的教学工作量。否则必然会影响教学任务的落实和教学质量,因此在对教师教学工作量化考核中,教学工作量完成情况应该是考核教师教学工作业绩的核心内容和基础。教学工作量应按照分类分级、分层次评价的原则进行考核,将教师分为公共基础课教师、专业基础课教师和专业课教师,不同种类教师应根据相应职称和教授的学科确定教学工作量。在明确最低教学工作量的同时,超工作量也应进行必要的限制,以使教学质量得到保证。

2. 教学效果

教师教学效果的好坏,是教学能力的直接体现,重视教师教学效果的考核,可以防止在教学工作中仅注重教学工作量而忽视教学质量的片面性,提高教师不断改进教学方法的积极性。在教学质量方面,除课堂教学质量评价外,还应根据不同学科加入不同考核要素,如英语教师应加入四级合格率,计算机公共课教师应加入计算机统一考试通过率,基础课教师应加入校统考合格率,专业课教师应加入学生专业技术能力测试通过率等。教学领域包括所有教师与学生之间的互动交流。这种互动交流不仅仅局限于课堂教学,还包括课后的答疑、指导,指导学生完成毕业设计或毕业论文。除此之外,还包括精品课程的建设和教材研发、设计。

3. 教师的生产实践

要求教师具有"双师"素质,除了能教授理论知识,还要了解市场需求、行业发展趋势和动态,掌握专业领域的新技术、指导学生掌握专业技术、指导学生参加生产实践。因此应规定专业课教师每年参加专业领域的生产实践天数。同时教师应具有较强的实践能力,应用理论知识帮助企业解决实际问题,从而提高教师能力,同时与企业形成良好的互动关系,推动学校产学研的发展。

4. 教学能力

考核的内容是教师积极开展教学研究、教学改革、开拓教育科学新领域的能力。目的是促进教师不断加强自身的能力素质,同时也为实现人才培养目标提供重要的保证。

(三)科研方面

科研工作不仅局限于发表论文、著作,更重要的是体现研究工作的导向作用,应鼓励教师开展应用性技术研究以及与行业和企业结合开展的应用性研究项目,多创应用性研究成果,达到教学、生产、科研协调发展的目的,最终体现高校为社会服务的职能。

(四)教师学习和自我发展

指通过学习和自我发展,不断更新知识、掌握新技术,适应能力建设对教师的要求。教师学习和自我发展在教师层面上表现为两个指标:继续教育时数和掌握新技术的能力。

四、考核指标的设计

前已述及,大学组织也具有一定的科层结构,有相对完整的组织体系和架构,有比较严密的管理规章和制度,有明确设定的职务和责任一致的权责体系,还有严格执行的命令链等。但是,大学的核心作业是对知识进行创新和传播的教学与科研活动,知识的创新是对未知世界的探索,它的过程和结果具有很大的不确定性。大学组织不可能将它的工作分解为一系列简单的任务,由一些具有简单知识的人或机器设备来完成,而只能是将复杂的任务交给受过专门训练的专业学术人员进行创造性的工作,因此,高校在具体管理中更多体现出来的是柔性化的组织,组织之间强调合作、协调与沟通。由于高等教育的公共性目标的影响,使高校的整体评估难以用纯粹的效益或效率值来计算。另外,专业学术人员是大学组织存在的基础,对教师的考核更不能适用科层组织中以利润为导向的考核目标,而是要依据具体的任务特征和专业特色作灵活的专业设定。

（一）进行工作分析

通过对教师工作的具体分析,确定每个岗位的计划任务,让每位教师清楚地知道自己的工作计划和价值,明确岗位的职责任务,分析、归并、提炼出岗位考核的关键业绩指标,让教师对自己工作的流程与职责有十分明确的认识,也使每位教师从心理意识上进入状态,接受考核。

在国外高校,从校长到最底层员工,几乎每一个岗位都有十分明确、详尽的职责和权力描述,按照这份岗位说明,几乎所有岗位上的人都知道遇到某事该怎么做,如果不这么做会有什么样的后果,有关考核机构根据其岗位说明就能检查出其工作完成情况,决定留用、弃用、加薪或减薪。国内高校对某个岗位的职责、权利描述十分笼统。人事部门应首先与各部门的领导一同针对教职工的职位作出详细的职位分析,然后挑选或设计不同的项目来设计不同的考核表。在进行职位分析时要注意以下几点:①以基层分析为主,人事部门意见为指导的原则。基层单位了解具体工作,可以清晰明了地进行职位分析,但容易从自身利益出发,不能通盘考虑,人事部门要宏观把握;②职位分析中能量化的要素要量化,能细化的要素要细化,以利于工作开展和工作考核;③针对关键岗位进行职位分析,不是所有岗位都要进行职位分析,那样耗时耗力,效果又不明显。高校在职位分析时可以采取先上后下、先行政后教学的次序,逐步实现准确翔实的岗位分析。

(二)考核项目的设计

考核项目的设计,主要是以岗位的工作职责为基础来确定的,这样才能使绩效考核具有可靠性和可操作性。根据教师工作的特点和实际情况,将考核项目进行分类,可分为素质指标、科研指标、教学指标、自我学习和发展四个方面考核。而对每一个考核项目还要细分考核内容。在设计具体考核项目时,首先要注意考核内容客观明确。每个项目的考核重点,不会产生歧义。其次,项目不可过多,4 至 8 项即可。

(三)考核标准的设立

工作绩效考核标准应当建立在对工作进行分析的基础之上,这样才能确保绩效考核标准是与实际工作密切相关的个人绩效。教师的绩效中可考核的指标一部分应该是与其工作产出直接相关的,也就是直接对其工作结果的评价;另一部分绩效指标是对工作结果造成影响的因素,但并不是以结果的形式表现出来的,一般为工作过程中的表现。这样就使绩效考核的指标形成了一套体系,既有过程指标,又有结果指标。任何一个有效的绩效考核指标系统都应当寻求两种指标之间的适当的平衡,单靠一个都是不充分的。因此对教师的工作业绩、品德、能力等考核项目都要设立过程指标和结果指标。在高校人力资源能力建设中,可设定工作业绩占考核权重的 50%—60%;能力、品德等因素占 40%—50%。前者突出定量,后者侧重定性。整套考核体系侧重于业绩有利于提高考核结果的客观、准确性,使考核的价值取向趋于积极。

在制定绩效考核标准时,考核指标应尽量以可量化的、可实际观察并测量的指标为主。定性化指标不宜过多,否则会丧失考核工作的严肃性与有效性。多使用绝对标准和客观标准,使考核内容更加明晰,结果更为公正。

五、考核办法

采用打分法:确定各项分值和所占权重后,计算总分。考核周期以年度考核为主,年度考核与聘期考核相结合。根据教学工作的特点并结合高校在连续扩招形势下师资队伍总体处于缺编状态的实际情况,为保证正常的教学秩序,顺利落实并完成各项教学任务,教师岗位教学工作考核以年度考核为主,教学工作量不得跨年接转。同时,为体现教学工作在学校工作中的中心地位,教师年度教学工作考核不合格者则当年岗位考核不合格,按规定扣发一定数量的岗位津贴并不再补发。聘期考核则主要作为下一聘期岗位聘任的依据。

同时根据不同学科和岗位工作特点设置教学工作考核合格分数,均为80分,但要求每年要达到的最低分数不同,岗位级别越高,最低分数越低,最低为55分,达到该分数者,可以用科研工作考核分数折补,达到合格要求;达不到最低分或科研折补后仍不合格者,则年度考核为不合格。

对于承担本专科教学工作教学工作量达不到标准教学工作量1/3者或学生评价不合格者,则不再根据考核得分确定考核结果,年度考核为不合格。

考核项目中教学态度、自我学习和发展由各学院考核确定,学校教学主管部门审核;教学工作量、教学效果、教学能力由教务处根据被考核人承担的教学工作、学生评教结果等核定得分,科研业绩由科研处核定得分。

考核中注意摆正教学与科研的关系,注重教师的潜能开发。科研可以充实教学内容,离开科研,教学水平很难提高。因此,在保证一定教学工作量的前提下,鼓励教师积极参与科研工作,在教学工作考核中允许以科研工作量冲抵教学工作量,而且对承担重大科研项目的教师,在一定时期内可以以科研为主,教、研结合。

六、考核反馈

考核沟通是整个考核中的重要环节,它的主要任务是让教师认可考核结果,客观地认识自己并且改进工作,这也正是进行绩效考核的根本目的。通过绩效沟通,上级一方面可以了解教师的状态和想法,以便制订工作计划和绩效目标;另一方面也可以了解教师工作的进展情况,以便及时进行调整。考核不是去责难教师的能力不足或是工作表现不好,而是去分析教师绩效不佳的具体原因。只有做好了考核后反馈交流这道程序,才能让绩效评估不仅帮助组织更有效地了解教师动态,提高工作效率;对于教师个人来说,也可以帮助其进行决策,是否改变自己的职业选择。

学校教职工的年度科研绩效量化考核结果作为确定教职工年度或聘期考核等级、评优和晋升岗位级别、专业技术职务、工资级别等的重要依据。

通过标准、规范、流程化的考核体系,对每位教师的教学情况,由主管领导、同事和学生对其工作进行评价,并保持对教师的有效反馈,变"事后考核"为"过程管理",能及时加以解决教学工作中出现的问题,激发起每位教师的工作热情和创新精神,推动教师的能力发展与潜能开发,真正实现智力资本的开发和管理,从而达到高校组织和教师的共同发展。

第三节　中国高校人力资源能力建设信息管理系统设计

高校人力资源管理不仅需要先进的方法,也需要设计相应的人才信息管理系统。随着计算机网络技术在高校普及运用,基于网络技术的高校人才信息管理系统的开发与应用成为可能。为实现高校人力资源信息管理手段的现代化,本节将设计开发高校人力资源信息管理系统。

一、人力资源信息管理系统的目标和功能要求

高校人力资源信息管理系统建设的目标是:建立一个基于 Web 的高校人力资源信息管理平台,实现高校人力资源有关信息的动态管理,提高管理效率,为高校人力资源的能力建设提供辅助决策。

人力资源信息管理系统应并具有以下功能:

1. 系统能够实现通过网络对高校教研人员信息进行管理的功能

2. 系统能够实现教研人员日常管理工作

从教职工队伍建设、人才招聘到人事信息管理(包括教职工的个人信息管理、劳动合同管理、绩效考核管理、人员流动管理)、薪酬福利管理、教职工的培训管理、职称评定、政策法规等各个方面进行信息管理与维护,并提供各种查询、统计、分析功能以及各种报表的生成、输出功能、系统维护功能。

3. 实现对高校人力资源信息的动态管理

只有采用动态管理技术对高校人力资源的相关信息进行动态管理,才能及时、准确地掌握高校人力资源状况。另外,高层管理人员与一般教职工自主服务功能的建立,可以使得每一个人通过网络技术或交互式语音应答功能得到所需的各种服务,从而参与到人力资源管理中去,这种实时、高效的数据访问方式有利于高级管理人员随时掌握人力资源管理现状,及时处理和传递人事信息;有利于激发一般员工的工作热情,增强满意程度,焕发主体精神。如校级领导可以查看全校人力资源报告、人力资源成本分析、师资队伍培养情况、现有人力资源配置情况、员工绩效分析情况等;对人力资源部门而言,可以在授权范围内对员工从网上直接进行管理,比如修改员工考勤记录、发布各种相关信息与政策,进行绩效考核等;对于普通员工而言,可以在网上查看各种人事政策、个人岗位目标、个人考勤、考核情况、个人收入情况,同时可以向有关领导反馈自己的意见等。

4. 应具有辅助决策功能

要设计的人力资源信息管理系统能够利用数据库技术、计算和统计方法,对教研人员信息进行专业加工,在一定程度上为高校管理部门的人力资源决策提供准确、高效的支持。

5. 应具有自学习功能

人力资源管理软件不能仅停留在管理人力资源的层面上,更重要的是充分开发组织中现有人力资源的最大潜能,这在人力资源能力建设中尤为重要。激发人的潜能,除了激励之外,还必须帮助员工建立专业的知识结构。专业培训传统上是集中式培训,但随着人事制度改革的深入,员工更多的时间用在本职工作上,集中式培训只能造成工作效率的下降,人力资源管理软件通过提供网上培训可以解决这个问题。系统自学习功能的建立应该随着高校教学、科研的发展要求进行相应的调整。网络技术的显著特点是方便、快捷,所以能够保证本单位中的员工随时获得最新的工作培训。

6. 应具有网络分级共享功能

基于网络技术的人力资源信息管理系统是一个较综合的系统,它涉及学校的多个部门。因此,最主要的目标就是要保证信息的一致性、共享性,从而使高校内与人事部门密切相关的不同部门之间的数据在一致的同时,能够及时得到交流。出于安全的考虑,不同级别的人员所看到的共享信息是不同的,因此可把教研人员的信息根据各部门的职能不同设置权限的途径,来获取不同的信息。

7. 在系统的设计上应实用性和先进性相结合

要根据高校教研人员管理的具体情况,在实用的原则下力求先进。通过该系统的使用来改进和规范教研人员的管理工作。

8. 系统应易维护、修改,具有可扩充性

由于信息技术的发展和高校人力资源管理改革的不断深入,人力资源信息管理系统也能够随着其运行会不断地要求进行维护、修改,系统的应用也必须保持一定的应变能力,以适应管理发展的需要,提高系统的应用效益。

9. 系统还应有较好的安全性和可靠性

信息管理系统的构建是为了更好地为教职工服务,更好地完成学校的组织目标,所以,该系统必须保证能够稳定运行,保证信息安全,防止恶意的破坏和入侵。同时,对于具有一定保密性的信息要实行分级的授权管理,建立严密的安全防范机制。

二、人力资源信息管理系统的设计

本系统是针对高校管理部门对教研人员进行人力资源管理的工作需要而设计开发的。系统为满足其功能要求,在技术上尽量采用先进而又成熟的开发工具,在系统结构上偏重于采用对话、数据结构,同时也从实用的角度出发吸取了语言系统(LS)、问题处理系统(PPS)结构的优点。使结构基本上形成以人机接口、数据接口、问题处理系统、数据库组成,系统框架结构如图6—3所示。

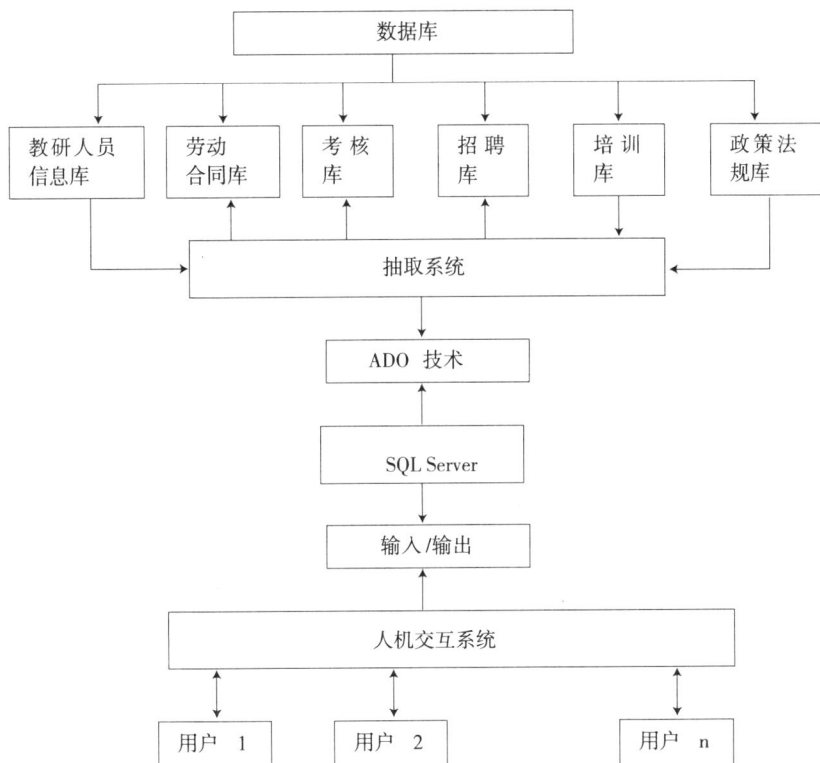

图6—3 高校人力资源信息管理系统框架结构

三、人力资源信息管理系统的实现

目前,基于 Web 计算机网络技术主要包括 Web 信息发布、电子邮件、目录服务和协同工作等几个功能。基于 Web 计算机网络技术成功之处在于通过接受与消化现有的成熟技术,如关系数据库、数据仓库、群件、C/S 等,将其按照一定的通讯标准融合成为一个开放的、基于标准的通信环境。正是因为吸收了现有技术,基于 Web 计算机网络技术不但将原有技术提到一个新的高度,也逐步成为信息系统开发的主导模式。

高校人力资源信息管理系统实现的主要技术和软件:

1. ADO(ActiveX Data Objects,ActiveX 数据对象)技术

它是将 Web 页面与数据库结合的数据库技术,它具有丰富并且强大的数据库访问功能,可以将数据库管理放到 Web 页面上来进行,在 Web 页面提供数据库数据的内容,在 Web 页面对数据库进行查询、添加、删除、更新等操作。ADO 支持多种数据库,例如 Access、SQL Server、Oracle、FoxPro 等,通过它可以访问存储在数据库或其他表格式数据结构(如电子表格)中的信息,只要它们遵循 OLE DB(Object Linking & Embedding Database)ODBC(Open Database Connectivity)标准即可。ADO 的语法简单,易于理解,执行速度快,低内存消耗,占用硬盘空间小。

OLE DB 是微软最新推出的数据访问编程接口,它可以看成是 ODBC 的继承者,OLE DB 不仅提供对关系型数据库的访问,还可以访问非关系型数据库和其他形式的数据资源,例如 Excel 电子表格和电子邮件等。

使用 ADO 要在服务器配置所要连接的数据源,每种数据源都有自己的编程接口,ODBC 是一套用于开发数据库系统应用程序的编程接口规范,它为用户提供了丰富的数据源连接。只要系统中有相应的 ODBC 驱动程序,就可以通过 ODBC 与之连接并访问数据库中的数据。常用的 Access、SQL Server、Oracle 数据库都支持 ODBC。

2. B/S 模式

C/S 模式是 MIS 所采用的技术,具有较强的事务处理能力,适合快速处理信息,但缺乏灵活性,扩展功能差,一旦运行难以实时更改。B/S 模式是一种瘦 Client 模式,具有如下优点:

(1)客户端只作为 Brewer,具备 IE 和 TCP/IP 协议便可运转,维护工作主要在服务器上,使客户端的维护量大大减少,

(2)同时 B/S 模式下,大部分运算在服务器端完成,因此客户端配置要求不高,仅需能够正常显示网页即可,使资源利用率高。

(3)安全机制完善。在 C/S 模式下,主要利用操作系统和数据库系

统的安全机制,较难提供数据加密和身份验证功能。而在 B/S 模式下不仅可以解决以上问题,还可以利用 Web Server 的安全机制或防火墙技术进行访问控制,利用 cookie 进行身份验证,极大地完善了安全机制。

(4)具有较好的网络扩展性和兼容性,满足多点到多点的实时通讯要求。在 C/S 模式下,数据库直接与客户端进行事务处理,一般需要做多次交互,数据更新过程繁琐。而在 B/S 模式下,事务处理在应用服务器上进行,数据的多次交互限定于应用服务器和数据服务器之间,网络传输量少,数据的实时更新性好。

3. 网络数据库系统选择

当前常见的网络数据库解决方案有:CGI,Sybase Web SQL,Microsoft ADC（AdvancedData Connector）、Microsoft ASP 与 ADO（ActiveX Data Object）、Oracle Web Application Server 等。SQL Server 具有安全性、稳定性、及时性、扩充性和很好的市场前景,与各种编程软件连接方式简便,可以实现不同缓解对数据的有效控制。登录时,采用多种登录验证方法;具体操作时:对不同的用户分组设置权限。选择控制数据访问权限最简单的方法是对于每一组用户分别创建一个满足权限要求的域内全局有效的组;强大的数据复制功能也是保证数据安全的一大特性。在分布式系统中,数据的完整性是一个需要认真对等的问题。对数据的一系列操作实质是对事务的处理,根据 SQL Seever 对事务一致性要求,一个事务必须确认全部完成才能提交,否则放弃。这些技术保证了系统数据的安全和一致性。

4. B/S 模式解决方案

以 Windows XP 为操作系统平台,以 VB Script 或 JavaScript 作为实现的编程语言。SQL Server2000 为后台数据库,IIS 5.0 为 Web 服务器,IE5.5 以上版本为客户浏览器,VisuaI Studio. NET 和 ASP. NET 为前端开发工具。

第四节　中国高校人力资源能力建设市场管理系统设计

社会主义市场经济新体制的建立和发展,客观上要求市场在资源配置中起基础性作用,人才资源作为现代经济发展的首要资源,其配置自然也必须遵守这一要求。因此,市场经济条件下,高校人力资源的合理流动就应该是市场机制起主导作用下的流动,也就是在客观经济规律和竞争机制的作用下,根据价格信号和市场供求关系,高校人才个体和组织理性决策下的流动。这种流动不仅指内外流动,也包括内部的流动,如教师的进退、出国留学及学成回校工作等,既有各种优秀人才的引进,也有一些人员的流出。师资流动是高校培养更多优秀人才、增强学术活力、提高知名度的前提和保证。这就对高校和高校教师提出了变革的要求。高校要随着社会主义市场经济的建立,进行办学机制的转变和管理体制的变革,同时也包括高校教师管理制度的变革。

高校人力资源能力建设市场管理就是指高校教师人才的合理流动问题,为促进高校人力资源的合理流动,应建立什么样的教师管理新模式是我们值得探讨的问题。在改革发展的今天,我们已认识到高校教师管理工作应投入到人才市场的激烈竞争中去。

一、高校人才的合理流动问题剖析

前已述及,人才流动已是社会经济发展的大势所趋,高校教研人员特别是高层次的博士人才流动是社会人力资源管理系统运行的结果和表现,是市场经济发展的必然结果,是遵循价值规律的表现,是人才资源优化配置的需要,我们应该客观地认识这一现象。这一趋势不仅反映了我国市场经济体制改革的伟大成就,而且对社会经济的发展具有重要意义。

第一,在即将到来的知识经济时代里,"知识资本"将成为创造收益的实际推动力,智力成分将取代市场份额并成为衡量组织成败的重要标准。因此,认识到人才资源的作用,并转向依靠人才资源,特别是高层次人才,是未来组织增强竞争力和促进经济发展的关键。高校教师特别是博士人才流动趋势的出现,不仅标志着人才资源对组织竞争力和区域经济发展的作用已被逐步认识,并还将进一步推动我国竞争力增强和区域经济发展从依靠物质资源、市场资源向依靠人才资源的转变。

第二,长期计划经济体制下的高校人才非流动性,导致了我国高校人才资源的非效率配置与使用,使原本稀缺的高层次人才资源变得更加稀缺。我国高校人才流动趋势的出现,标志着计划经济体制下的人才非流动性障碍已经开始拆除,专业技术人才作为一种资源,已开始不再被看成单位所有或部门所有,而是为全社会所有,人才作用的发挥也冲破了单位、部门和地区的限制。这就使我国高校人才资源的存量调整成为可能,使师资队伍的合理流动成为必要,表现在:每个高校可根据不同层次、不同学科建设发展要求和教师队伍的实际需要,确定不同年龄、学历、职务、学科、学缘等比例和各个学科专业教师的总量,不断引进和输入新鲜血液,避免学科上的"近亲繁殖"现象,达到学科布局合理,学科专业拓宽,学科交叉发展,从而优化师资队伍,提高整体素质;同时人才流动使全社会形成高校之间、高校与科研院所之间、与大型企事业单位之间的互聘、互访、互动,以外聘、外借、兼职、客座等形式,实现人尽其才,可最大限度地实现教师资源的共享;人才在高校内部的合理流动,有利于建立一个能者上、庸者下、优才优用的机制,有利于人才资源的开发、保障和充分利用,有利于保障学校和教师双方的合法利益,更有利于高校人才能力的发挥和教育事业的发展。这样从整体上有助于实现我国高校人才资源的合理配置和有效利用。

第三,高校人才流动还有利于我国高校人才资源管理与开发中人才非价值性难题的解决。在人才流动中,人才的价值问题是一个无法回避的问题。组织争夺有价值的人才,一些高校高层次人才为实现更高的自身价值而流动,从而使"如何评估人才的价值"、"市场经济条件下如何体现人才的价值"、"如何给予人才合理的报酬"等一系列问题的解决变得极为迫切,这无疑会有助于人才的非价值性难题的解决。

第四,高校人才流动对于贯彻"人才强国战略"具有重要的战略意义。胡锦涛总书记强调指出:"人才问题是关系党和国家事业发展的关键问题。全党同志必须从全局和战略的高度,以高度的政治责任感和历史使命感,把实施人才强国战略作为国家一项重大而紧迫的任务抓紧抓好。"高校担负着国家高等教育的重要职能,并在国家知识创新体系中具有不可替代的地位和优势。纵观国际国内高等教育的发展状况,其教育、科技发展的水平,是体现综合国力的重要标志。如:美国最强的 30 个高科技领域中有 29 个出自研究型大学。我国许多高科技领域的研究机构和实验室,大都设立在国家重点的研究型大学,而省级普通高校对所处地域的经济和社会发展同样担负着一定的支持和服务的任务。高校人才通过合理流动,不断地吸入、聚集、提升和增强各类高级人才,对贯彻实施"人才强国战略"具有重要的战略意义和作用。

二、教师队伍稳定的相对性

教师是高等院校中的主要教学力量,建设一支思想素质好、学术水平高、结构合理、相对稳定的骨干层和出入有序的流动层相结合的教师队伍管理新模式,是当前各个高校人才队伍建设的重要目标。在人才队伍建设的问题上,流动和稳定是一对矛盾,怎样处理好这一对矛盾,怎样建立起一个"能进能出、能上能下、能高能低、出入有序、人畅其流"的机制,是提高人才培养质量和办学水平的首要条件,也是教育体制改革的关键。

三、高校人才的合理流动应注意的问题

要实现高校人才的合理流动,即实现促进高校人力资源配置优化和提高人才利用效率,推动人才流动,就必须注意以下问题。

(一)高校人才流动决策中的主体——教师与高校的独立决策地位是否确立

这是高校人才能否实现合理流动的先决条件,也是市场机制发挥作用的基本前提。计划经济时代,无论是技术,还是高校,都不具有人才流动决策权。进入市场经济,在人才流动决策中主体的独立决策地位确立的时间和完整性也不一样,对其人才的合理流动已产生了不同的影响。目前,我国的高校,其在人才流动决策中的独立决策地位尚未完全确立,这必将对教师人才合理流动产生负面作用。

(二)可能简化教师个体的工作状态效用函数

该效用函数构成的简化,将大大减少决策所必需的信息量,方便决策者作出比较与选择,从而利于教师流动决策模型的运行,推动教师的合理

流动。

（三）高校教师个体的工作状态效用函数中非经济因素可能会导致市场机制失灵

由于博士人才资源具有不同于其他资源的社会属性，因而非经济因素进入其效用函数是一种必然。事实上，非经济因素并不像经济学家们所想象的那样，可以程度不等地转换成经济因素，市场机制的价格信号又不能对这些非经济因素进行反应。因此，非经济因素的存在可能会在一定程度上导致市场机制失灵，从而影响人才的合理流动。

（四）高校人才流动直接成本是人才流动所必须支付的代价

高校人才流动直接成本的存在构成了人才资源配置效率改进的最低门槛，即只有使人才资源配置效率改进达到一定程度，并产生足以补偿人才流动直接成本的目标工作状态和目前工作状态的效用差的人才流动才有可能出现。因此，这一门槛降得越低，将越有利于人才的合理流动。

（五）非经济因素进入组织的人才使用收益的考虑范围，可能会产生人才的不合理流动

比如，在知识经济的浪潮下，一些企业将高学历人才数作为企业成功的标志和树立企业形象的工具，纷纷购进高学历人才，于是就出现了"博士做花瓶"的人才高消费现象。

（六）不论是教师，还是高校，在各自的决策中都需要大量的信息

特别是来自对方的信息，如教师个体的流动决策非常需要目标工作状态的信息，而高校流动决策也非常需要教师人才个体素质、能力和市场供求等信息，这就要求有良好的信息机制和信息手段。因此，人才中介机构的发展将有利于人才的合理流动。

三、高校人力资源市场管理的系统设计

社会主义市场经济的建立对高等院校教师提出变革的要求，教师的流动是高等院校教师管理的新课题。教师队伍的管理不再仅限于高等院校的范围内，取而代之的是与建立社会主义市场经济相适应、以社会人才交流为中心、以市场需求为培养目标、符合高等院校人才培养特点的教师

管理体制。

要促进高校人才的合理流动应当系统地思考,全方位应对,在系统思考的基础上,要有创新的途径和措施,形成吸引人才、留住人才的系统工程,这也就是高校人力资源能力建设市场管理系统设计的出发点。

(一)教师队伍建设方面应建立规范的高校人才流动交流中心

高校教育资源的核心是教师,高校教师资源的合理配置依靠师资队伍建设来实现。高校教师队伍建设是高校发展的永恒的主题。在人才流动的大潮中,如何抢抓机遇,抢抓人才,深刻认识"人才强校"的重大意义,发挥高校培养人、吸引人、凝聚人的优势,保持稳定的年龄、学历、职称等结构合理的教学、科研及管理人才队伍,是高校今后几年人才工作的重中之重。

高等学校是一个特殊的事业群体,高等学校的人才流动应区别于其他所有人才市场的松散的、自由的、无序的流动,必须考虑高等学校人才结构、人才类别、人才层次等不同的特点和要求,建立符合高等教育发展要求的人才市场。随着我国高等教育的蓬勃发展,截至2003年,我国共有普通高等学校和成人高等学校2110所,其中普通高校1552所,中央部属学校111所,成人高校558所,其中地方成人高校539所,中央部属成人高校19所,全国共有培养研究生单位720个,其中高等学校407个,科研机构313个,这为建立若干不同层次、不同类别、不同规格的高校人才流动市场提供了条件。高校人事及师资管理部门,在认真学习和领会"人才强国战略"的基础上,紧密结合高等学校人才工作实际,建立符合高校人才工作特点的"高校人才流动中心",与高校人事师资管理部门合署办公。其职能是对不同类型、不同层次、不同区域高等学校的教师队伍进行合理布局和调整,承担高校师资人才的引进、输出和队伍结构优化的配置等任务,促进高校各类人才素质的提高,强化在高校内部进行供需的调整、调节和调配,优胜劣汰,有效地避免师资的闲置、不合理配置和浪费现象。

(二)搭建符合高校特点和要求的人才流动服务平台

当前,高等院校中教师队伍管理采取的是一种封闭式管理模式,教师长期处于一种固定的教学环境中,缺少社会间的交流和校际间的人员交流。通过搭建符合高校特点和要求的人才流动服务平台,可以实现高校教师开放式的管理模式。

建立全国高校人才流动服务网络。随时保持高校之间人才流动信息的联络和沟通,畅通高校之间人才流动的主渠道。

建立高校人才交流"双向选择"的运行机制。保证高校校际之间人才流动的有序和规范,保持人才互动的公正和平等,在互信、互谅的前提下,强调"流出"与"流入"的人才,必须按照教育部有关教师聘任制的政策和法规,既考虑流动人才原单位对其培养所付出的一系列成本和代价不受损失,又照顾到个人的志向和意愿,公正、平等、合理、妥善地解决流动过程中存在的矛盾和问题,使流动当事人心情舒畅,高高兴兴离校;使"流出"的学校不受损失,愿意放人。使高校间人才流动变"个人行为"为"个人与学校相结合行为",变"单向选择"为"双向选择",变"自由流动"为"有序流动"。

在高校校际之间达成人才流动的互谅、互信、互让和默契。教育部周济部长讲:"抓人才,要有全局观念。我们讲超常规,但也要有一定规矩,有一定的游戏规则。美国高校挖人挖得非常凶,但是他们互相之间挖人有一个规则,什么人可以挖,什么人不能挖,怎么去挖? 都有说法。学校之间要以和为贵,和衷共济,共同发展,共同提高。"高校之间要避免内部之间因互相挖人造成的混乱,实现高校之间的公正、公平和共享。

规范高校与社会各阶层、各单位之间人才流动的程序。高校与社会各阶层之间的人才流动也应体现"双向选择"的原则,按照规范的流动程序办理"进出"手续。社会各类组织和单位要到高校"进"人,特别是引进已经承担着重要的教学、科研任务的高层次教师,必须本着诚信、尊重和谦让的理念,提前或及时告之人才流出的高校,不能让高校措手不及,以便高校做好各方面的交接和安排工作,妥善处理学校与流出教师之间的各种矛盾和问题,尽量避免学校人才"一走了之"给学校带来的损失。

(三)制定政策引导教师流动

人才交流是社会的一种普遍现象。随着科学技术和经济的发展,人才交流将频繁地出现在国家与国家之间,地区与地区之间,单位与单位之间。西方发达国家为顺应科技人才流动的潮流,积极克服自身弊端,以充分发挥人才的积极性和创造性为出发点,采取措施,促进科技人才的流动。如美国的高、中级人才,在高校、科研单位、企业之间以及政府间往往进行频繁流动,目前已形成"教学—从政—产业"等多位一体的流动模式。教师的流动管理是社会主义市场经济人才交流的重要内容,高等院校教师已不再是一个固定不变的职务。未来教师职务有社会化的趋势,很大一部分教师将直接来自社会,来自企业,来自政府机关,来自社会的各个组织。他们将给高等院校带来实践的经验和知识,也给高等院校带来与实践相结合的机会。只有进一步解放思想,更新用人观念,拓宽进人、用人渠道,广开进贤之路,建立流动的开放的用人制度,才能真正提高办学效益,提高教学科研质量。

(四)依法管理,完善教师聘任制,避免盲目流动

"竞争—淘汰"机制是构成人才流动的主要动力。社会主义市场经济是法制经济,在教师管理工作中,应创造公平、合理、竞争、择优的用人环境,尽快制定和完善一整套符合市场经济运行的教师管理规则。这是实现平等竞争、开放交流,从而维护教师队伍健康发展的基本前提和条件。竞争有利于奋发向上,有利于出人才。在竞争流动的同时,应强化聘约管理,建立有效的管理制度,以法制的形式引导教师流动。各高校应根据《教育法》《教师法》和《高等教育法》等教育法规,制定适应本校的配套管理制度,在内部管理中尽快实行合同管理,逐步完善教师职务聘任制,在教师聘用中切实贯彻"公开招聘,择优聘任"的原则。同时,以聘约合同、经济手段等方法完善高校自我保障体系,形成一种有序的、积极的教师流动管理制度。

高等院校教师聘任制的实施,可以改变教师管理旧体制的格局,优化教师队伍结构。外国高等院校大多实行公开招聘教师制度,出现岗位空缺或因学校发展需要增设人员时,即成立招聘委员会,在全国范围内(甚至全世界)公开招聘,申请求职的教师要向高校提交申请信,学校的招聘委员会在众多申请者中进行初步挑选,然后进行面试,面试中求职教师要

充分展示自己的才华和学术水平以击败竞争对手。应聘教师要经过公开招聘、同行评议、面试谈话、初审、复审 5 个环节,然后由系和学院两级教授会议对应聘者进行讨论、评议和投票,通过后由校长即行聘用,并签订详细的聘任合同。而本校研究生毕业后,通常是不能立即在本校应聘工作的,此举避免了教师队伍近亲繁殖,保证了教师质量。人才的多元化组成为创新提供了基础,美国、加拿大、德国等西方国家的教师管理普遍强调,教师不仅在学历层次和知识结构上是最优秀的,而且应来自各个系统,应有不同的工作背景,多元化的人才融合在一起(不同的工作经历、学习经历,不同的专业,甚至不同的国籍),可以改善教师队伍结构,增强教师队伍的整体功能,提高教学质量和科研水平。美国高等院校教师管理制度中采取终身雇佣制和短期聘用相结合的模式,对长期在一个学校工作(至少 3—5 年)取得一定成绩的副教授、教授实行终身雇佣,保证学校有固定的教学力量和科研力量,稳定教师队伍,同时有一定比例的教师在合理流动,给教学和科研带来活力和新生力量。

　　科学合理地设置岗位是教师职务聘任制的基础。岗位设置应遵循最佳组合、最优结构、最低级别和最少数量的原则,使岗位之间的职责任务协调、匹配、有序,发挥最佳效益。在设岗过程中首先要作好岗位分析,制定岗位任职条件和岗位职责。原国家教委在《高等学校教师职务聘任制度的试行条例》中规定:"高等学校教师职务是根据学校所承担的教学、科研任务设置工作岗位。"因此高校在设岗时,不应以现有的教师职务数量和限额比例作为出发点,而应以教学科研实际任务为依据。同时岗位分析应考虑到学科发展和专业层次的高低,从全局出发,兼顾师资现状和学校的长远发展。建立完善的聘任体制:①聘任关系平等。教师与学校之间是一种平等的关系,聘任关系的建立基于双方的自愿,教师具有择岗的自由,学校具有聘任和解聘教师的权利。②聘任关系契约化。教师和学校通过签订聘任合同的方式,明确双方的权利和义务。③实行任期制。聘任合同具有明确的聘任期限,不搞教师职务终身制。④聘任过程社会化和公开化。一方面,学校可以面向全社会招聘教师,教师个人也不再固定为某一学校所有;另一方面,教师聘任时采用公开的方式保证聘任的公平公正。⑤实行双边竞争和双向择优机制。教师凭实力竞争上岗,学校择优录用,教师和学校都是优胜劣汰。目的在于聘任最适合的教师担任最适合的职务,真正做到人尽其才,才尽其用。

通过完善教师聘任制,使教师队伍由专职教师、兼职教师、客座教师等多种形式组成,具体措施如下:打开大门,从校外聘请有突出成就、学有专长的教授、专家、学者来校参加教学、科研工作;与校外具有很强科研、学术实力的研究单位签订合作协议,共同进行人才培养、人才交流和科学研究;与大型企业建立合作关系,高校教师、科研人员和企业技术人员携手合作,互相交流;从研究生中聘请优秀苗子兼职从事教学、科研和管理工作;聘请自愿进行短期工作的科研技术人员,来校进行合作研究,并兼任部分教学任务;与海外学者进行学术交流,聘请知名专家来校进行讲座及科研指导;在企事业单位聘请有专长的人员做兼职教授等。通过这些交流,学校很多方面的工作可以得到加强。学术上可以互相交流,取长补短,甚至对某些学科还可起到补缺的作用;教学任务可以得到分担,他们的实践经验将活跃课堂教学并提供教学案例;为高校教师及时提供国内外最新动态,增加信息渠道;在聘任期和合作期为教师的补充打下了基础;对本校教师起到激励促进作用。

(五)树立流动观念,高校内部建立科学的引才、用人机制

邓小平同志早就提倡人员的流动,他多次指出:"人员不流动,思想就会僵化。要逐步实行科研人员流动、更新制度";对于科技人员,"要想法打破部门、地方界限,合理使用"。高校的改革和发展,有赖于以教师为主体的人才队伍,所以应在以下方面制定相应的措施促进高校人才的流动与稳定。

调整工资结构,提高高校教研人员的收入,可以改善其工作条件和生活待遇。根据教育部对教师队伍的调查显示,影响教师队伍稳定的要素有两个,即经济待遇和住房条件(分别占 49.7% 和 8.2%)。因此,改善教师生活条件,提高教师经济待遇是高校吸引人才、稳定人才的关键因素。

在教学硬件上,学校可以适当加大科技教育投入,特别是增加资金的

投入,提高重视程度,制定留住人才的优惠政策。借鉴发达国家留住高校人才的经验,加大科技、教育的投入,以科学技术为突破口,用经济和科技的繁荣与振兴留住人才,对作出突出贡献的人才给以物质重奖。

利用感情留人,事业留人,创造条件留住高校人才,营造良好的人才生态环境,构建人才竞争的差别优势。高校要留住人才,应综合考虑教师的需求特点,建立一个适合他们成长、发展的工作环境,在建立这样一种人才环境时,始终应该树立竞争的观念,即扬长避短,努力构建不同于竞争者的差别优势,高校可以搭建起事业平台、提供广阔的职业发展空间、形成良好的人际关系、建立尊重人、关心人的组织文化。机关后勤应树立尊师重教的思想,努力提高服务意识,主动为教师排忧解难,努力营造良好的教学环境。

完善必要的管理约束机制,加大流动成本,形成高校人才退出障碍。开发高校特殊技能不失为一种独特而有效的举措。高校特殊技能是指仅限于对高校本身具有价值,而对其他竞争对手没有任何价值的个人技能。

建立有效的激励机制,运用现代激励政策。在激励重点上,高校对教师的激励不是以金钱为主,而是以成就和成长为主;在激励方式上,高校应当强调个人激励、团队激励和组织激励的有机结合;在激励时间效用上,把对教师的短期激励和长期激励结合起来,强调激励手段对教师的长期正效应;在激励报酬机制的设计上,当今高校应当突破原有的事后奖励的模式,转变为从价值创造、价值评价、价值分配的事前、事中、事后三个环节出发设计奖酬的机制。

创造人尽其才的成长环境和岗位。高校教师属于高层次人才,是社会的精英,他们有强烈的表现欲望,有为社会尽义务和实现自身抱负的愿望。高校若论资排辈,任人唯亲,他们将因怀才不遇而离职。因此,无论是谁,只要作出了贡献取得了业绩,高校就应给予承认和肯定,该授权的授权,该奖励的奖励,给予教师展示才华的机会,这样才能满足人才的自我实现需求,才能吸引和稳定人才。同时,不断发展壮大学校,提高学校的规模、效益和知名度,这样学校的发展壮大不仅为教师的物质待遇提供了坚实的经济基础,也为博士提供展示个人才能的平台。

形成科学的人才评价体系。研究建立以能力和业绩为依据,由品德、知识、能力等要素构成的人才评价指标体系;完善人才评价标准,克服人才评价中的重学历、资历,轻能力、业绩的倾向;根据德才兼备的要求,从规范职位分类与职业标准入手,改革各类人才评价方式;完善人才评价手段,积极探索主体明确、各具特色的评价方法,大力开发应用现代人才测评技术,努力提高人才评价的科学水平。

此外,高校是培养社会主义建设者和接班人的重要园地,教师队伍的建设直接关系到人才的培养,必须对教师进行业务素质和高尚的职业道德教育,帮助他们树立正确的世界观、人生观、职业道德观。

21世纪是科学技术高速发展的世纪,也是人才竞争的世纪。中国市场经济的发展,必将带动文化教育及其他方面的发展。当前形势是有利的,既为国内外的优秀青年提供了广阔的用武之地,也为高校提供了丰富的人才资源。高校师资队伍建设是一项长期、艰巨而复杂的系统工程,需要全社会的支持。各高校应制定相应的管理措施,防止教师无序流动。要加强引导,使教师流动能合理有序,从而始终保持教师队伍的旺盛生命力。

第七章　中国高校人力资源能力
建设管理制度设计

第一节　中国高校人力资源能力建设组织管理制度设计

一、当前高校人力资源管理工作中存在的问题

目前高校人力资源管理中仍然存在以下一些突出问题。

（一）人力资源管理的观念相对滞后

一些高校人力资源管理者只重视传统的人事工作，对人力资源管理这一新理论还缺乏相关了解，认为高校的发展就是靠投入，资金的短缺是高校发展的瓶颈，却没有意识到真正的瓶颈是缺乏一支高素质的教师队伍。对于通过创造良好的工作和生活环境来吸引人才、集聚人才的重要性，还未达成共识。另外，有些高校对人才的认识本身就有问题，把人才当成宣传、汇报的数字，如"我们有院士若干，有博士学位的教师若干"等，却不去考虑如何激活这些资源，从而使这些资源不仅仅停留于数，更是成为促进学校发展的宝贵财富。

（二）人力资源管理的制度不规范

首先，高校人力资源管理者在实际工作中热衷于引进，甚至表现为"求贤若渴"，缺乏培养的意识与措施，一旦引进人才后，便不管不问，任由其自由发展。其结果很明显：或者是使这个人才流于平庸，或者是促成这个人才早日离去，因为他在这个学校看不到他将来的发展。一个人的

最佳创造时期是短暂而有限的,真正的人才为了不浪费宝贵的时间,必然要另辟蹊径。这也是高校管理者最为恼火的一件事,往往将此归罪于人才缺乏"忠诚度"。其次,一些管理者还缺乏有效的长期规划,在人员培训和工资管理等方面主要是遵从上级文件,而不顾实际需要,随意性比较大,从而致使部分人力资源的严重流失、人员结构不合理和人才严重浪费等。此外,员工收入与员工实际工作表现挂钩的激励机制和人力资源培养、稳定、吸引和业绩考核等方面的制度还没有真正发挥作用,分配中的平均主义思想还未根除。最后,一些管理者对人力资源的使用过度,忽视了对其的投入、时间和资金等。高校对那些常年战斗在教学、科研第一线的教学科研人员,少有提供进修、培训的机会。在知识经济时代,作为人才培养和科技生产基地的大学,忽视一线人员人力资源的开发,后果是不堪设想的。

高校在引进人才时往往对其专业水平比较看重,这本来就无可厚非,但如果仅仅重视其专业水平,而不考察其教育理论基础和教学技能,这就有失全面,也会给日后的工作造成困难。高校的职能是教学、科研和社会服务,其中教学是学校的中心工作,如果缺乏教育理论和教学技能,即使专业水平再高,也无法很好地完成教学工作。这就涉及教师职业资格问题,1999年实施的《中华人民共和国高等教育法》第四十六条规定:"高等学校教师实行教师资格制度。中国公民凡遵守宪法和法律,热爱教育事业,具有良好的思想品德,具备研究生或本科毕业学历,有相应的教育教学能力,经认定合格,可以取得高等学校教师资格。"这里把教育教学能力作为一个必要条件。目前实行的教师岗前培训和职业资格认定,对于提高教师的理论知识与技能起到了一定的作用,但还存在很大的不足。首先,岗前培训时间短,很难保证培训的效果。新教师往往在入校前的寒暑假参加岗前培训班进行理论培训,短短的几周学完几本课程,为应付考试背一些概念原理,很难深入理解。其次,缺乏实践环节。教育教学是一个实践过程,如何面对学生,运用何种教学方法等都需要在实践中去体验、领悟。然而现行的培训却忽视了这样一个重要的环节。一个没有经过临床实习的医生去给病人看病,人们觉得是荒谬的,然而,一个没有经过实习的教师去给学生上课,在高校却是司空见惯、熟视无睹。事实上没有经过实习的新教师上讲台,给教师和学生都带来了很大的痛苦,严重地影响了教学质量。"重专业、轻品德"带来的问题也比较严重。司马光认为:德才兼备是圣人,德才兼亡是小人,德胜才是君子,才胜德是小人。现代企业非常重视人才的品德修养,对人力资源录用、考核、培训、晋升等,品德考核都将成为必不可少的内容。高校在实践中也饱尝了"重专业、轻品德"带来的恶果,那些专业水平较高,但缺乏应有品德的教职工给教学工作造成了很大的损失,甚至引起了教学队伍的混乱与崩溃。

（三）对人力资源管理机制的研究不够

在高等教育管理的研究中,对物和事的管理研究较多,而忽视研究人的管理,尤其忽视高校人力资源开发与管理的研究,因而无法建立起有效的人力资源激励与竞争机制。

（四）教学科研的行政化本位

传统的高校教师管理模式是通过建立管理者与被管理者之间的不同等级的职权关系,运用行政与法律手段,以管理者的权威性加以实现的。行政指令性的管理注重的只是政策的合理性和合法性,而忽视人的个体因素。表面上管理有序,但实质上效率不高,在管理与工作中往往侧重于行政管理而淡化主体——教师的具体精神价值和潜在价值,致使高校的教学和科研工作有着严重的行政化倾向,具体表现在两个方面:

一方面是高校行政机构臃肿,人浮于事,行政人员往往以管理者自居。为数不少的高校行政人员多于教师,个别高校的行政人员甚至是教师人数的两倍之多。本来高校行政人员的存在价值在于为教学科研服务。学校各部门对教师队伍的管理,应当以尊重人才为基础,以服务为目的,通过为教师解决工作、生活方面的后顾之忧来创造其良好的工作条件。但是有些高校实际上并非如此,正如北京市教委对驻京高校进行的一次调查所表明的那样:"大学缺少尊师重教的氛围,从理论上讲教师是学校的主力军,但实际上,教师在学校里是最没有地位的。"官僚作风严重,教师在一定程度上成为被管理的对象,服务和被服务的位置完全被颠倒了。必须明确,高校教师管理并不只是一般的行政管理,而是要根据高校内在的运行规律,根据办学指导思想和人才培养目标,侧重于教学科研人员学术事务的管理。高校的中心工作是教学、科研工作,工作的主体是教师、学者。高校行政管理部门及其人员在思想上应有充分的认识,在工作中应有充分的体现,在行动上应有强烈的服务意识。因此,在进行教师人力资源管理时,要时时事事理解教师,尊重教师,服务于教师,让他们能多用一些时间、多集中一些精力进行教学和科研工作。尤其在服务方面应是积极主动地为教师搞好服务,而不是被动地服务,更不能让教师服务于行政人员。同时,教师也应该真正地全身心地投入教学科研,提高人才培养的质量。

另一方面是高校中"官本位"的价值取向严重,官位重于学问、权术重于学术。目前高校有一种作为体现承认或者挽留学有成就教师的传统做法,即安排领导职务,这就有意或无意地助长了"官本位"倾向。在一些高校内部,权力凌驾于知识之上,做学问的不如搞权术的,与所倡导的"尊重知识、尊重人才"的理念完全相悖。高校相对整个社会来讲,始终是人才高地,要吸引人才、稳定教师队伍,最主要的是优化其生存和发展的环境,即高校要不断加强自身环境建设,积极营造一个政策宽松、学风优良、尊重知识、重视人才、科研条件优越、人事关系和谐的"软环境"。尽量把虚伪的、庸俗的人事关系排除在学术环境之外,为高校教师人力资源开发和管理创造良好氛围和条件。

二、高校人力资源能力建设组织管理制度设计

(一)高校高层次人才资源引进制度设计

高校必须有大师,因为只有大师才能培养出大才,才能出大成果。梅贻琦先生曾经说过,"大学者,非谓有大楼之谓也,有大师之谓也"。引进具有国际竞争能力的高层次人才,加强教师队伍建设,是提升高校竞争力的核心所在。哈佛大学原校长科南特曾说过,大学的荣誉不在它的校舍和人数,而在它一代代教师的质量。高校要跻身于先进行列,就必须构筑一个具有雄厚实力的人才资源高地,而引进和培养高规格、高层次人才是建立人才高地的强力支撑。与国内一流大学相比,我们最大的差距在

"人",尤其是高层次、高学历的人才。因此,在高校发展中,引进具有潜力的高层次人才,然后加以培养,是构建人才高地的基石,也是目前比较切实可行的办法。

1. 高层次人才引进的原则

(1)根据高校发展的总体战略目标,以能够优化教师队伍结构、提高教师队伍的整体素质和水平为目标,为学校培养高层次创新人才、创造高水平科研成果、开展高层次决策咨询提供智力和人才保证。

(2)坚持学科发展和师资队伍建设的原则。根据学科发展的需要,通过引进高层次、高水平人才,发展基础学科、加强应用学科、创建新兴学科,建立一支整体优化、结构合理、富有创新精神和创造能力的高水平师资队伍。

(3)坚持突出重点与统筹兼顾相结合的原则。在保持和发展基础学科优势的同时,重点加强应用学科和交叉学科,扶持新兴学科。在引进高层次学科带头人的同时,重视引进有真才实学、有发展潜力和培养前途的中青年学术骨干。

(4)人才引进必须相对稳定、专兼结合。确立新的人才开发理念,建立一支专兼职结合、相对稳定与合理流动相结合的高水平人才队伍。

2. 高层次人才引进的方略设计

(1)要把"引才"和"引智"结合起来。引才,是指选聘专家来校工作;引智,就是柔性引进,是指虽不来校,但用其智力为我服务。在引进专家与引进智力两个方面,特别要重视智力引进工作。要采用灵活的进人机制,如:引进人才来校工作但暂时无法办理人事关系的,可以先开展工作,再办理正式手续;若不能全职来校工作的,可以短期签约,通过讲学、合作科研、指导研究生与开展学科建设建立合作关系。总之,要打破人事管理的旧框框,采用灵活的用人机制,以充分自由、灵活的机制,吸引高层次人才。

(2)要把引进校外专家与派出人才培训结合起来。开展人才交流,应该是双向的,既要引进,也要派出。只考虑引进人才,容易对引进人才资源产生依赖心理,失去参与人才竞争的压力动力。因此,高校在引进高层次人才的同时,也要有计划派出人员深造,进行对口培训。

(3)要把引进国外专家和吸纳国内人才结合起来。构筑高校人才高地,不但需要保质保量引进大批国内人才,而且需要以良好的人才环境和优惠的人才政策吸纳海外的优秀人才,使高校成为一流人才荟萃之地,从而在人才规模、层次、结构、效能四个方面在国内保持领先地位。这样就需要更科学地规划人才的国内外合理流动和校际的合理流动,更合理地配置人才资源,优化人才结构,提高人才的整体素质,充分发挥人才的潜在能量,全面提高人才的使用效益。

(4)要把引进高层次人才与高校自身培养人才结合起来。引进人才的一个重要目的是加速培养高校自身的专门人才,加速提高高校人才的现代知识水平,开发现有的人才队伍。特别要通过与引进人才的科研合作、共同开发新产品、联合教学、充当助手等形式,把引进人才的技术和管理本领学到手,培养起一支自己的技术和管理队伍。

3. 高层次人才管理体制设计

(1)创造个性化管理机制

必须爱惜人才,充分尊重他们的个性,对高层次人才的管理要个性化、人性化,寓管理于服务之中。当今时代是信息时代、知识经济时代,也是提倡人的个性化时代。高层次人才来自四面八方、五湖四海,有的来自不同的国家和地区,有着不同的经历、不同的文化背景、知识背景和宗教信仰背景。对他们的管理要充分尊重个性。要认同、容纳、包涵人才的缺点;要扬长避短,大胆地使用高层次人才,积极支持他们开展工作;要发挥高层次人才在教师队伍中的主导作用,根据他们的能力,安排一定的职务,给予相应的权力。学校各职能部门和相关单位必须把为教学、科研服务落到实际行动上,"海阔凭鱼跃,天高任鸟飞",为高层次人才施展才华,创造广阔空间。

(2)制定优惠政策,创造有利条件

要引进人才首先必须吸引人才,因此,制定种种优惠政策是必要的。近几年来,许多高校在引进人才方面出台了一系列优惠政策,对高层次人才引进中的户籍、子女入托入学等问题作了具体的规定。学校也积极制定相应的配套政策与措施,积极筹措资金,在安家费、住房安排、家属安置、科研启动费、科研设备的配置、子女入学入托等方面逐一具体落实。在落实优惠政策过程中,家属的安置工作是个难题。要妥善地安排好家属的工作,学校各级部门领导高度重视,从全局出发,以学校事业为重,积极开拓就业渠道。一方面,在校内积极安置引进人才的家属;另一方面,主动与地方政府及有关部门联系,争取得到他们的支持和配合。环境和待遇是高校引进和稳定人才的两个基本要素,要为引进的高层次人才创造良好的环境和提供较高的待遇。

(3)建立配套的考评机制

对引进的国内外高层次人才要进行目标管理、跟踪考察、定期考评,对他们所作出的贡献和提供的成果要进行全面的科学评估。高校要建立引进人才的完整档案,对他们的工作实绩进行跟踪考察和动态管理,并根据各种人才的不同情况,制定一套切实可行的考核制度。及时调整使用中的偏差,要根据实施中发现的新情况,及时修正引进人才的滚动计划;要将人才测评技术引入对引进人才的素质、成果的评估工作中。根据引进人才的不同层次、专业、岗位要求制定科学的人才评价和成果评估的标准。运用国内外先进的人才测评的理论和方法,形成具有高校特色的评估体系,使引进人才的质量得到保证,其贡献得到肯定。

(二)高校人才资源培养体系设计

1. 建立符合高校特点的人才培养培训运作机制

由于高校人才资源自身具有的人才数量分布的高密度、人才素质的高水准、人才流动的高活力、人才结构的高对应、人才产出的高效益的特点,人才培训必须突破常规采取高起点、高层次的发展战略。要确立"三个观念",即:人才培育智力投资观念,人才学习终身化观念,人才培育政策市场经济观念;体现"三个化",即人才培育政策法制化,育人、用人一体化,注重实效科学化;实现一个转变,即由单纯的政府行为转变为个人、学校和政府三方行为相结合。以构筑高校人才资源高地的发展目标为依据,以培育跨世纪高级紧缺人才为重点,在充分利用现有人才培育政策的基础上,结合学校的发展和学科专业结构特色,建立和完善具有跨世纪特征的高校人才培养培训政策体系与运行机制。

（1）建立多样化的高校教师培养培训体系

教师培训要与学科学位建设、专业调整、学术骨干和学科带头人的选拔培养工作相结合，采取定期与不定期、学历与非学历、短期培训与长期进修、校内与校外、国内与国外培养相结合的多种培训模式。培训要以中青年骨干教师为重点，以在职培训为主，更新和拓展知识结构，全面提升教师整体素质和学历层次。培训机构主要依托师资培训中心和省内重点高校，同时面向省外和国外，建立以高校为主体，其他教育机构共同参与的多渠道、多规格、多形式的现代教师培养培训体系。在改进和完善高级研修班、访问学者和毕业研究生同等学力申请学位进修班等行之有效的培训形式的同时，充分利用无形的教育资源，如国家级优秀教学成果、重大科研攻关项目等研究成果举办高层次培训，重视和加强课程、教材建设；要充分利用和发挥各自的学科优势，运用卫星电视和计算机交互网络等先进技术手段，对管理人员和专业技术人员进行高层次、高质量的远距离继续教育，构成一个全面的人才培养培训信息网络；高校要在知识创新、技术创新和发展高新技术产业中与企业和科研院所开展多种形式的联合与合作，在相对稳定的合作关系中，逐步形成一批校外人才培养和研究开发的合作基地，形成高校与社会开放式的教育网络，有计划地选派中青年骨干教师到社会实践中锻炼和提高。

（2）强化培训后管理，确保培训落到实处

教师培训工作要逐步形成规范化、制度化，作为评价学校办学水平的重要指标。对教师培训质量要进行严格的考核，把师资培训工作科学化管理。学校根据教师培训的层次性和广泛性，建立健全考核指标体系，依据标准考核，做到优者奖，劣者罚，同时与其晋级、晋职、评优和教育培训费用报销挂钩；建立教师培训档案，作为聘任上岗、职务晋升的重要依据；建立教师继续教育证书制度，把教师培训和使用有机地结合起来。

（三）高校人才高地实现途径研究

1. 从高校改革与发展的战略高度，重视高校人力资源队伍建设

思想观念的变革是改革的先导。不破除旧的观念，不抵制旧的习惯

势力的影响,谈改革只能是一纸空文。所以,高校改革必须从"象牙塔"中走出来,把传统的人事管理调整到整体性人力资源开发上来,扬弃传统的人事思想观念,建立与社会主义市场经济基本法则相适应、符合高等教育发展规律、有利于高校人力资源队伍建设的新思想、新观念。高校人才资源开发与管理,还必须突出重点,主要应围绕开发利用好教学科研主体性资源进行。原则上说,作为一个人才资源高地,高校必须有开发和集散各种类别、各种层次人才资源的能力,这也是高校人才资源开发与管理的最终目标。但就其构建的重点来看,高校人才资源的开发与管理,首先必须是突出教学科研人才资源的主体性地位。这就要求在高校人才资源开发与管理的战略和政策设计方面,必须突出主体,在人才开发与管理上进行重点突破,从而最终起到以点带面的效果。因此,只有从战略高度重视高校人力资源,遵循高等教育和人力资源管理、开发的内在规律,贯彻在高等教育发展中"增加投入是前提、更新观念是先导、体制改革是关键、教学改革是核心、队伍建设是重点"的思想,统筹规划,加强领导,强化政府行为、加大支持力度,推进制度创新,解决关键问题,才能把高校人力资源的开发和管理落到实处。

2. 转换机制,深化高校人事制度改革

(1)完善高校内部机构编制改革

按照"总量控制、微观放权、规范合理、精简高效"的原则进行高校机构编制改革。根据高等学校教学科研、行政管理、后勤服务各方面的不同职能,实行不同的管理办法。教学、科研是高校的主要任务,要进一步改革和完善教学、科研工作的管理体制,探索和建立符合教学、科研规律的组织形式,科学合理地设置教师职务岗位;合理设置学校党政职能部门,合并主体职能相近的部门,对任务性质基本相同的机构可实行合署办公;后勤服务要从学校中剥离出来,创造条件,实现社会化;校办产业要与学校建立规范的关系,明确学校与校办产业之间的职责与权益,要按照独立法人实体进行企业化管理,逐步建立现代企业制度。

定编设岗,优化教师队伍的整体结构,加强教师梯队建设。科学合理地设定教师职务岗位并使之形成合理结构,是实现高等学校教师队伍可持续发展的重要环节,通过岗位设置,优化教师队伍的学历、年龄、职务、学缘等结构,形成科学合理、高效率、充满生机和活力的学术梯队。加快教师梯队建设,选拔和培养跨世纪的学科带头人及其后备人选,是发展学科、促进高等教育发展的关键。在学科梯队建设中,既要注意选拔和培养优秀的学科带头人,又要注意提高学科梯队的整体素质和水平。

不断完善固定编制和流动编制相结合的师资结构模式。优化结构,应打破长期以来在计划经济体制下形成的教师队伍单一、稳定的结构模式,逐步建立和不断完善固定编制与流动编制相结合、促进人才合理流动的结构模式。高校应以教授、副教授和部分讲师作为骨干教师形成相对稳定的固定编制队伍,成为承担教学、科研和管理工作的主力;同时积极创造条件,逐步取消助教而代之以在校研究生兼任,将助教和部分讲师作为流动编制队伍。在骨干教师队伍相对稳定的情况下,充分发挥流动编制人员和社会上一切可以借用人员的力量,使之通过各种形式到校工作,并吸收其中的骨干力量充实到固定编制队伍中来,这是保持教师队伍充满活力的重要保证,也是优化结构的重要前提。

(2)完善教师职务聘任制改革

教师是高校的办学主体,是高校人力资源最主要的组成部分,教师职务聘任制改革直接影响着高校整个人事制度改革的进程。科学地设置岗位,是实行教师职务聘任制的基础工作,也是加强科学管理的重要措施。岗位设置无论是采取学科法、任务法、学科—任务法,还是结构法,都要在定编的基础上,坚持因事设岗、精简高效、结构合理、群体优化的原则和立足当前、兼顾长远的原则,按照一定的结构比例进行设置;评聘分开,强化岗位聘任,职务岗位与工作任务直接挂钩,科学合理地提出岗位职责、任职条件、权利、义务和聘期,按照规定程序在校内外公开招聘,教师平等竞争;坚持因岗择人,按岗聘任,人事相宜,事职相符,强化岗位聘任,在教师队伍中逐步建立起竞争激励机制。

(3)推进管理人员教育职员制改革

现代大学的正常运转,离不开有效的管理机制。高校管理绝对不是业余性的工作,管理队伍建设与师资队伍建设同等重要,但二者的要求是不同的。教师队伍建设主要从学科建设和学术梯队的角度出发,虽然强调团队精神,但重点往往更多地放在培养个体上,强调个体的贡献,因为在学术上需要"标新立异"。然而管理队伍强调更多的是队伍的整体性和系统性,因为管理更需要"求同",需要共同的管理理念、遵守共同的规章制度、相互协调配合。因此,管理队伍建设除了要有计划地选拔、培养和锻炼各级干部外,最主要的任务是理顺和完善管理体制,建立精简、高效、务实的学校行政管理框架,在此基础上,对各职能管理部门的职责范围、岗位需求、管理模式进行科学合理分析和设定,层层落实责任范围,才能做到各尽其责、精益求精。实行教育职员制度,就是要使管理人员、教师各得其所,进入不同的职务序列。为了提高管理工作的专业化程度,管理职员一旦上岗,就应该实行分级管理,原则上不再评聘专业技术职务,以便专心履行管理岗位的职责。对于"双肩挑"干部来说,在管理岗位任职期间,就应纳入职员管理序列,按照职员任职条件确定职级。管理职务与业务职务一般不宜交叉兼有,至于在两者之间作何种选择,尊重个人意愿。管理要由封闭式向开放式转变,由管理控制职能转变为重视教师资源开发、保障和利用,通过抓科学的管理理念入手,结合体制和机制上的制约和激励作用,制定和实施机关工作规范,保证管理队伍的健康发展。

(四)采取有效措施,促进高校人才合理流动

合理有序的人才流动是高校教师队伍优化配置、人尽其才的基本保证,可以强化竞争机制,有利于保持高校师资队伍的生机和活力,同时也对师资管理提出了更高要求,在客观上促进了高校师资管理的科学化,推动了高校的人事体制改革的进程。建立健全人才流动法规,规范人才流动的法制环境。政府和教育主管部门要尽快出台高校人才流动实施细则,制定出切实可行的人才流动政策,并用法律、经济等手段来加以保护,防止人才的无序流动和不正当的人才竞争,逐步在高校形成人才市场网络框架,使高校人才流动从体制上得到保障;完善高校师资共享制度,鼓励校际之间互聘、联聘教师,这是目前建设合理的师资流动模式、实现教师资源共享的最佳途径。教师资源共享,就是要打破师资管理中的自我封闭状态,改变教师分布不均匀、结构不合理、人员不流动、余缺不互补的

现状,充分挖掘重点高校中的骨干教师、学科带头人的潜力,合理安排他们拿出少量时间和部分精力到普通高校去兼授课程、指导研究生、合作科研、帮助那些层次较低的高校教师提高教学和科研能力。实践表明,这种互聘、联聘制度,有力地促进人才的合理开发与利用,聘请的兼职教授,直接参与学校的学科建设和人才培养工作,他们带来了新的观念、新的思路、新的方法,在学校的博士点、硕士点建设,学科梯队建设,学科前沿理论研究,新兴学科专业的建设与成长等方面,发挥了重要作用。

(五)优化高校人力资源开发管理的外部环境

1. 提高教师地位与待遇,营造尊师重教的社会氛围

政府应该加大对教育和教师队伍建设专项资金的投入,大幅度实质性地提高高校教师的工作条件和生活待遇,制定各种地方性政策,确保教师的实际收入,切实改善教师待遇、收入、住房、福利等,使教师成为令人羡慕的具有吸引力的职业;要提高教师的社会地位,进一步贯彻落实知识分子政策,从思想上关心、工作上放手、生活上照顾,在全社会中形成一个尊师重教、尊重知识、尊重人才的良好氛围,让全社会都关心教育、关心高等教育的改革和发展、关心高校人才的成长和发展,从而促使高校人力资源开发管理在尊师重教的社会大背景下良性运转。

2. 强化政府宏观调控能力,真正落实高校办学自主权

政府要转变职能,由对学校的直接管理,转变为运用立法、拨款、规划、信息服务、政策指导和必要的行政手段进行宏观管理。政府、教育行政部门要尽快制定和完善与《教师法)、《教育法》和《高等教育法》配套的一系列法律、法规和政策,在教师队伍建设的主要环节上,实现政府依法治教、学校依法管理、教师依法执教。在解决重点和难点问题时,要从主要依靠政策转变到依靠法律、法规上来,从主要依靠行政手段转变到主要依靠行政执法方式上来,依法维护学校和教师的合法权益。要真正落实高校办学自主权,特别是人事权,要在招生、专业调整、机构设置、人员配备、干部任免、经费使用、职务评聘、工资分配和国际学术交流等方面进一步扩大高校的办学自主权,使高校真正成为面向社会自主办学的法人实体;树立全省范围的大人才观念,合理配置资源、提高办学效益。

3. 建立和完善高校人力资源的支持系统

为提高管理工作效率,增强教师工作的科学性和有效性,各级教育行政部门和高校要建立人力资源管理信息系统,加快高校教职工数据库网络建立,实现高校人力资源开发管理工作的信息化、网络化;加强高校人才服务体系建立,各地有条件的高校要逐步建立教师流动服务机构,为教师的合理流动提供信息咨询、组织联络等中介服务,促进高校人才的合理配置;要建立健全教师社会保障服务体系,发挥高校师资管理研究部门和民间学术团体的作用,积极进行新时期高校人才建设若干理论与实践问题的研究,为高校人才队伍建设创新提供科学的决策依据。

(六)高校教师健全完善选拔聘任制应采取的对策措施

从我国高校教育事业发展、学科建设及师资队伍建设需要出发,坚持按需设岗、接岗聘任,根据岗位的工作性质、责任轻重,在编制规划的定员范围内和上级下达的岗位比例数额内,根据承担的教学、科研任务的实际需要及可能合理设置,使教师职务评聘工作真正起到激励广大教师教书育人的积极性、促进中青年教师脱颖而出的作用,起到优化师资队伍结构、加强学科建设及师资队伍建设的作用。

第一,要转变教师职业"终身制"和"身份制"的观念,树立与市场竞争规则相适应的"能进能出"、"能上能下"的观念。"身份制"和"终身制"的观念,阻碍了高校教师队伍素质不断提高和结构的优化,不利于激励教师提高学术水平和教学能力。以"聘任制"为核心,破除职称"终身制",强调在定编、定员的基础上按需设岗、按岗评聘,把教师个人的理想追求与学校事业的发展需要有机结合起来,形成了岗位需要、评聘结合、不聘不评、竞争上岗、尽职尽责的全新聘任概念,克服了以往职称制度中主要看论文水平的现象,以全面坚持任职条件、全面提高教师素质为政策导向,倡导讲实绩、讲贡献、讲成果,坚持公正评价、公平竞争、择优聘任,从实际出发,针对长期在教学第一线工作的老教师的特点,客观地制定"评退"、"退评"政策,采取"过渡岗"、"周转岗"等做法,确保工作实践中只有那些师德高尚、工作积极、勤勉奋进和绩效显著的人才能获得晋升的机会,调动老教师的积极性,妥善解决历史遗留问题,为建设高素质的教师队伍创造条件。

第二,大力引入竞争机制、激励机制和新陈代谢机制,建立区域性(不涉及户籍变动)的公开、公平、公正的从教竞争市场。以高校教师的合理流动为重点,打破以行政控制为本质特点的现行高校教师管理的僵化机制,建立起以聘用合同关系为纽带、以法律调节为主要手段的新机制;把各学校需要的职位全部公开,让校内乃至区域内的从教人员公平竞争,能者上、平者让、庸者下,实行公平监督下的择优聘用;把职务评聘的重点转移到大力选拔优秀中青年教师上来。对中青年的选拔聘用既要鼓励广大中青年教师积极拼搏、勇于竞争、迅速成长,又要敢于破除论资排辈,坚持正确导向,严格把关,择优选拔。要严格职称职务职数、结构比例和最高职务档次的设置标准,设置科学合理的职数,实行评聘分离,强化岗位聘任,形成教职工按岗竞聘、学校按约择聘的运行机制。对人员进出流动,通过各种途径和保障措施,努力建立起相对稳定的骨干人员和出入有序的流动人员相结合的机制。为进一步深化改革,推动聘任工作,各高校还应制定"高职低聘"、"低职高聘"制度甚至"特别评聘"制度,以此吸引国内外优秀人才,开辟校际人才,互聘、联聘,从而最大限度地减少因人员流动、职称职务变化等资源配置投入和成本,提高办学效益和人才培养质量。

第三,把"聘任制"予以合同化,并纳入法律的保护范围。从把人事搞活而不是管死出发,实行以契约管理为核心的聘任制和聘用合同制。高校根据自身教学、科研、管理的需要,科学合理地设置各级各类岗位,在明确职责权利义务和期限的基础上,按照自愿、平等、协商的原则,与教职员工签订聘用合同。聘方预先拟定合同,在合同中阐明聘方和被聘方各自的责任和义务、可获得的利益和违约所需承担的责任等情况,双方共同认定后签署合同,并进行公证。对学科带头人的选拔任用,在实行委任制的同时,实行民主评议、聘任考任和选任等多种形式,按照公开、公平、竞争、择优的原则,尽可能在较大范围内选择合适人选。为了充分发挥学校的作用,为了促进我国教育事业的高速发展,笔者认为各高校应清醒分析当前面临的形势,在明确自己的发展目标和人才培养要求、进行准确定位的基础上应尽快以法律形式强化、充实和完善现行学校"聘任制",使之健康运作起来,充分发挥其应有功能。

第四,加强政策导向,使教师职务评聘工作有利于队伍建设,有利于提高教学科研水平,有利于学校事业的发展。把政治思想考核作为教师职务评聘工作的重要依据,坚持高校教师要有正确的人生观,具有献身教育事业的事业心和责任感,坚持为人师表的职业道德,爱国家、爱学校、爱集体,反对和抵制拜金主义和极端个人主义。各个高校要坚持把政治思想表现和工作表现的考核落到实处,加强以教学科研为中心,注重提高教学质量的导向。在教师职务评聘工作中,对申报人员的教学工作,包括教学工作量、教学效果、教学改革、教材建设、实验室建设、科研成果、科研效益等方面,提出明确、具体、可操作的要求,教学成果可视同相应的科研成果,教学获奖可视同相应的科研获奖。通过职务评聘工作真正把教师的注意力引导到教学科研上来,引导到提高教学科研质量效益上来。

第五,积极稳妥地开展下放学科评议权,加强教师职务评聘的宏观调控监督。确立教师职务评聘工作"分层指导、分类评审、分级管理"的思路,本着坚持标准、正确导向、体现特点、便于操作的精神,根据国家教委《高等学校教师暂行条例》加强规范评审行为的监管力度。学校的职务评聘工作应根据国家和地方有关政策,严格评审程序,严肃纪律,杜绝不正之风的影响。改变目前以指标控制高、中级职务晋升的做法,实行结构比例控制,给高校更多的自主权。加强评估、检查、监督指导,规范评审行为。随着社会主义市场经济体制的建立,学校面向社会自主办学,法人地位逐步强化。要有条件地下放学科评议权,加大放权力度。在积极稳妥地开展下放学科评议权工作的同时,加强教师职务评聘的宏观调控监督,职称改革与教师队伍建设有机结合,保证学校教师职务评聘工作健康有序地开展。同时,充分发挥教师职务评聘工作的监督评估职能,加强检查评估,逐步完善学校自主办学、自主用人、自我约束的运行机制。在定员、定编、定岗、定责的前提下,加强对教师资格制度、教师职务评审制度、聘任制度、奖惩制度、分配制度等的配套改革,应重点加强利益分配制度、社会保险制度、人才流动制度等制度的规范化、科学化、制度化工作,以使我国高校教师管理改革有一个良好的外部环境。

第二节　中国高校人力资源能力建设市场管理制度设计

一、经济对高校人力资源管理的影响

目前高校人力资源的安排使用等方面存在一些不足之处,特别是在市场经济条件下高校人力资源管理使用中的问题更加不容忽视。受市场经济中的竞争和利益等观念的影响,在高校人力资源中也出现了一些"一切向钱看"、"金钱至上"、"拜金主义"等风气,师德也有所滑坡。对高校的教学、科研、管理等造成冲击,增加了高校对人力资源管理的难度。

受市场经济影响,有的高校人力资源管理者出现了急功近利思想和短视行为,突出表现为在引进人才时不考虑学校的实际情况,过分看重学历、文凭和高职称。同时,由于担心人力资源的流动而设置了人才流动的一些条条框框,甚至不愿意对人力资源进行培训,看不到培训对于高校发展的间接的巨大作用。

由于社会主义市场经济体制正处于不断完善阶段,计划经济体制的烙印还没有完全消除。有的高校在人力资源管理过程中按照计划经济的一套,忽视人力资源的现实状况、发展需要等实际情况,在人力资源配置和使用上存在大锅饭、行政命令决定一切等与市场经济规律不符的问题。这些都不适应市场经济发展的需要,制约着人力资源积极性、主动性、创造性的发挥。

二、市场经济条件下高校人力资源管理面临的冲突及其对策

在我国实行社会主义市场经济体制的过程中,市场机制将会逐渐成为资源配置的主要方式,作为物质资源重要组成部分的人力资源,面对市场经济必将受社会主义市场机制的制约。所以,认真研究高校人力资源管理在进入社会主义市场经济体制中所面临的冲突与对策,应是各级高等教育管理机关,特别是高等学校领导人及人事管理工作者一项重要而

急迫的任务。

（一）面临的冲突

1. 观念与现实的冲突

在市场经济中人力资源已经成为一种特殊的商品。因此,它本身也具有价值和使用价值,这样人力资源进入市场交换必然有价格的问题,进入市场的价格必然要遵循市场的价值规律来运行。当前在人们的头脑中尚未形成这些概念,仍然遵循传统的观念,把人的肉体同人所具有的价值混为一体,从而导致了人力资源单纯的单位附属性,成为单位管理的奴隶。在具体工作中,要打破人力资源单纯的单位附属性,必然产生各种矛盾。高校是人力资源蕴藏最丰富的场所,它不仅具有初、中、高各级各类人力资源,而且每年还在培养各级各类人才。在高等院校中,这种人力资源自身高价值与高校的低收入存在反差,国家近年来提出了不少改善的办法,但由于种种原因落实不够,反而有增大的趋势,这就使传统观念和现实的情况产生了巨大的冲突。

2. 资源配置上的冲突

在计划经济体制下,高校的人力资源配置全部是按照国家统一计划进行,高校每年按照国家批准的进人计划来分配相关人员。高校在人力资源配置方式上没有用人自主权,对人力资源的继续投入缺乏积极性。而在市场经济体制下,国家取消了人员的统包统配办法,在国家宏观政策指导下,各高校根据自己的需求进入市场招聘优秀教师,可以把暂时不需要的或多余的、学非所长的教师输送到人才市场。市场成为人力资源配置的主渠道,供需双方成为市场主体。但是由于种种条件限制,市场机制难以按上述方式运行,从而导致在人力资源配置方面供需双方的冲突也十分突出。

3. 管理上的冲突

在计划经济体制下,高校的人力资源管理,特别是师资队伍的管理是一种封闭型的、大统一的管理模式,经验式、人治式的管理模式运行了几十年,不能体现各类人才的自身规律和要求,人员能进不能出,能上不能下,缺乏激励机制和保障机制。用人单位缺乏管理的自主权,人力资源本身不能掌握自己的命运致使人力资源难以显示自身的创造力,造成了人力资源的极大浪费。而人力资源进入市场后,按照各类人员自身的特点和行为活动规律制定不同的管理办法,改变了管理僵死的约束,实行了一种有机的引导、协调与保障。人力资源管理由封闭趋向开放,由统一走向分类,由约束走向引导,人力资源管理中的法制化、科学化的意识逐步增强。随着改革开放进一步扩大和深入,外国先进的人力资源管理技术逐步引入我国,加之市场竞争格局的逐步形成,迫使我国现有的人事管理不仅仅是在管理体制,而且应在管理方法与技术上实行进一步改革。但是,这种改革力度与实际的发展存在较大的差距,形成了管理上的冲突。

4. 稳定与流动的冲突

由于长期计划经济体制的影响,传统的人事管理将人封闭在一个狭小的圈子内,人才一旦被分配到某一个单位和岗位,他就可能在那里劳动工作一辈子,除非组织需要,才有被调动到其他单位和其他岗位工作的可能。由于人事管理的封闭性,人才的能动性被限制,使得物质资源最活跃的因素——人,只能被动和机械地起作用。加之人力资源管理体制的制约,人才的积极性、创造力、潜能难以发挥。人才市场的出现,为人才独立地位的实现创造了良好的条件。用人单位在人才开发利用上由被动向主动转变,人力资源本身的开发也由被动向主动转化。

上述这种稳定与流动、主动与被动是一对矛盾。因为,一方面稳定是高校教学质量的保障,在教学岗位上的人员不能朝三暮四,它需要相对稳定,在这种岗位上的人员需要连续性的经验。而相反,一部分不适合教学岗位的教学人员长期固定不动不利于人力资源的开发利用和各种队伍的优化,也不利于推动办学效益的提高。因此,因势利导,创造条件,使该稳定的稳定下来、该流动的流动起来,这便成为高校人事管理改革急需进行研究的重大课题。

5. 师资队伍建设的高要求与低素质的冲突

高等教育事业发展、跨世纪奋斗目标的实现,要求教师具备较高的素质才能完成;同时,由于在市场机制下,竞争是推动发展的基本特征,而在竞争中取胜,最终仍然是由人员的高素质来作保证。高等教育对教师队伍的高要求与人力资源低素质的冲突,在我国的现实状况下显得尤为突出。在高等教育中,大学教师形成了比较普遍与典型的个性特点,这些个性特点构成大学教师的基本品质;追求成就、淡漠利欲、教书育人、以身作则等,形成这样的品质要经过长期的教育和自我磨炼,而现在的人力资源即使具有较高的学历,但不具备上述品质,也难以胜任教师工作。正确认识和对待我国高等教育发展中的这一现实矛盾,是一种理智的反映。全面提高教师队伍的素质是摆在高等教育管理工作者面前的一项紧迫任务。

（二）采取的对策

高校人力资源管理在进入市场经济中面临的这些冲突,其本质反映了封闭与开放的冲突、守旧与改革创新的冲突、愚昧与科学的冲突,集中点是人力资源管理能否真正确立人的主体地位的冲突。因此,深化改革原有人力资源管理体制和管理方法,真正确立起在管理中人才是主体地位是唯一的出路。为此我们采取以下一些对策:

1. 加速高校人力资源管理体制改革,使人力资源管理体制尽快调整到适应市场机制上来,使人力资源的管理方法调整到现代化科学水平上来,调整到整体性人才资源开发上来。

在未来的人力资源管理体制改革中,抓住以人为本、确立以人的主体地位为核心,以解放和发展人力资源的根本出发点,对现有人力资源的管理制度管理方法进行根本的变革。

（1）强化岗位意识,优化人员配置。部分高校在全校范围内实行"三定一评一聘",即定编、定岗、定责,在考评的基础上择优聘任。对不胜任岗位工作的人员实行缓聘及校内、外分流,或上交校人才交流中心统一管理,相对优化了师资队伍。

（2）强化激励机制,实行工资总额动态包干。根据"增人不增工资总额,减人不减工资总额,超支抵扣,结合自用"的原则,充分发挥物质利益的激励机制。坚持效益原则,把各单位的工资总额同办学效率、办学质量和科研、管理水平紧密挂钩。提高了职工待遇,使教师的自身价值得以逐步实现。

（3）完善校、院、系三级管理体制。面对市场机制的挑战，为了培养市场需要的人才及学科的发展，根据教育部新的教学目录及学科群，将原有系、所组建成学院，进一步向学院下放办学自主权，提高了办学效益，培养出的人才具有一定的市场竞争力。

（4）实行人员的分类管理，优化办学资源配置，减轻学校负担。对党政机关按"管理与服务，管理与经营分开"的原则对机关工作人员进行分流精减，对产业人员实行产业化管理。此外，还要对后勤人员实行全员聘任，实行企业化或半企业化管理，节约事业费的支出，提高办学效益。

2. 在提高人力资源素质上下工夫

提高人力资源素质，是高校人力资源管理中根本性任务。

（1）加大在职人员的培训力度，在各类人才队伍建设中建立起适时、适职、适业的培训制度。结合培训以职业能力和适应未来发展能力为标准，建立起具有现代水平的能力与业绩考核制度，这样可以使我们的各级管理人员、教学科研人员随时掌握世界领先的管理技术、科技动态和发展水平，有利于他们及时调整工作和研究的方法和方向，从而提高人力资源的整体素质。

（2）重点抓好高层人才的引进及培训。很多学校在选拔青年学科带头人及青年骨干教师上采取一系列措施，为他们脱颖而出创造条件。在职称评审上破格选拔，单独分配住房。对引进的高层次人才也在职称及住房上特殊考虑，注重管理骨干的培养，稳定了一支教学、科研及管理骨干队伍，保证了学校教学质量，学术水平、管理水平的不断提高，使学校的各级管理人员、教学、科研人员真正具备了一定的跨世纪开拓发展的政治思想素质和业务能力素质，增强了学校在 21 世纪面对市场的竞争力。

3. 在管理中要引入人力资源这个概念

传统的人力资源管理体制中最大的弱点是对人力资源认识不够，对人力资源所具有的资本存量认识不够。人力资本理念的重要性，已不亚于工厂厂房、机器设备、生产物质资料等这些原来意义上的实物资本，人力资本组合应包括基础教育性投入、健康性投入、培训性投入、精神品德社会教育性投入、心理调节性投入、文化娱乐性投入、专门职能技术学习性投入、体力实践锻炼性投入以及延续和保持其本身生产能力的投入等。美国芝加哥大学的 S·贝尔先生断言:"唯有加大人力资本的投资金,国家经济的发展才越发有希望,那些以牺牲人为代价、只重视工厂和设备的国家,最终将难以看到经济发展希望的曙光。"因此,必须加大对人力资源的投入,认真研究投入与产出比,在管理中充分重视人力资源的价值,从而使人的价值得以实现。

高校如何顺利地跨入 21 世纪实现我国高等教育发展目标,在 21 世纪使我国的高等教育跨上一个新的台阶,如何更好地适应我国经济发展对人才的需求,成为当今高等教育者应该重视的问题之一。人事工作者应当立即觉醒,重视人力资源开发,把发展人力资源作为其他事业发展的根本措施来抓,才能满足国家对高等教育的要求。

三、市场经济条件下的高校人力资源的优化配置

改革开放,特别是实施科教兴国战略以来,我国高等教育事业正以前所未有的速度向前发展。办学规模和办学效益有了较大的提高,科研成果与产业相结合并产生了巨大的生产力,对外交流合作在不断加强,高等学校办学的产业化、国际化的趋向越来越明显。近几年来,我国的高等教育为适应经济全球化和社会主义市场经济对人才的要求,实施了一系列的改革。按共建、合并、划转、协作、合作五种形式进行高等教育管理体制改革,逐渐改变了国家统管的管理模式。在国家的宏观政策指导下,逐渐下放学校的办学自主权,实施办学主体多元化的办学体制,并在人才培养目标、教学、教育观念等方面都进行了一系列的改革和突破,取得了很大的成就。这样适应了社会主义市场经济条件下经济主体、所有制形式和利益主体多元化对高等教育提出的要求。在经济、社会进一步发展的同时,也给高等学校提出了新的课题。即在以培养高素质人力资源为目标的高教产业中,如何利用现有的教育资源,特别是充分利用人力资源,提高办学效益。这已经是高等学校急需研究的一个微观问题。

(一)经济体制转型期高等学校人力资源的配置现状

在社会主义市场经济体制下,高等学校的办学形式已由计划体制下

的大一统,即国家办学形式转为多元化的办学趋势。高等学校的资源配置也由单一的国家配置转为多元化的配置趋向。高等学校的内部结构调整也是按照市场意识和规律进行重新的排列组合。剥离后勤服务机构,设立宽口径社会急需专业,加强科研与产业的结合,注重高学历和高层次人才的引进,如此等等。其本质是优化内部结构和资源的最佳配置,提高学校在教育市场上的竞争力和办学效益。一句话即效率优先,细化成本,寻求效率最大化。人力资本在整个教育产业的资源配置中越来越显示出其核心作用。然而,在今天的高等学校还没有把人力资本细化并进行科学配置,不同程度地存在着资源浪费的现象,具体体现在以下几个方面:

1. 后勤服务部门的人力资源配置

在后勤社会化之前,包括后勤社会化之中,其人力资源的配置,也不同程度地存在着人力资源的浪费现象。具体表现在社会化过程中各经营实体的经营内容过窄,分工过细,信息化、现代化水平不高,低生产率的简单化手工劳动过多,造成了人力资源的相对浪费;同时,在学校原有的后勤人员过剩的前提下,在后勤社会化之后,原有的人员成建制转入社会化的后勤之中,是历史造成的必然浪费。尽管社会化的后勤采取企业化的经营方式,但考虑历史的积淀和现实稳定的需要,还必须接受这种事实。

2. 教学部门人力资源配置

教学部门是一个学校的核心,肩负着传道、授业、解惑、科研的重要职责,是学校的重中之重。在人力资源配置上,应全力保证。然而,随着经济全球化所带来的教育产业的全球化和教育中市场因素的不断渗透,按原有计划模式所搞的专业、学科设置,以及因此所进行的人力资源配置,早已不适应新时代的要求。比如,学科专业过细过窄,交叉学科过多,在不完全考虑全校资源共享的前提下,按过细的专业和学科进行人力资源配置,造成了人力资源的重复和浪费。同时,一人一门课的计划体制,不能跨学科或同学科跨专业授课,造成了人力资源的隐性浪费。基础学科和部分教辅部门的职能与任务不必要地从专业中分离,特别是一些隐蔽课程显性化,造成了思想政治工作者和德育教育工作者的人员重复设置,造成了资源重复配置。

3. 行政机关人力资源的配置

行政机关各个管理部门的职能,是根据相应的上级管理部门的机构对应设置的。而在实际工作中,简单的编制要领不适应市场经济的要求,更何况不同部门之间的工作职能有很大的交叉和重合。如:学生处管理的重复,人事、组织的重复,党、校的重复。机构众多,工作任务交叉,效率低下。而行政人员不乏高职称的优秀教师,这些人员完全可以作为一些优秀的教育资源配置到教学中去。但由于行政中的一些必要或不必要的工作使这部分人脱离了教学。这既是教育资源的巨大浪费,也是管理资源的浪费。影响了教学质量和管理效率的提高,造成了资源配置的不合理。

(二)高等教育人力资源配置最佳设想

1. 转变后勤服务的行政职能,为经营服务主体

学校的后勤从学校分离出去,实行学校后勤社会化。然而,社会化不等于市场化、商品化。分离后的学校后勤,不可能脱离学校而存在,而是采取"有计划的市场经济"。以学校为依托,以学校的固定资产为经营场所,以学生为服务对象,兼有经营和服务两种职能,经营性职能占有重要的位置。既然是经营就要研究成本核算和投入产出。从人力资源配置的角度,把原有的后勤人员重新进行排列组合,使个人特长最大限度地发挥,减少人力资本的投入,减少因"个别"因素的影响而造成人浮于事的现象。充分发挥经营并适当兼顾服务职能,使学校的后勤真正成为一个市场经济条件下的经营实体,实行富余人员的有效剥离。

2. 设立宽口径专业结构,培养跨专业、跨学科的教师队伍

在高等教育中,学科建设是关键,专业建设是基础。随着我国加入世界贸易组织,我国已经加入一体化的全球经济大运行之中。几年之后,社会将需要什么样的人才,作为大学也很难预测。所以学科交叉、综合的宽口径的专业和一师多能的教师是今后高等教育发展的一个方向,也是人力资源最佳配置的有效途径。作为一个教师来说,不但要懂经济,还要懂数学、懂哲学或其他科学,并且还要会用双语教学。这样,既能解决教师每人一门课的现象,又能使教师的人力资本发挥出最大的效力来。从而

达到教育资源的最佳配置和人力资源的最大限度的发挥,以达到合理的配置结构。

3. 减少机关机构,合并机关职能

大学作为知识创新的重要阵地,一定的管理机关是必要的。但与上级主管部门相对应的机构和编制设置,实际是对当代大学理念的一种错误的理解。大学中应有一种在正确理论指导下的相对的自由的空间,以利于教授和科研人员进行技术创新和知识创新。如果过多的管理部门分别从各自的角度对教师的教学和科研行为进行指导和规范,那么大学中的自由精神和不同学术思想的碰撞而产生的智慧的火花,将会被扼杀。所以,要科学合理地设置大学的机构,合并转变机关职能,合理地进行人员配置,为科研人员的知识创新和技术创新,提供充分的保证。同时,建立显性(专门机构)和隐性(机制)相结合的管理机制,使有形的手和无形的手的职能相互作用,以减少不必要的人力资源的浪费,最大限度地提高行政效率。

4. 按市场机制选聘人员

在社会主义市场经济条件下的最后一个堡垒"高等学校"也参与市场竞争的今天,原有的用人机制已不适应变化了的"教育产业化"的实际需要。原有的教师(职工)学校所有制和终身制已经被人才的合理流动机制所冲击。在事业迷人、待遇诱人、感情引人的高等教育人才竞争中,高级人才的"跳槽"现象已屡见不鲜,大学中的"以强欺弱"现象比比皆是。在这种形势下,在完全实现大学三种权力(校长的权力、教授的权力、学生的权利)的前提下,大学实行全员聘任制、合同制,是一个明智的选择。具体实施中对年轻教师、低层次人才实行合同制,对高级人才(院士、知名教授、学者)实行一定期限内的高薪聘请制。不求所有,但求所用,以实现为办学需要而在更大范围选聘并有效利用所需人才,为学校的教学和科研发展服务。为学校尽快实现省内一流、国内知名找出捷径。这样,既走出了好的留不住、孬的赶不走的困境,又解决了有限资源利用最大化问题,真正实现人力资源的最佳配置和人力资本的有效利用。

既然教育已经确定为"先导性、全局性和基础性"的产业,那么,"教育产业"的经营问题将成为高等教育管理中的一个核心。相对的(因为官办的大学要以社会效益为主)投入产出、办学成本核算,以及由此而来的教育资源评估和优化配置,将是"产、学、研"之外的又一个必须研究的微观问题。

一般来说,高校人力资源配置有两种方式。一是计划配置资源方式,即通过指令性计划,对社会人力资源进行分配和布局。二是市场机制配置资源方式,即以市场为导向对社会人力资源进行分配和布局。前者实质上靠人的主观努力去配置,结果难免与客观实际不一致,容易犯主观随意性的错误,造成资源配置的低效率。我国高校过去一直采用计划形式来配置人力资源,使得人力资源配置效率长期处于低水平徘徊状态。党的十四大确定了我国经济体制改革的目标模式是建立社会主义市场经济体制,市场经济的本质就是由市场来配置资源,即在政府宏观调控下,根据市场需求信号,由市场主体对资源进行自由配置选择。这种选择是理性的,最终的结果是实现资源的优化配置以及配置的高效率。

高校人力资源采用市场机制配置方式,具有以下特点:

(1)以坚实的经济基础作后盾。在市场机制配置高校人力资源的前提下,除了有较好的外部环境之外,重要的是待遇导向和优惠条件,这是很吸引人的。其明显的特征就是突出了个人的需要,将满足个人的需要落到了实处,强化了激励机制,从而使资源实现优化配置有了牢固的客观基础。但是要有坚实的经济基础作后盾,否则,不仅配置不到理想的人才,而且,现有的人才也会"孔雀东南飞"或者"西北飞"。这样,一方面使用人单位要想方设法引进人才,另一方面又要创造条件留住现有人才,形成"引进"与"留住"人才的对峙局面,从而形成竞争的态势,并且都要以坚实的经济作基础。

(2)在竞争规律作用下来配置高校人力资源。由于竞争规律的作用,使得人力资源在产业、部门、企业、地区间的流动虽然是自由的却不完全是盲目的。在公正、合理的市场竞争条件下,优胜劣汰的机制会使有限的社会人力资源流向条件好、声望高的学校,保证有办学效益的高校支配更多的人力资源,从而大大提高人力资源的使用效率。

（3）信息的横向传播有利于避免高校人力资源配置的失误。信息传播一般有纵向和横向两种。在传统计划体制下，信息传递以纵向为主，即通过行政手段、自上而下、自下而上、逐级传递，由于途径长，信息传递慢，在实践中很难实现科学合理的资源配置。而市场机制配置高校人力资源的方式，信息传递则是纵横结合，以横为主，各个用人单位都通过市场来进行，供求双方在市场上直接见面，这样，信息传递渠道会比较宽。

四、市场经济条件下加强高校教师的人力资源管理的措施

面对市场经济条件下高校人力资源的重要作用和人力资源中存在的问题，高校要认真研究采取措施想方设法加强对人力资源管理，以更好地发挥人力资源的作用，增强高校的竞争力。高校必须充分认识到市场经济条件下加强教师人力资源管理的重要性和必要性，从思想上重视教师人力资源管理。教师承担着教书育人的职责，教师的素质直接影响到高校培养出来的大学生的素质。在市场经济条件下，如果对教师所受到的市场经济的影响熟视无睹，置若罔闻，教师就很可能会受到利益驱动而从事于教学无关的事情，不能安心于教育事业，不利于高校的发展。同时，高校教师人力资源的水平也直接影响着高校的管理水平。高校对人力资源管理予以充分重视，才能够在市场经济条件下激烈的竞争中立于不败之地。

（一）在市场经济条件下，加强对教师人力资源的管理，最重要的是加强对教师人力资源的师德教育

综合众多研究者的观点，学者普遍认为，高校教师的师德应当包括以下方面的内容：忠诚于党的教育事业，能积极投身到培养高等教育人才中去；能够关心、爱护学生，积极为学生的成才与发展服务，做好教书育人工作；能够严于律己，为人师表，以自己的实际行动来感召、影响大学生；能够积极投身于科学研究，不断探索新知识，吸收并及时向大学生传播前沿理论知识；能够有长远的发展目标，不断充实和完善自己，提高教学水平。然而，市场经济对高校教师人力资源所产生的影响，在很大程度上是对师德的影响，突出表现在：把教师工作仅仅当做谋生的手段，漠视教育的高尚性，缺少崇高的职业荣誉感；缺少律己意识，日常行为自由散漫，丧失了

一个高校教师应有的原则和标准;缺少敬业精神和奉献精神,把赚钱当做己任,而把对大学生的培养、教育放置脑后;对学生缺少关心和爱护,师生关系淡漠;只顾眼前利益,缺少进取精神。因此,在这种形势下,必须加强对教师的师德建设。要通过各种手段,努力培养教师的职业认同感和职业荣誉感,帮助他们树立崇高的目标,培养他们忠诚于人民的教育事业的精神;要引导他们能够全心全意对学生进行关心、爱护、帮助学生的全面发展;要通过规章制度,加强对他们的约束和制约,使他们能够以身作则,为人师表,成为学生的楷模。同时,还要营造良好的校园文化氛围,并强调把师德作为校园文化的重要组成部分,使教师都能够自觉约束自己,形成良好的规范。

（二）要通过公平、合理的薪酬机制,充分调动高校教师的积极性和主动性,使教师安心工作

改革开放以来,党和政府在改善教师的物质生活待遇、提升教师地位等方面进行了不懈的努力,使教师的社会地位和生活水平不断提高,但是这些与教师对社会的贡献相比还是有所差距。高校在进行人力资源管理时,尤其要注意收入分配问题。在市场经济条件下,如果分配不能实现"多劳多得,少劳少得,不劳不得",就容易挫伤教师的积极性。因此,高校要按照教师的工作强度、能力、学历、职称,适当拉开收入差距,把教师的工资、奖金、住房、福利待遇等方面与他们对高校的贡献结合起来,打破"大锅饭",以更好地激发教师工作的积极性,使他们能够爱岗敬业,积极投身于教育事业。

（三）优化人力资源配置,加强对高校人力资源的开发、利用和培训,建立能上能下、科学合理的用人机制,完善对高校教师人力资源管理和使用

根据教师人力资源管理的定义,可以把高校人力资源管理与使用分为规划、录用调配、培训等环节。所谓规划,就是要根据高校发展的需要,对高校人力资源的层次、规模进行科学合理的规划,然后合理引进,这是避免人才引进耗资过大的一个有效途径,也是市场经济的客观要求,更能够有效地克服盲目引进高学历、高职称的倾向。规划完成,就要面向人才

市场,录用合适的人才,充实人力资源队伍。引进后的调配是非常关键的一个环节,要根据人力资源的实际情况,为人力资源安排合适的岗位,使人力资源能够发挥专业特长,更好地胜任本职工作。在用人的时候,应该注意建立一种能上能下的用人机制,真正把那些有能力、有水平的人提拔到领导岗位上去,形成一种宽松、公平的用人环境,这是保证高校充满活力和生机的源泉。同时,还要注意对人力资源的培训,一方面要积极进行校内培训,通过座谈会、交流会沟通思想,交流经验,这样不但可以提高教研人员工作水平,而且能够使之增进彼此之间的了解和信任,也可以请一些名师到学校作报告或讲座,开阔高校教师人力资源的视野;另一方面,要积极管理教师利用业余时间进行"充电",出资让他们参加各种培训班,或者攻读研究生,提高学历层次和水平。如果有些教师想离开单位,要晓之以理、动之以情,尽力挽留。实在留不住的,也要客客气气地送走,不人为设置制度障碍,并且及时招聘新的人才充实队伍。这样,通过建立一种良好的人力资源管理机制,优化人力资源配置,才能实现市场效益,用最小的成本得到最大的收益。

建立一支高素质的人力资源管理队伍,对于高校人力资源能力建设尤为重要。市场经济条件下的高校人力资源管理队伍,必须能够把握市场经济的规律,清楚地掌握人们的心理和需求状态,并且能够根据人们的需求制定科学合理、行之有效的措施,这就要求高校舍得投入,通过各种手段努力提升人力资源管理队伍的能力,使他们能够胜任市场经济条件下的高校人力资源管理。

在市场经济条件下,高校的办学自主权越来越大,彼此之间的竞争也越来越大,高校必须对人力资源予以高度重视,采取措施引进、管理、使用好人才。只有如此,才能提升高校活力,使高校在激烈竞争中站稳脚跟,更快更好地发展。

第三节　中国高校人力资源能力考核管理制度设计

高校人力资源能力考核是教研及管理人员能力建设的重要组成部

分,也是加强能力建设的有效方法和手段。本章将在教研和管理人员能力建设系统分析的基础上,对教研和管理人员的能力考核方法进行研究。能力考核能够检验教研和管理人员能力建设的效果,有针对性地改进教研和管理人员的能力建设措施。本章所研究的教研和管理人员能力考核,相对于传统的教研和管理人员考核,它更偏重于对教研和管理人员的能力的评价,是对传统教研和管理人员考核方法的改进和提高。

是否能对高校教学科研人员进行合理科学评价,关系到高校教师队伍管理建设的加强、组织管理效率的提高。牛津大学校长卢卡斯认为,优秀的教师是世界一流大学应具备的四个基本条件之一,建设一支素质良好、结构优化、精干高效的师资队伍是实现高校发展目标的根本保证,也是学校学科建设、人才培养和科学研究等方面工作迅速发展的根本保证。师资队伍建设的好坏关系到一个学校的生存与发展,而如何对教师进行公正、合理的评价,又关系到教师的发展。

高校教学科研人员考核应该是在正确的教育价值的指导下,根据学校的教育目标和教师所承担的任务,按照规定的程序,运用科学的方法,广泛收集评价信息,对教师个体的工作质量进行判断,从而为教师改进工作,为学校领导加强和改进教师队伍管理和建设提供决策依据的过程。

一、高校人力资源能力考核的意义

在日益重视人员的能力建设的今天,高校人力资源能力的考核是教研和管理人员任用、调配和职务升降以及教研和管理人员培训和确定劳动报酬的依据,也是对教研和管理人员激励的手段。做好教研和管理人员的能力考核工作,有利于高校选拔任用教研和管理人员工作进一步规范化、制度化,提高其科学性、准确性;能够较充分地体现高校教研和管理人员选拔任用的公开、平等、竞争和择优的原则;能够客观公正地评价教研和管理人员履行岗位职责和工作实绩情况,更好地激发教研和管理人员的工作积极性;有利于提高教研和管理人员接受群众监督的自觉性;能够促进高校实行能本管理,重视教研和管理人员的能力发展,促进高校核心能力建设,推动高校的改革和发展。

在现代组织中,人们普遍有着经济衡量理念和管理活动的效益原则,注重投入和产出的关系。有着大量现代理论知识和实践经验的经营管理者,把人视为高于其他资源的最有价值的资产,认识到"人是资本,对人力资源的投入越大,回报就越高"。由此,经营管理者就把人力资源开发与管理放在重要的和经常性工作的位置上,愿意对人力资源投入、对人力资源开发与管理活动进行投入,以期取得较高的业绩回报。进一步来说,经营管理专家和管理学家认识到人力资源开发与管理的效益,还从多方面进行管理创新和理论创新,对人力资源进行开发和评估,以充分发挥人力资源的创造价值。

对组织的人力资源管理进行评估和分析,可以随时监测人力资源管理的绩效,及时发现问题,纠正错误,将人力资源引导到为实现组织目标服务上来。美国、日本等发达国家的最新研究表明,一个单位的组织环境、职员的士气、职工生活质量如何以及职工在工作中的满意程度,是影响生产率高低的主要因素。因此,管理者必须经常考虑和评估分析人力资源管理系统。美国一家大公司的总裁曾对此问题提出了如下看法:"我们确信,人力资源的有效管理对保持我们组织的盈利将是至关重要的,因为我们在增加生产和扩大规模时就难免变得似乎不尽如人意了。有效地利用人力资源能使我们发挥非常重要的竞争优势。因此,定期对我们作为一家组织在人力资源管理工作上做得如何进行评估是很重要的。同时,追踪一个组织阶段情况的变化,以便及时发现组织与职工中的冲突、困扰等问题亦是十分重要的。"

对人力资源能力建设进行评价既可以为组织发展战略提供决策信息,又可以使相关部门对组织人力资源管理的各个方面有个定量的了解。通过对组织人力资源建设能力的评估,还可以证明人力资源管理部门存在的价值以及人力资源管理对组织目标的显著贡献,因为以往人们对人力资源部门的作用并不看好,认为人力资源部门是可有可无的。通过对人力资源的评估就能够建立人力资源管理与组织绩效之间的关系,从而为人力资本投资提供依据。另外,通过从员工和直线主管那里获得对人力资源管理效果的反馈,可以判断何时增加或减少人力资源管理活动来提高人力资源管理的作用。通过对人力资源建设能力进行评价,还可以帮助人力资源部在实现组织的共同目标时改进职能和角色,摆脱传统的人事管理事务,专心于为组织战略服务。

二、高校人力资源能力建设考核的原则

为了增强高校人力资源能力建设考核的有效性,在人力资源能力建设考核中应该遵循以下原则:

(一)考核透明的原则

群众参与和监督,增强考评的透明度。教研和管理人员的德才素质和能力水平群众最了解、最有发言权,因此教研和管理人员能力考核工作要认真走群众路线,让群众对教研和管理人员进行民主评议,更好地对教研和管理人员的德才素质和工作业绩作出客观、准确地评价,这样的考核结果也才能得到群众的认可。此外,考评结果也要向教研和管理人员本人公开。通过考评结果的反馈,使教研和管理人员了解到领导和群众对自己的评价,以便正确认识自己,发扬长处,克服不足,更快、更好地提高自己的能力水平。

(二)客观公正的原则

教研和管理人员能力考核要做到客观公正,应根据考评的标准和要求,实事求是地对被考核的教研和管理人员作出评价。因此,教研和管理人员能力考核工作应做到一切从实际出发,广泛调查,深入了解。对教研和管理人员的能力评价分析应采取辨证、历史的态度。既要分析教研和管理人员自身的主观条件,又要分析教研和管理人员所处的客观环境;既要看到现实能力的表现,又要看到教研和管理人员发展的潜力。

(三)注重实绩的原则

教研和管理人员的工作实绩是教研和管理人员能力的具体体现。因此,在教研和管理人员能力考核时,要注重其实绩,通过教研和管理人员在本职工作中做出的实际业绩,来评价教研和管理人员能力的高低。注重实绩,既是党和国家一贯的要求和做法,也是新形势下教研和管理人员工作必须坚持的基本原则,有利于全面、准确地了解教研和管理人员能力

素质现状,减少考核者的主观随意性。

(四)考核与培养教育相结合原则

考核与培养教育相结合,既包括教研和管理人员能力考核过程中的教育和培养,也包括考核后所进行的有计划培养和提高。每个教研和管理人员的能力有高有低,通过考核,组织上能够比较准确地掌握和了解教研和管理人员的能力状况,可以更好地有针对性地进行培养和教育,进一步提高教研和管理人员的能力水平。

(五)考评人员具代表性原则

考评人员的选择直接关系到考评工作的成败,考核人员应该具有广泛的代表性。一般来说,同时对考评人员有以下几个方面的要求:应当公正客观,不具偏见;了解被考评者工作性质、工作内容、要求以及考评标准与学校及所在部门有关政策;熟悉被考评者本人的工作表现,尤其是经常与其工作接触。

(六)误差最小原则

在教研和管理人员能力考核中不可避免地会产生诸如首因效应误差、晕轮效应误差、近因效应误差、感情效应误差等多种误差。因为教研和管理人员能力考核的过程是一个多因素起作用的过程,任何一个方面出问题,都会影响到考评结果的准确性。因此,要重视教研和管理人员的能力考核工作,每一个步骤都要精心安排,尽量减少各种误差的产生因素。

三、高校教学科研人员考核现状分析

对任何组织而言,拥有素质优秀、结构合理、运作和谐的人力资源队伍都是其获取核心竞争能力、在激烈的竞争中处于不败之地的至关重要的因素。人力资源绩效考核在整个人力资源管理活动中处于承上启下的地位,是一个组织人力资源管理的核心内容。高校教学科研人员是一个比较特殊的群体,近年来,随着高等教育改革和发展,国内外高校在教师绩效评价方面都作出了一定的研究,取得了一定的成果,其中有许多东西值得我们借鉴。对教学科研人员的考核现状进行分析,有助于我们认识

现状、发现问题和取得进步。

（一）高校教学科研人员的特点

高校内人员主要由如下几类组成：教师、教学管理人员（行政人员、党务人员、学生管理人员）、后勤服务人员。教师是一个特殊的群体，他们无论在工作性质上还是在人格特征上都与其他社会组织成员有所区别。"大学教师既是教育者，又是研究者，有着双重角色"，教学科研岗位教师是学校教师队伍的主体，承担教学和科研双重任务。

1. 高校教学科研人员自身特点

教学科研人员是高校教师的主体，他以其教学育人活动和科研创新活动所产生的重大社会价值为外显。高校教学科研人员除具有一般人力资源的特性以外，又具有其特殊性。

（1）人力资本的丰富性

"人力资本"这一概念是由舒尔茨提出的，他认为人力资本是决定一个国家或地区经济增长以及贫富差距的决定因素。人力资本是指通过人力投资而形成的以人高智能和高技能为基本存在形态的资本，表现为人的能力和素质。大学的功能是为社会培养和输送高素质的人才，离开高素质的教师队伍，大学的这一功能便很难实现。与其他组织的成员相比，高校教师的知识层次和技能水平处于较高水平，因此高校人力资源中所蕴涵的人力资本也要比其他组织丰富。

（2）较强的成就需求

高校教师的文化层次较高，高层次的精神需求占主要地位，他们的劳动价值和成果要求得到社会的广泛承认。此外，高校教师具有很强的创造成就的需求和动机，这便促使他们不断进取，勇于探索，提高教学质量和科研水平。

（3）劳动过程的特殊性

大学的学术劳动，由于其工作特点，很难像机关或企业严格按照8小时进行，或按指令计划来进行管理。而且高校教师本身有很强的独立性和自我表现意识，过分程式化的管理对于其才能的发挥会起到阻碍作用。此外，高校教师的劳动对象、劳动产品都是人，劳动过程是人和人之间相互作用的过程,是一种极其细致的精神生产,无法用时间长短来衡量其效用。与其他劳动过程相比,教师的劳动过程具有特殊性。

(4)劳动价值实现的长周期性

在教学工作和科研工作中,高校教师的学术思想受教育者的观点、品德、意识和价值取向等的影响,开发人体潜在的资源,转化为人的发展价值,必须经历思想的吸收和潜移默化,这是一个长期的过程;科研工作从研究方向的确定,到开展理论与应用研究,取得成果,将成果运用于实践,并最终转化成经济价值,也是一个长期的过程。

2. 高校教学科研工作的特点

(1)教学工作的特点

①教学质量是办学水平的主要标志,教学质量的高低最终是要体现在学生对知识的掌握和运用于实践的能力上。

②教学工作的劳动价值主要体现在知识的传授上。

③教学工作有一定的时数,有比较严格的时间空间限制,可以定量衡量。

④教学既是一门科学,也是一门艺术,因此对教学水平的评估难度较大。

(2)科研工作的特点

我国高等教育法规定,教育、科研和为社会服务是高等教育的三大职能。其中,科研职能的发挥,直接影响着培养人才和为社会服务的质量。衡量高校的办学条件与学术地位,往往以其科研实绩为重要条件。高校科研工作具有如下特点:

①业绩成果具有明显的滞后性

由于科研成果属知识性产品,是复杂智力劳动的结晶,具有周期长等特点,高校教师在科研方面所取得的业绩成果的价值不能立刻显现,往往需要较长的一段时间。其当年绩效中有相当部分属于以前长期积累的工作业绩。

②科研投入产出关系的复杂性

首先,不同类型的科研活动有不同的规律,科研活动和过程的周期差别很大,其人力资本的投入、产出没有统一的公式可供采用;其次,不同研究项目的周期差别很大,周期半年、一年甚至更长时间,这种投入产出的时滞增加了考核的难度。

③科研业绩创造性的价值具有不可比拟性

一位教师可能在较长的时间内潜心研究一个课题,多年不出成果,但一旦出了一项成果,也许是原创性的、高水平的;而有的教师也许一年能发表很多文章、研究很多课题,但大多是应用类的甚至是某项研究成果的翻版、拷贝。如果仅仅从量化的角度,就很难进行比拟。

(二)高校教学科研人员绩效考核现状分析

1. 国外高校教师绩效考核现状

(1)美国大学

在美国,教师考核工作的发展大概经历了三个阶段。从20世纪20年代开始为第一阶段,当时进步主义教育运动占主导地位,因此,评价的重点在于教师的教学方法是否与一些权威的理论方法相一致;第二个阶段从50年代开始,它着重判断教师是否具有从事优秀教学活动所要求的个性特征;第三个阶段是60年代及以后,评价的重点转向了教师的一般教学行为。

美国研究型大学对教师工作的鉴定每年进行一次,主要从科研、教学、服务三方面进行评定。①科研鉴定。科研鉴定主要以教师发表的论文、出版的著作、申请到的科研经费为依据;②教学鉴定。教学鉴定主要以教师授课的门数、学时数、学生评语、对教学的贡献为依据;③服务评价。服务评价的标准是参加校内各级委员会的数量、贡献、在校外各团体中的贡献。所有教授的提升、晋级、加薪都与评议和频繁的鉴定相联系。

美国大学在评价指标上比较丰富具体,这些指标的区分度较高,具有较强的可行性。如美国教育测验服务中心的"学生教学评估报告表"中将评价等级分为:最好、比大部分人好、一般、比大部分人差、最差五个等级。教师考核程序在聘用和晋升时进行,实行"非升即走"的原则,规定讲师聘任合同期为1年,助理教授为3年,还可续聘3年,到期后,如果没有通过专门委员会对其教学效果、科研能力、论文及著作水平以及咨询或服务质量等方面的考察,就被解聘。

(2)加拿大大学

考核与教师聘用晋级相联系。学校一般设置三个级别的岗位:助理教授、副教授、教授。教师聘用的条件,包括晋级的标准,主要是根据教学、科研实绩和社会的贡献大小三个方面决定。

考核与教师职称评定相联系。一般根据教师一定任职期内在校内外的教学(由学生打分评价)、科研(主要是学术论文的数量与质量)和社会服务成绩来确定。教师职称的晋升工作定期进行。在教师职称得到晋升后,同样要根据教学、科研和社会服务这三方面的标准衡量,才能得到无限期保留自己职位的契约性权利。

(3)日本大学

日本大学中实施的是"任期制"。较早推行任期制的大学多为理工、医药等应用性较强的专科性大学。如北陆先端科学技术大学的任期制,适用对象是施行日之后新任用的教师,实施"老人老办法,新人新办法"。岐阜药科大学的个人考核指标包括教学、科研、管理运营、社会贡献四个方面,特别在科研方面,对发表的论文杂志的影响程度要量化。

2. 国内高校教师绩效考核现状

现行教师人事管理体制是计划经济的产物,其弊端日渐显露,教员队伍只能进不能出,只能上不能走,没有淘汰;职务晋升以内部提升为主,缺乏外部竞争压力;过多地考虑了资历的因素等等。在这种体制下,高校教师绩效考核并不能达到所预期的目标。但在目前,随着高校人事制度改革的开展,高校在改革教师聘用制度的同时,也加强了对教师的考核。一些重点高校不断出台教师考核办法和方案,本文从国内各高校的考核办法和方案中选取了一些有代表性的例子,如下所述:

(1)北京大学在考核上对教师实施分类管理,将教师分为教学科研岗和专任教学岗两类,后者占教师总数的70%。这个方案的最基本之处就是引进了市场机制,通过考核淘汰不合适的教师。

(2)中山大学每三年为一个考核期,根据《教师职务聘任合同》规定的权利和责任条款对每位教师进行考核。各院系制定本院系的教师职务基本责任标准(包括工作量规定等)。

(3)湖南大学教师考核实行年度考核和三年合同期满后考核的制度,并在2003年暑期召开的"十五"中期发展建设研讨会上达成了简化手续、注意差异、实行分类考核和管理的共识。

(4)东北师范大学考核方案。其教师教学工作考核标准中,包括教学工作量与开课门数、教学质量与效果、教学改革与建设三个一级指标,下设七个二级指标,对各指标赋予相应的分值,并对各指标所获得的成果另加附加分数。教师科研工作的考核由学校制定相关指标体系,各院系制定本单位的考核合格的基本标准并由学校统一颁布,分年度考核和聘期考核。考核指标包括科研业绩分值和学术影响分值两个部分。

(5)暨南大学。在参考国内多所院校考核制度并受到国外高校管理的启发后,制定出一套量化考核体系,这套指标由教学工作、科研工作、加分三个一级指标构成,并有德、能、勤、绩四项定性考核指标,与业绩量化考核分乘积为实得分,并将考核成绩与校内工资分配进行挂钩。

总体来看,高校所实行的教师考核制度具有如下特点:

(1)普遍采用业绩量化评估体系。在探索和实践教师业绩考核过程中,很多高校都采用了一个较为典型的考核方法:业绩量化评分方式。即将教师应该完成的每项工作,包括教学、指导研究生、科研、论文论著甚至获得的表彰奖励和承担的社会工作等,都折合成一定的分值,称之为"考评指标体系"。教师个人的业绩考核就是将一段时间(通常是一年)以来的工作,按照"考评指标体系"的规定,打出完成的分值。

(2)考核结果与教师切身利益相挂钩。为了充分调动广大教师和科研人员从事科研工作的积极性,很多高校相继出台激励措施,将教师的科研业绩与其职称评定、岗位聘任、工资分配等直接挂钩。这样不但激发了科研人员的工作积极性和主动性,而且有利于形成奖勤罚懒的良好风气。

四、高校教学科研人员绩效考核中存在的问题

绩效考核处于组织人力资源管理的核心地位,公平合理的绩效考核对于提高教学科研人员的积极性有着非常重要的意义。尽管绩效考核已在高校实施了很长时间,但至今没有一个成熟的经验可供推广,是因为其中尚有不少问题有待解决。

(一)考核制度存在的问题

高校由于其自身的特殊性,人力资源管理体系还不完善,大多数学校在考核过程中存在只重过程不重结果的现象,造成只重量不重质、对于教师的日常工作的质量关注不够。而且,对教师素质的考察也没有提到日程上来。考核的结果只与工作量的确定和工资发放的多少相挂钩,考核制度发挥不出预期的激励作用,与奖励、晋升等联系不大。虽然对教学科研人员的考核建立起规范的流程以及制度标准,但在中国长期重视人情的环境下,大家在打分时往往一团和气,造成考核分数拉不开档次,考核不能落到实处。

教师的绩效考评是高校人力资源管理的一项十分重要的工作,它涉及对教师工作行为的评价并对教师工作行为有着重要的影响。科学的绩效考评不仅有利于管理者根据按劳分配原则合理地确定教师的劳动报酬,同时也是教师职务升迁、聘任和做好工作安排应当认真考虑的一个重要依据,对教师的成长及教师工作的积极性也会产生极为重要的激励作用。因此,如何对教师的绩效进行科学的考评,是当前高校人力资源管理的一项重要研究课题。

1997 年由原国家教委组织开展的全国性普通高校教师队伍建设专题调研显示,在 42505 位接受调查的高校教师中,只有 9571 人认为所在学校教师考核工作的作用与效果"较好",不到被调查总人数的 23% ,这说明我国高校的教师绩效考评确有许多令人不太满意的问题,需要我们认真加以研究。

一般认为,我国具有现代意义的高校教师绩效考评工作是从 20 世纪 80 年代中期开始的。经过数年的发展,到 1990 年,我国已有将近 500 所高校不同程度地开展了校内以课程评估和教师教学质量评价为重点的教学评估,高校教师的绩效考评开始步入规范化的轨道。经过二十多年的经验积累,人们对高校教师的绩效考评已经有了比较深刻的认识。然而,从实际情况来看,当前我国高校教师的绩效考评工作还存在着一些十分

值得注意的问题,主要表现如下:

1. 对教师绩效考评缺少应有的人文关怀

长期以来,我国高校实行的是传统的人事管理,这种管理的特点之一,就是把教师绩效考评的作用和意义简单地定位为目标管理的一种手段,是对教师进行奖惩的依据,因此也被称之为"奖惩性评价"。达到目标要求者予以奖励,达不到目标要求者则予以一定的惩罚。毋庸置疑,实行"奖惩性评价"的初衷也是为了鼓励教师努力工作,以更好地完成学校交给的任务。然而,在具体的实际操作中人们却发现,这种"奖惩性评价"往往不能起到人们所预期的作用。有的学者对此也有同感,认为这是一种由上至下的管理,往往只能引起少数人的共鸣。这种评价制度只会对少数不称职教师或少数优秀教师产生影响,绝大部分教师对这种评价是反感的,一旦通过,就不会感到压力,也就不会更努力了。换句话说,奖惩性教师评价只能使称职教师达标,而达不到激励他们达到优秀的作用。

透过现象看本质,其实"奖惩性评价"之所以不能很好地起到激励教师努力工作的作用,并不是因为大多数教师不喜欢奖励或惩罚,也不是因为大多数教师都是"X"理论中所说的"经济人",没有金钱诱惑或外来压力就不努力工作。行为心理学的研究早就表明,良好的人际关系是提高人们工作积极性的一个重要因素。现代人力资源管理科学也认为,只有员工个人的更好发展,才有组织的更好发展。因此,对人的关怀无疑是实现组织目标的一个重要前提。"奖惩性评价"的一个最大不足,就是对被考评者缺乏应有的人文关怀,这实际上也是现代人力资源管理与传统人事管理在职工绩效考评中的一个最大区别。现代人力资源管理把人的发展也看成组织发展的一个重要目标,而传统的人事管理只关心组织目标的实现,认为人的发展不过是实现组织目标的一个手段。因此在绩效考评中不是设身处地地为职工着想,不是把帮助职工获得职业发展作为考评的一个重要任务,而是通过考评来对职工施加压力,以为有了压力职工就会努力工作。这种对职工缺乏尊重和关怀的做法,实际上很容易在无形中恶化工作环境和人际关系,所以也往往容易引起人们的反感。高校教师每年的年终考核就是一个典型的例子,各高校虽然在做法上略有不同,但一般都硬性规定了可被考核为"优秀"的人数;而某一部门所有人即使都表现不好,实际上也会有人被考核为"优秀"。这种把人异化为物的管理方式,不仅使得年轻教师在其成长过程中很难得到承认和应有的嘉奖,同时也很容易使人的心态发生畸变,人际关系难以改善。

2. 绩效考评重形式而不重实质

当前我国高校教师绩效考评只看一些量化指标的完成情况,却不注意这些量化指标的可信度,它的实际意义以及它所产生的作用。例如,许多高校都明确规定,在职教师每年都必须完成一定数量的科研任务,其考核的标准则是教师每年发表的科研成果的数量。但在实际考核的过程当中,一种普遍的现象就是只看文章发表的数量而不看文章的质量,也不管文章到底是不是真的由本人所写。这种考核的一个直接后果,就是使得一部分教师学会了投机取巧和弄虚作假。这几年我国高校学术腐败的凸现,从某种意义上说,对教师绩效考评重形式而不重实质无疑是一个重要的原因。毫无疑问,科研成果是对高校教师绩效考评的一个重要方面,绩效考评使用量化指标也没有错,问题在于量化指标的使用也有一定的局限性,这就要求绩效考评必须充分考虑到这些量化指标的可信度,它的实际意义以及它所产生的作用。当然,这样做会增加绩效考评的难度,但是,难度再大也不能只讲形式而不讲实质。绩效考评流于形式,不仅会使考评的本身失去其原有的促进教师发展的意义,而且还会给一部分人提供弄虚作假、投机取巧的机会,为职业腐败留下了滋生的土壤,这对学校的发展显然是极为不利的。

3. 绩效考评的随意性过大,科学性不够强

当前我国高校教师绩效考评存在的第三个问题是随意性过大,科学性不够强。这主要表现在绩效考评的许多标准太容易受人们主观因素的影响,一些考评标准的设置也值得商榷。例如教师的课堂教学质量考评,同样采用学校制定出来的同一个考评标准,同一个教师在不同的班级上同一门课,在一个班被评为优秀,而在另一个班却被评为仅仅及格而已。这种现象虽非普遍,但也并不少见。尽管我们并不能排除这里可能有教

师方面的原因,但是,仅凭一些人的主观感觉便对教师的工作进行定性评价以致出现这么大的反差,其结果的科学性显然是值得怀疑的。从实际情况来看,太容易受主观因素的影响,无疑也是当前普遍反映出来的高校教师对绩效考评不满的一个重要方面。在绩效考评标准的设置方面也同样存在一些值得人们注意的问题。例如,当前高校教师绩效考评的教学质量评价指标多为教师的教学行为特征,这些考评标准虽然可以在一定程度上用来衡量教师的教学行为是否达到一定的要求,但是,由于缺乏某些反映学生原有状况及进步情况的指标,人们也普遍认为这种绩效考评并没能很好地反映出一名教师的实际工作成效。此外,在各高校都提倡素质教育、强调大学生创新意识和能力培养的今天,有关素质教育成效以及大学生创新意识和能力培养成效的科学评价指标基本上还没有形成并进入高校教师绩效考评标准的体系,这也是高校教师绩效考评标准设置的一个严重缺陷。

(二)现行的教师量化考核制度的特点与存在的问题

1. 现行教师考核制度以量化考核为特点

实行校内岗位津贴制度之前,高校教师考核的模式几乎都是个人述职、单位定级的模式,方式上主要以定性考核为依据。近年来,随着高等学校岗位津贴制度的实行,教师考核评价中量化的趋势越来越明显。在考虑教师对学校的贡献时,应该对数量和质量指标综合考虑。然而,数量指标可以被客观度量和验证,而质量指标的度量只能是主观的,其验证几乎是不可能的,学校对教师的业绩考核因此以量化为主。各高校普遍采用论文(著作)数量、科研项目数量和经费额度、上课学时数、带研究生的人数等作为衡量业绩的标准。许多学校把以上业绩折算成分数,把量化考核作为津贴分配的主要依据。职称评审、岗位聘任也主要以论文(论著)篇(部)数、课时数、科研项目数等量化指标为标准。量化评价用数学描述评价对象,其标准是明确的,使用量化指标可以减少人为干扰的因素,体现客观、公正的原则,因此比较节约制度操作费用,也就是"交易费用"。1999 年以来,以量化考核为基础的岗位津贴制度逐步推行,取得了明显的效果。高校教师的工作热情得到了鼓舞,上课积极性提高,发表论文数量翻倍增长。

2. 量化考核制度的存在问题

量化考核制度在取得明显效果的同时,也显露出一些负面作用和不容忽视的影响。据 2005 年 10 月 3 日 SCI 的统计,尽管中国在 2000—2004 年间发表论文总数为世界第 14 位,引用总数为第 8 位,但平均每篇论文仅被引用 3.35 次,在 146 个国家中排名第 123 位。从有关资料看,我国发表论文的质量与世界水平仍有相当大的差距。现行考核制度过分注重数量,导致教师工作上的重量轻质。高校教师的工作涉及多方面的工作内容,有教学任务、科研任务、管理和社会服务等,其中每一项任务又涉及数量和质量两个纬度。教师对学校的贡献不仅取决于教学课时数、发表论文的篇数、主持科研课题的数量、经费额度等数量指标、课堂教学质量、论文的学术价值、科研课题的学术和社会影响等质量指标,这些同样对高校至关重要。

由于教师的时间和精力是有限的,因此对不同工作任务和不同工作纬度之间的努力分配必然是替代的、互相冲突的。如果教师过于注重工作的数量,必然会牺牲工作的质量。高校教师的主要任务在于传授和创造知识,他们需要有足够的时间去跟踪理论前沿,去深入实践调研,去探索未知世界。科学发现的进程往往是难以预测的,高水平的教学成果和学术成果需要时间的积累,过于强调量化考核指标,往往引导教师为论文和著作的篇幅和课时的积累而疲于奔命,这对高校宝贵的人力资本和有限财力而言,是无谓的占用和耗费。对数量的过度激励,导致了高质量的学术成果得不到应有的承认和回报,诱使教师把过多的精力集中在完成工作量指标上,而很少人能超脱地在"创造性"上下工夫,而原创性才是学术研究的生命。量化评估可能导致教师追求获得最大的计量得分,由此为业绩奖金、职称晋升和名誉创造条件,而不去努力实现培养人才、创新知识的目标,诱使教师回避重大艰难的研究,追求短期行为。由此导致工作质量的牺牲,这实际上违背了学校对教师进行业绩考核的初衷。目前高校业绩考核体系的弊端,就在于未能克服多任务的替代性,从而弱化了考核对教师的激励作用。

五、高校教学科研人员绩效考核制度设计

高校教学科研人员考核应是在对高校教师的教学活动和科研活动进行描述的基础上,进一步对其作出价值评判的技术活动。《中国教育改革和发展纲要》明确指出:"建设一支具有良好政治业务素质、结构合理、相对稳定的教师队伍,是教育改革和发展的根本大计。"为了使高校教学科研人员能够适应社会环境发展的变化,改变高校目前的绩效管理状况,调动教学科研人员进行科研教学活动的积极性,设计公平、合理、科学、有效的绩效考核体系是非常必要的。

(一)高校教学科研人员绩效考核制度设计思路

在对多所大学进行广泛调研以及多方采取专家意见的基础上,笔者确立了建立高校教学科研人员绩效考核体系的基本思路:即以360度绩效考核法为导向,定性考核和定量考核相结合的研究方式,以能力素质考核、过程考核、结果考核为阶段的分阶段考核模式。

能力考核,是对教学科研人员自身素质的评价,看其是否符合岗位的要求;过程考核,是对教学科研人员在教学上和科研上的工作过程进行考评,如课堂教学效果、科研项目阶段完成情况等;结果考核,是对教学科研工作的成果进行量化考核,如授课时数、发表论文数、科研项目数等。

1. 以360度绩效考核法为导向

360度考核法也叫立体考核法、全方位考核法,它是指被考核的人,不仅包括上级,还包括同行、下级、自身。这样,不仅可以获得被考核者多层次的信息,还能获得多角度的反馈,还可以从反馈中清楚地知道自己的长处和不足。为了使收集到的评价信息更为全面,360度考核法是一个比较有效的手段,例如对教师课堂教学效果的评价,就需要上级(教研室主任、系主任、教务处相关人员)、同行、学生对其进行考评,获得不同人员的全方位反映。

2. 定性考核和定量考核相结合的研究方式

从绩效考核的方式来看,可分为定性考核与定量考核。定性考核是运用综合分析的形式,对被考核人员进行概括性的描述;定量考核是运用

数据形式,对被考核人员的各项考核因素进行量化,获取考核结果。比较而言,定性考核通过观察、分析、评议等方式,更注重从"质"的概念上反映考核的结果,对被评估者的素质作出评价,是一个从"现象"到"本质"的过程,其评价往往是反映品德、素质、能力、作风等方面内容,这些内容难以用明确的"量"来评价,具有明显的"柔"性特征。定量考核的前提是所考核的内容能够较为直观地反映到数量上来,体现了"刚"性特征,以数据反映结果。

在高校教学科研人员绩效考核中,其能力考核、过程考核中虽然有定量的成分,但对能力素质、授课质量等的评价往往都是"性质"的概念。但工作业绩却是直接的"数量"概念,如讲授的课程、承担的科研任务、发表的论文、出版的论著或教材、获得的奖励,甚至担任的学术兼职等都可以用数字来反映。因此,采取定性考核与定量考核相结合的方式,比较符合考核及其工作业绩的特点。

高校对教师量化考核聘任的基本出发点应该是:首先,规定每个教师必须完成的最低基本工作量,以此作为教师聘任上岗的基本依据;其次,对不同职称的教师规定不同的工作量标准和要求;最后,考核与聘任相挂钩,达不到要求或完不成任务的,实行低聘、缓聘或不聘。要建立健全一整套有关教师、科研、实验、图书档案、卫生、会计、工程技术、党政管理、工勤等各类人员的量化考核办法及实施细则,详细规定各类人员的考核内容和评分标准,形成有效的激励和制约机制。

(1)基本原则

①定性考核与定量考核相结合,以量化考核为主。考核项目中能够量化的,直接定量记分;对定性考核的项目尽量细化,确定等级和不同的分值,使定性考核具有量化结果。对专任教师而言,考核量化要有利于促进教学和科研效率增加。为了使教师的考核聘任更实际、更便于操作,还要考虑教师在参加学科建设、教师队伍建设、校院改革和开展技术创新、培养学生创新能力等实际工作中的不确定因素。

②平时考核与定期考核相结合,要突出重点不求全。平时考核记录资料的整理是定期考核的重要依据。而对专任教师而言,量化考核只是

作为教师上岗聘任的依据,没有必要把教师所有工作环节都包括进去。所以,在量化考核工作量内容时,应突出教学、培养人才、科研、论文等几个方面的主要内容,以保证学校主要工作的完成,从而形成一种良好的导向作用,带动整体工作质量和水平的提高。

③领导考核、专家评议、群众测评相结合。对周围的人和事,特别是对一个人的思想素质、日常表现等了解得最直接、最清楚的是群众。专家对同行的业务水平、工作能力、科研水准最具有发言权,而领导有权综合各方面的意见,掌握全面情况,决定最后的考核结果。只有将这三方面有机地结合起来,才能使最终的考核结果达到全面、公正、科学、合理的目的。

④活情况与死材料相结合。正确处理好考核中活情况与死材料的关系,是搞好考核工作的一个关键环节。只注重总结、论文等死材料,而不充分考虑工作业绩、工作表现等活情况,容易失去考核的客观准确性。考核工作要从实际出发,不能从本本出发,要增加绩效考核内容,要把实际工作表现作为考核标准中的一个重要方面,增加分值。

(2)主要做法

①建立健全考核领导小组,是把好考核工作质量关的前提。全校的考核工作是各级考核领导小组领导进行的。因此,把好质量关的关键就是建立健全各级考核领导小组。学校和各系列都必须建立具有权威性的学术水平高的公正合理的考核领导小组,必须成立以校长(或主管教学的校长)为组长的考核领导小组,成员由党委副书记、纪委书记、教务处长、人事处长组成为宜,办公室设在人事处。各系由系主任、党总支书记及在系里有一定影响和学术水平高的教师来组成考核领导小组。对人数较多的系列由校考核领导小组选定组长,成立各系列考核领导小组;人数较少的系列,可以合并起来成立一个考核领导小组。

②科学地制定各个系列的考核实施细则,是保证考核工作质量的决定因素。在参考兄弟院校制定的考核标准及实施细则的同时,根据有关文件精神,结合本单位的实际情况,研究制定出适合本单位的定性与定量相结合的以量化为主的考核办法及细则。

思想政治表现考核四个方面的分值为:优秀(25 分)、良好(20 分)、一般(10 分)、较差(5 分)。对专任教师而言,结合本校实际,用单位标准计算的方法,将教学、科研、论文、人才培养、编写教材等方面的工作量赋予一定的分值。如每讲一个课时、每获得一万元科研经费、每发表一篇论文等都确定一定的分值。对不同职称的教师要有不同的标准和要求。如:教授最低工作量为 100 分;副教授为 80 分;讲师为 60 分;助教为 50 分。但对每个教师应该完成多少教学工作量、多少科研工作量,不作具体规定。教师完成的教学、科研、论文等工作量可以互补。教学工作量少,拿科研工作量补;科研工作量少,拿教学工作量补。除此之外,还要在学科梯队建设、博士和硕士生的培养、每年发表论文等方面规定相应的硬性指标。对于达不到要求的实施高职低聘;对于成绩特别突出的教师实施低职高聘,打破教师职务终身制。科研人员,主要从课题经费、科研成果、论著情况等方面制定量化指标;实验技术人员,主要从实验室建设与管理、实验教学、科研等方面制定量化指标;党政管理人员主要从业务能力,包括政策水平、分析决策能力、组织管理能力、改革创新能力等方面制定量化指标。本职工作完成情况,应从工作数量、质量和效率等几方面制定量化指标。工勤人员主要从出勤情况、工作质量和业务贡献、服务态度等方面制定量化指标。图书资料、档案、工程技术、会计、卫生技术、农业技术,中小学、幼儿园教师等系列也都根据各自的特点分别制定量化考核办法细则。以上两项考核,按政治思想表现考核占 30%,业务考核占 70% 的权重,计算出最后得分。90 分以上为优秀,60—89 分为合格,60 分以下为不合格,并且严格规定:思想表现分达不到 60 分或其中一项为不合格者,最后考核结果定为不合格。

③不断收集、研究和处理新问题,是考核工作顺利进行的保障。实践证明:在每一轮的考核工作中都能发现新的问题以及影响考核结果的新因素。例如,同一个系列的不同部门之间也会产生较大的矛盾,对此,我们的做法是:同一个系列的不同部门之间,赋分标准统一,但赋分后结果不做统一规定,即要求不同部门分别单独按赋分高低顺序排队,不做横向比较,在此基础上,在分配指标时再作全面平衡。办公室人员要随时随地

听取各方面的意见并随时解决。同时要指派专人解释有关政策规定、赋分标准计算等疑难问题，以确保考核工作顺利进行。

④合理确定各系列优秀人员指标，是合理分配拟晋升指标的基础。我们的做法是：首先，按所有各系列的总人数计算出优秀人员的数字；其次，按所有参加考核的各系列人员数计算出优秀人员的数字，两个数字的差值就是空余的指标数。校考核领导小组要统一掌握机动指标，在综合平衡时合理使用。如果没有机动指标，全校各系列之间就无法平衡，拟晋升指标就无法合理分配。像图书、档案系列，在赋分时采取一分为二的办法，照常赋分排队，将图书、档案分开再排，必要时适当增加机动指标，使问题得到圆满解决。多年来的考核工作经验告诉我们，只有认真制定考核细则，严格掌握考核标准，宏观调控，考核与聘任切实挂钩，具体问题协商解决，抓住主系列、大系列，对很多细微问题具体分析、具体解决，才能使全员考核工作顺利进行，保质保量地完成考核工作。

3. 以能力素质考核、过程考核、结果考核为阶段

能力素质考核的目的是测量教学科研人员是否能够胜任其岗位，是否具有胜任岗位所需要的能力，其内容包括思想政治表现、业务能力、专业技术水平和效果等。过程考核包括教学过程考核和科研过程考核；教学过程考核主要是指以学生、专家组、系教学效果指导小组对授课效果进行评估，同时对教学中出现的事故加以评判的活动；科研过程考核是对科研工作的阶段性完成情况进行考核，以防科研工作出现落后、不能如期完成的情况；结果考核即业绩考核，是对教学科研工作的工作量和成果进行考核，全面反映每位教学科研人员上一年的工作业绩。

六、绩效考核结果的应用

（一）岗位聘任

《中华人民共和国教师法》规定，我国实行教师职务制度。由长期以来的职称评定制度转向教师职务聘任制度，这是我国高等教育走向国际化、逐步与国际接轨的一个重要举措。它的顺利实施与否，直接影响到高校人事制度配套改革乃至整个高教体制改革的进一步推进。

根据党和国家的政策,随着高校人事制度的改革,我国高校教师的聘任或聘用和考核出现了一些新情况。高校改革了教师聘任制度,为副高级职称以上的教师设立了永久职位。例如,清华大学自 1989 年开始试行教师职务聘任制,1994 年出台了教师"非升即走"和"非升即转"的政策,1999 年实行了有固定期限和无固定期限的聘任制度,初中级教师的聘用一般为固定期聘任,副高级以上人员经过 1—2 个聘期后实行无固定期聘任。

在具体实施中,教学科研岗位在聘期内如遇学校进行学科、机构调整、机构改革或出台其他重大改革措施,学校可以重新调整岗位设置,重新聘岗。聘期内达到学校规定退休年龄的,须按学校退休规定办理退休手续;上岗人员在聘期内不适应岗位工作或造成重大损失,严重影响工作者,单位或部门可以调整其岗位或终止聘任。

对于考核结果为基本合格或不合格的人员,各部门、各单位可根据不同情况予以调整工作岗位、低聘或待岗。对于考核不合格人员,原则上不再聘任原岗位,特殊情况在征得学校同意后,可以试用,但要在原岗级基础上下调一档。

(二)职位晋升

绩效考核与职位晋升相挂钩,可以说是激励原则的一个体现。激励包括正激励和负激励,这两种激励效果都可以通过不同的形式体现出来。对于在考核中结果合格或优秀的教学科研人员,可以酌情提升到合适的岗位上;对于在考核中被确定为合格以下等次的人员,取消当年申报专业技术职务资格或者根据不同情况予以解除职务、高职低聘,同时还取消当年度行政职务晋升资格等。

(三)考核奖励

党政机关和教辅单位和教学科研单位,可以自行确定各等次奖励标准,对于考核合格及以上等次人员,增发岗位津贴,对优秀者、基本合格人员分别规定不同等级数额,不合格者不发,从而体现差别。如对于考核不合格者,取消当年工资晋升资格。

(四)惩罚

可以是书面上的警告,如评估周期完毕,学校将差者和不合格者以教学文件形式公告,也可以是经济上的处罚,如适当扣除岗位津贴等。对于长期不合格者或长期评估为差者,取消教学资格,调离教学岗位。为了给差者以提高的机会,可以在第一次评估为差时,提出口头警告,第二次为差时,提出黄牌警告,第三次为差时,提出红牌警告。

（五）培训进修

将考核的结果与教学科研人员的培训相挂钩,也是一种激励方式。由于教师比较在意个人知识技能的提高和自我提升发展,他们有继续培训的动机和需要。因此,对于考核结果为优秀者,可以给予其优先参加国家和学校组织的培训进修的机会;对于考核结果为合格以下等级者,学校将取消其国内外进修资格。这样既可以起到激励作用,又能增强广大教学科研人员对培训和学习的重视。

第八章　中国高校人力资源能力
建设考核系统设计

　　高校人力资源能力考核是教研和管理人员能力建设的重要组成部分,也是加强能力建设的有效方法和手段。能力考核能够检验教研和管理人员能力建设的效果,有针对性地改进教研和管理人员的能力建设措施。本书所研究的教研和管理人员能力考核,相对于传统的教研和管理人员考核,它更偏重于对教研和管理人员的能力的评价,是对传统教研和管理人员考核方法的改进和提高。

第一节　中国高校人力资源能力建设考核
研究的意义与目的

　　我国许多高校和科研单位目前普遍存在教研队伍不稳、科技成果下滑、发展后劲不足、支撑力度不够等问题,这固然与现行科技体制不合理直接相关,与教研、管理人员的能力素质也有着密切的联系。

　　在日益重视人的能力建设的今天,高校人力资源能力的考核是教研和管理人员任用、调配和职务升降以及教研和管理人员培训和确定劳动报酬的依据,也是对教研和管理人员激励的手段。做好教研和管理人员的能力考核工作,有利于高校选拔任用教研和管理人员工作进一步规范化、制度化,提高其科学性、准确性;能够较充分地体现高校教研和管理人员选拔任用的公开、平等、竞争和择优的原则;能够客观公正地评价教研和管理人员履行岗位职责和工作实绩情况,更好地激发教研和管理人员的工作积极性;有利于提高教研和管理人员接受群众监督的自觉性;能够促进高校实行能本管理,重视教研和管理人员的能力发展,促进高校核心能力建设,推动高校的改革和发展。

第二节　中国高校人力资源能力建设考核的内容和方法研究

一、中国高校人力资源能力建设考核方法的理论依据

英国心理学家斯皮尔曼于 1904 年提出能力双因素理论。该理论认为:人的能力是由一般因素(G 因素)和特殊因素(S 因素)构成的。人们完成每项活动都需要这两种因素。G 因素代表一个人的一般能力,它是人们在各种基本活动中都表现出来的能力,是一切活动领域中都需要的,如观察力、记忆力、想象力等。S 因素代表一个人的特殊能力,指出现在某些专业和特殊职业领域活动中的能力。本书的研究不仅包括科技管理人员的一般能力(G 因素),而且还包括其胜任自己工作所需要的特殊能力(S 因素)。

另外,米切尔·谢帕克等人还提出了一个战略人力资源管理与组织绩效关系的概念模型。他们认为,组织绩效的提高是组织的环境、经营战略、人力资源管理实践和人力资源管理支持因素四个基本变量相互联系、相互作用的复杂系统行为的结果。人力资源管理不能单独面对组织的绩效产生作用,必须与其他三个变量相互配合并形成一定的关系模式。菲利斯提出了人力资源管理与组织绩效之间关系的"社会背景理论",这一理论将人力资源管理放在一个更加广泛的背景中,通过引入多因素(政治、文化、技术和组织结构等)调查中介联结和约束条件,建立了两者之间的动态关系模型。这些模型都定性地反映了人力资源能力与绩效之间的关系。

二、中国高校人力资源能力建设考核的定量实证分析

通过广泛调查研究、总结实践经验,用定量的方法进行适当的数据概

括,再综合分析,并进行反复论证,最后我们确定了高校人力资源能力素质的标准体系。该体系包括:

1.5 项基本素质:①原则性(A₁);②独立性(A₂);③敏感性(A₃);④掩饰性(A₄);⑤主动性(A₅)。

2.9 种能力倾向:①分析能力(B₁);②决策能力(B₂);③组织能力(B₃);④社交能力(B₄);⑤协调能力(B₅);⑥控制能力(B₆);⑦激励能力(B₇);⑧创新能力(B₈);⑨文化建设能力(B₉)。为了全面反映教研和管理人员的能力素质,我们借鉴了 LBQ、16PF、EPQ 和 CPI 四种国外著名的量表,设计出用来测评科技管理人员能力素质的问卷量表,该问卷共 150 题,比较全面地反映出科技管理人员能力素质标准体系中的 5 项基本素质和 9 种能力倾向。

为了科学地研究高校教研人员能力素质问题,共在南京大学、南京理工大学、江苏科技大学运用随机取样技术,取得有效样本 506 人(男 330 人,女 176 人),所有数据均用 spss10.0 软件进行数据处理,运用了因素分析、方差分析等方法进行测验分析,测验分析结果如下:

1. 信度分析

本例采用了重测信度分析。在正式调查进行一个月后,对随机选出的 56 个样本进行了再测,重测信度用两次测量间的相关系数 γ 来估计。(如表 8—1)

表 8—1　信度系数表

因素	A₁	A₂	A₃	A₄	A₅	B₁	B₂	B₃	B₄	B₅	B₆	B₇	B₈	B₉
γ	0.91	0.90	0.88	0.93	0.91	0.87	0.89	0.80	0.90	0.89	0.93	0.82	0.87	0.91

由上述结果可知,重测信度较高,说明各因素的编制是可靠的、合理的。

2. 效度分析

研究采用了结构效度分析,对各因素内的同质性和因素间的独立性做了检验。

各因素内的同质性检验采用内部一致性系数做指标检验,14 个因素的内部一致性系数都很高,说明各因素内部具有很高的同质性。(见表 8—2)

表 8—2　14 个因素的内部一致性系数表

因素	A_1	A_2	A_3	A_4	A_5	B_1	B_2	B_3	B_4	B_5	B_6	B_7	B_8	B_9
Kγ	0.97	0.94	0.78	0.68	0.86	0.87	0.83	0.89	0.76	0.87	0.96	0.76	0.84	0.86

因素间的独立性检验采用皮尔逊积差相关系数公式进行计算,各因素之间的相关系数一般都在 0.1—0.49 之间,说明相对独立。(见表 8—3)

表 8—3　14 个因素之间的相关矩阵

因素	A_1	A_2	A_3	A_4	A_5	B_1	B_2	B_3	B_4	B_5	B_6	B_7	B_8	B_9
A_1		0.4	0.07	0.16	0.06	0.07	0.18	0.09	0.17	0.37	0.19	0.07	0.14	0.18
A_2			0.08	0.20	0.01	0.21	0.31	0.10	0.19	0.02	0.07	0.25	0.04	0.16
A_3				0.03	0.06	0.16	0.28	0.19	0.01	0.21	0.14	0.16	0.02	0.11
A_4					0.42	0.21	0.04	0.16	0.22	0.01	0.12	0.03	0.14	0.34
A_5						−0.05	0.12	0.35	0.00	0.14	0.02	0.08	0.03	0.18
B_1							0.24	0.21	0.06	0.02	0.07	0.03	0.12	0.09
B_2								−0.12	0.09	0.10	0.20	0.07	0.16	0.21
B_3									0.03	0.08	0.16	0.12	0.02	0.01
B_4										0.01	0.00	0.47	0.22	0.18
B_5											0.06	0.25	0.06	−0.21
B_6												0.24	0.06	0.37
B_7													0.01	0.03
B_8														0.34
B_9														

3. 主成分分析

采用主成分分析法经方差极大正交旋转后,得出 5 个公共因子(见

表8—4）。因素分析的结果表明,14 个变量是有内部结构的,把它们归为五类,可解释如下:①因子Ⅰ:B_6—B_7在该因子上有较高的负荷,故命名为"领导技能";②因子Ⅱ:B_1—B_3在该因子上有较高的负荷,故命名为"概念技能";③因子Ⅲ:A_1—A_5在该因子上有较高的负荷,故命名为"思想素质";④因子Ⅳ:B_4—B_5在该因子上有较高的负荷,故命名为"人际技能";⑤因子Ⅴ:B_8—B_9该因子上有较高的负荷,故命名为"知识技能"。

表8—4 正交旋转后的因子负荷矩阵

变量	公 共 因 子				
	Ⅰ	Ⅱ	Ⅲ	Ⅳ	Ⅴ
A_1	0.0223	0.2465	0.5458	0.0376	0.1246
A_2	-0.0446	0.0053	0.7969	0.2086	0.1308
A_3	0.2028	0.0146	0.6584	0.1935	0.1337
A_4	0.1128	0.094	0.8625	0.2421	-0.0647
A_5	0.0554	0.1167	0.7242	0.1435	-0.1347
B_1	0.3224	0.6313	0.0731	0.2760	0.1954
B_2	0.2230	0.7708	0.0658	0.1647	0.2651
B_3	0.3132	0.5134	0.0126	0.0281	0.3306
B_4	0.1136	0.1038	-0.0146	0.6824	0.0761
B_5	0.1663	0.2133	-0.2463	0.7067	0.0622
B_6	0.6359	0.1250	0.0276	0.1140	0.0021
B_7	0.7640	0.0967	0.0124	0.027	0.1619
B_8	0.0835	-0.4060	0.2765	0.0148	0.7633
B_9	0.1326	0.0148	0.2882	0.1352	0.7061

4. 性别差异分析

对于男、女样本组各因素之间是否存在着显著性差异,我们进行了 t 检验,结果表明男、女样本组在多因素上差异性非常显著(见表8—5)。

表8—5　男、女样本组多因素差异性　（男 m＝330　女 m＝176）

变量	男		女		t
	x	s	x	s	
A_1	10.7209	2.8014	10.7892	3.0097	−0.2403☆
A_2	14.0233	3.2657	12.959	3.3553	3.2984☆☆☆
A_3	10.6651	3.3298	9.9093	3.1991	2.3682☆☆
A_4	15.8209	3.2626	15.4510	3.6872	1.0872☆
A_5	16.7767	3.5915	17.8750	3.3013	3.2574☆☆☆
B_1	5.3744	3.4102	5.7745	4.0163	1.0987☆
B_2	16.8163	3.4047	15.5490	3.5435	3.7312☆☆☆
B_3	10.6535	3.2146	10.2819	3.1810	1.1889☆
B_4	11.5465	3.0881	12.8848	3.0396	4.4687☆☆☆
B_5	15.0279	1.5407	13.7230	2.9786	4.8224☆☆☆
B_6	16.2930	3.7077	15.3137	4.2357	2.5171☆☆
B_7	13.8581	3.9954	13.3848	3.6758	1.2615☆
B_8	15.2535	3.7427	13.7426	3.9785	4.0020☆☆☆
B_9	16.8372	3.0049	6.2819	2.8597	1.9370☆☆☆

注:t值为☆,是0.05水平上的显著差异;t值为☆☆是0.01水平上的显著差异;t值为☆☆☆,是0.005水平上的显著差异。

　　该测评方法广泛运用了心理学、管理学、社会学及数理统计学的知识,将定性与定量评价有机地结合起来，从教研人员的潜在素质特点出发，对其内在心理素质和外显行为倾向综合测评，可以科学地预测其潜在的能力素质及发展趋势。通过信度检验和效度检验，可见各表的理论构思是正确的，且有较高的信度和结构效度，反映了该研究的总体设计是合理的、可行的，因此本研究具有一定的科学性、实用性、创造性等特点，但需要进一步完善，特别是变量的确定、常模的制定等方面。

　　对人力资源能力进行考核不单是对现有的人力资源状况进行衡量，另一方面也应该考虑人力资源的发展后劲,看其未来对组织发展的贡献。

另外,一个组织的人力资源能力建设水平有多种表现形式,也受多种因素的影响,不能简单地从常规的人力资源管理如招聘、培训等方面来衡量,还要考虑组织的文化、组织结构以及组织的经营绩效等方面。因此,在一个完善的考核体系中应包括组织文化、人际关系、人力资源管理能力、学习能力、创新能力以及经营业绩等多种要素。要想建立这样一个完整的系统还需进一步的努力探索。

第三节　中国高校人力资源能力建设考核系统的定量指标设置

考核标准是对教研和管理人员的各项考核要素进行定性描述、定量评价的准则,是考核人员确定考核等级的依据。但在高校人力资源的能力考核中,教研和管理人员的工作能力有的可以确定,有的不能确定,有的可以量化,有的则难以量化,存在着一定的模糊性。实践证明,建立以语言变量为基础的模糊集合化来处理教研和管理人员能力考核评价的问题是可以达到科学定量的目的的。高校人力资源能力的科学定量表示实际上就是描述教研和管理人员能力各个特征要素的模糊集合。这种以语言作为变量的形式,能充分发挥人脑对复杂事物思维加工的特点,使模糊现象的亦此亦彼性得到合理和有效的处理。尽管人们对模糊事物界限的认识不完全一致,评定时可能还掺杂有较大的主观性,但人们心目中的界限毕竟有着一定的分布规律,而且模糊事物本身也客观存在着相对标准,所以在作了模糊性的评定后仍能求出它们的内在关系。人力资源能力定量考核标准正是依据这一特点来制定的。

制定考核指标体系有两个关键的问题:一是确定考核要素,二是确定考核要素的重要程度,即权重。

一、确定考核要素

在确定教研和管理人员能力考核要素时,要遵循要素设计原则,针对高校人力资源的主要特点和工作性质,使尽量少的要素反映尽量多的、本质的信息,使教研和管理人员能力考核趋向高效率,低成本;将可比性的要素放在相邻的位置,便于考核人员比较;要素设计应简洁明确,易于理解、便于操作。按照上述原则,结合高校人力资源的工作职责和特点,并根据上述对教研和管理人员考核内容的分析,在向多位专家请教和讨论的基础上,用德尔菲法确定教研和管理人员能力考核指标体系。

二、确定考核绩点(权重)

依据中国高校的特点,权重设计思路突出人力资源能力建设的量化,首先确定人才基本数据评价绩点(权重)(见表8—6)

表8—6　人才基本数据评价绩点(权重)

类别	称号	绩点(权重)
两院院士	中国科学院院士、中国工程院院士	120000
学者工程	长江学者	80000
	省级学者或相当称号	12000
学术称号	国家级有突出贡献的中青年专家	20000
	国家百千万人才工程第一、二层次人选、新世纪百千万人才工程国家级人选	15000
	省专业技术拔尖人才、省级有突出贡献的中青年专家	6000
	国务院政府特贴获得者	4000
	省级学科带头人	1500
	市专业技术拔尖人才	500
重点学术带头人	国家级重点学科、实验室、工程技术研究中心负责人	10000
	省级重点学科、实验室、工程技术研究中心负责人	2000
	市级重点学科、实验室、工程技术研究中心负责人	1000
研究生导师	博士生导师	2000
	硕士生导师	1000
职称	正高级	1000
	副高级	500
	中级	100

类别	称号	绩点（权重）
学位	博士	500
	硕士	100
人才基本数据绩点		

权重设计思路以中国高校最高称号为目标，以高校教研人员最低学历、职称为基础，结合中国各级政府授予高校教研人员的学术称号、学者荣誉制定评价绩点。

其次，依据高校教研人员的科研业绩对教研人员考核，分别从科研项目、科研论文、科研著作及科研奖励等方面进行统计量度。

科研项目评价一般以五年为评价时限，类别分为国家级重大项目、国家级重点项目、国家级一般项目、省、部级重点项目、省部级一般项目、其他纵向项目、横向项目结合经费、本人位次、本单位位次、是否是主持人，以此来评估评价教研人员的科研业绩，通过分项评价、综合打分，得出该项目最后绩点。（见表8—7）

表8—7　科研业绩（人文社会科学）——科研项目绩点

序号	项目名称	立项日期	类别	经费（万元）	主持人姓名	本人位次	单位位次	绩点

科研论文评价一般以五年为评价时限，依据论文题目、发表杂志名、卷（期）号、发表杂志类别、发表杂志影响因子、论文的引用次数、论文的转载情况、本人位次、单位位次等，通过分项评价、综合打分，得出该项目最后绩点。（见表8—8）

表8—8　科研业绩（人文社会科学）——科研论文绩点

序号	论文题目/杂志名/卷（期）号	发表日期	类别	影响因子	引用次数	转载情况	本人位次	单位位次	论文作者位次	论文作者单位位次	绩点

科研著作评价一般以五年为评价时限,依据著作名称、著作类别、出版社类别、字数、本人位次、影响因子、著作内容的引用次数、著作内容的转载情况、单位位次等确定绩点。通过分项评价、综合打分,得出该项目最后绩点。(见表 8—9)

表 8—9　科研业绩(人文社会科学)——科研著作绩点

序号	著作名称出版社名称	出版日期	著作类别	出版社类别	字数(万字)	第一作者	本人位次	绩点

科研奖励评价一般以五年为评价时限,依据奖励名称、奖励级别、奖励等级、本人位次、单位位次等确定绩点。通过分项评价、综合打分,得出该项目最后绩点。(见表 8—10)

表 8—10　科研业绩(人文社会科学)——科研奖励绩点

序号	奖励名称	获奖日期	级别及奖等	第一获奖人	本人位次	单位位次	绩点

通过以上四点可以综合地评价高校教研人员的科研能力,客观地揭示高校教研人员的研究水平,有效地避免了人为考核因素中感情方面的缺陷。除此之外还应结合高校教研人员的教学业绩进行考核,在此,本书不再进行详述。

第九章　中国高校人力资源能力建设考核信息系统设计

教育信息化建设是一项系统工程,涉及学校教学及管理的各个环节,其中人力资源管理的信息化是重中之重,只有合理利用人力资源,充分发挥教职工的潜力,才能不断提高教育质量、提升办学层次。而对于教研和管理人员的能力考核不仅需要先进的方法,也需要先进的考核手段。随着网络技术的成熟与普及,利用高校现有网络环境构建高校的人力资源能力建设考核信息系统,提高人力资源管理水平,成为高校不断发展的必由之路。

第一节　中国高校人力资源能力考核信息系统的目标和功能要求

教研和管理人员的能力考核属于人力资源管理范畴,所以在此先讲述一下人力资源管理系统的发展历史。

人力资源管理系统的发展历史可以追溯到 20 世纪 60 年代末期。由于当时计算机技术已经进入实用阶段,同时大型企业用手工来计算和发放薪资既费时费力又非常容易出差错,为了解决这个矛盾,第一代的人力资源管理系统应运而生。当时由于技术条件和需求的限制,用户非常少,而且那种系统充其量也只不过是一种自动计算薪资的工具,既不包含非财务的信息,也不包含薪资的历史信息,几乎没有报表生成功能和薪资数据分析功能。但是,它的出现为人力资源的管理展示了美好的前景,即用计算机的高速度和自动化来替代手工的巨大工作量,用计算机的高准确性来避免手工的错误和误差,使大规模集中处理大型企业的薪资成为可能。

第二代的人力资源管理系统出现于20世纪70年代末。由于计算机技术的飞速发展,无论是计算机的普及性,还是计算机系统工具和数据库技术的发展,都为人力资源管理系统的阶段性发展提供了可能。第二代人力资源管理系统基本上解决了第一代系统的主要缺陷,对非财务的人力资源信息和薪资的历史信息都给予了考虑,其报表生成和薪资数据分析功能也都有了较大的改善。但这一代的系统主要是由计算机专业人员开发研制的,未能系统地考虑人力资源的需求和理念,而且其非财务的人力资源信息也不够系统和全面。

人力资源管理系统的革命性变革出现在20世纪90年代末。由于市场竞争的需要,如何吸引和留住人才,激发员工的创造性、工作责任感和工作热情已成为关系企业兴衰的重要因素,人才已经成为企业最重要的资产之一。"公正、公平、合理"的企业管理理念和企业管理水平的提高,使社会对人力资源管理系统有了更高的需求;同时由于个人电脑的普及,数据库技术、客户/服务器技术,特别是 Internet/Intranet 技术的发展,使得第三代人力资源管理系统的出现成为必然。

一、中国高校人力资源能力考核信息系统的目标

开发高校人力资源能力考核信息系统应以实际需要为出发点,以满意应用需求为核心,坚持技术为应用服务、为管理服务的思想,帮助用户实现人力资源能力基础数据信息化管理,同时优化、改进和规范人力资源能力考核管理的流程,降低管理成本与风险,提高人力资源日常操作管理工作的效率,使人力资源管理者把更多的时间、更多精力投入到人力资源成本分析、规划和决策等影响高校核心竞争力方面的工作上,支持共同实现高校的经营战略目标。

高校人力资源能力考核信息系统的开发应能协助用户达到以下基本目标:

（1）建立人力资源能力考核系统信息标准:通过本系统的建设,制定人力资源管理系统的标准,整合高校人力资源信息,建立高校内部员工信息数据库,对教研和管理人员全方位的信息实施高效、准确的管理;

（2）采用先进的人力资源管理理念,规划、收集、整理人力资源数据资源,并将其规范为统一的综合数据库,充分利用各种统计、查询等方法和工具,全方位、多层次地进行人力资源管理,通过分级、分块管理和维护,实现整个集团的信息互通共享;

（3）规范人力资源考核管理业务流程:建成人力资源业务管理平台,实现人力资源业务的程序化和规范化,优化流程并固化流程,定制实际有效的模型和方法,规范人力资源业务的管理工作;

（4）提供多种信息咨询,为人力资源管理的现代化、科学化、正规化服务,从而最大限度地发挥现有数据资源的作用;

（5）融合先进的管理理念:使高校人力资源管理向规范化、标准化、便捷化迈进。整合先进的人力资源管理思想,对现有人力资源业务流程结合最佳操作方案进行重组、再造,实现各模块信息的逻辑关联性;

（6）决策支持:一个优秀的人力资源管理系统不仅应具备处理各种人力资源业务能力,更重要的是应具备强大的辅助决策支持能力。即需要以其强大的信息处理功能,运用多种数理统计模型,通过计算和分析,提供各种形式的可视性信息和决策建议,为管理层的决策提供依据,从而提高高校决策质量与效率;逐步实现战略人力资源和人力资本管理;

（7）以统一的电子流程来保障人力资源能力考核管理工作的顺畅进行,实现数据集中管理;

（8）给不同用户赋予不同的查阅相关信息、获取综合分析报表的查询分析权限;

（9）建立严格的权限管理机制,单独设立数据库服务器,避免直接对数据库操作;

（10）采用 RAID 磁盘镜像或双机热备份系统以维护资料安全。即建立一个 Web 的高校人力资源能力考核管理平台,实现教研和管理人员能力考核有关信息的动态管理,提高高校教研和管理人员能力考核的质量和效率,为高校人力资源的能力建设提供辅助决策。

二、中国高校人力资源能力考核信息系统的功能要求

设计思想:以人力资源能力考核为核心,人事管理、招聘遴选、绩效管理、薪酬激励、工作分析、人力资源规划、培训管理、临时工管理等为基础形成高校的人力资源管理战略为高校整体战略提供决策信息。

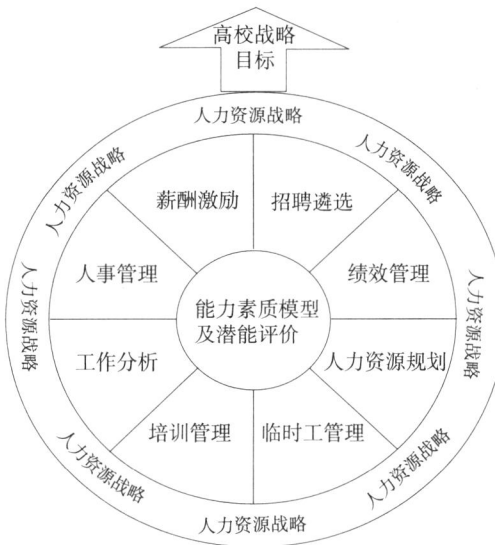

图9—1　设计思想

在详细调查的基础上,做出相应的组织结构图,它反映了组织内部和上下级关系。但是此图对于组织内部各部分之间的联系程度、主要业务职能和它们在业务过程中所承担的工作却不能显示出来。这将给后续的数据分析带来困难,为了弥补这方面的不足,通常增设组织/业务关系图来反映组织各部分在承担业务时的关系。

描绘出业务功能图,据此描绘业务流程图,进而根据详细调查的数据进行数据和数据流程分析,最后利用U/C矩阵进行功能分析。因为各高校实际情况不同,此处只是简单地给出通用的功能需求以及通用的数据流程图。

能力考核信息系统应满足教研和管理人员能力考核的要求,并具有以下功能特点:(1)系统能够实现通过网络对教研和管理人员进行能力考核的功能;(2)系统能够实现教研和管理人员管理部门的教研和管理人员日常管理工作,如各种查询、统计、教研和管理人员竞聘和教研和管理人员培训等工作;(3)实现对高校人力资源的动态考核;(4)应具有辅助决策功能;(5)应具有网络分级共享功能;(6)在系统的设计上应实用性和先进性相结合;(7)系统应易维护、修改和可扩充;(8)系统还应有较好的安全性和可靠性。

数据流程图如图9—2所示。

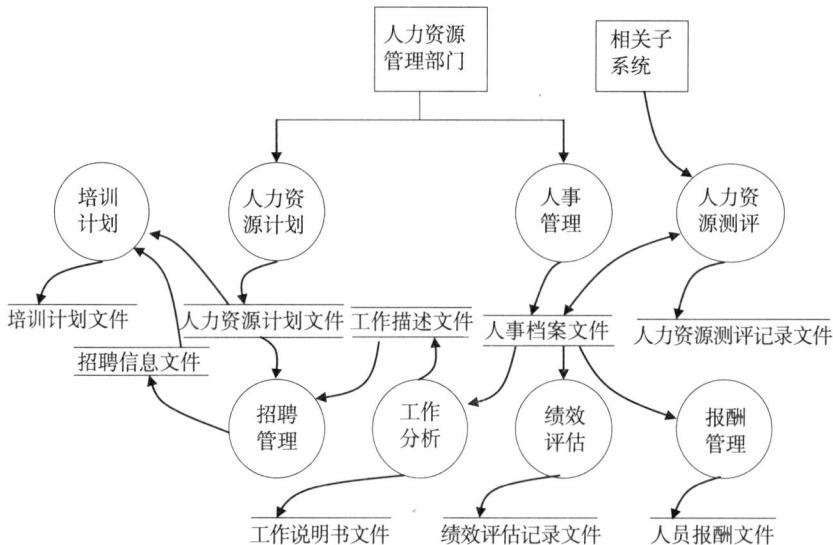

图9—2　人力资源管理数据流程图

第二节　中国高校人力资源能力考核信息系统的设计

系统设计包括总体设计和详细设计(具体的物理设计)两个方面,主要为系统实现制定蓝图。即在各种技术和实施方法中权衡利弊,精心设计,合理地利用各种资源,最终勾画出新系统的详细设计方案。

此处具体讲述数据库设计和模块功能设计。

一、数据库设计

数据库设计是指对于一个给定的应用环境,构造最优的数据库模式,建立数据库及其应用系统,使之能够有效地存储数据,满足各种用户的应用需求(信息要求和处理要求)。

(1)数据库是信息系统的核心和基础:把信息系统中大量的数据按一定的模型组织起来;提供存储、维护、检索数据的功能;使信息系统可以方便、及时、准确地从数据库中获得所需的信息;(2)数据库是信息系统的各个部分能否紧密地结合在一起以及如何结合的关键所在;(3)数据库设计是信息系统开发和建设的重要组成部分。

数据库设计应该与应用系统设计相结合:结构(数据)设计即设计数据库框架或数据库结构;行为(处理)设计即设计应用程序、事务处理等。具体如图9—3所示。

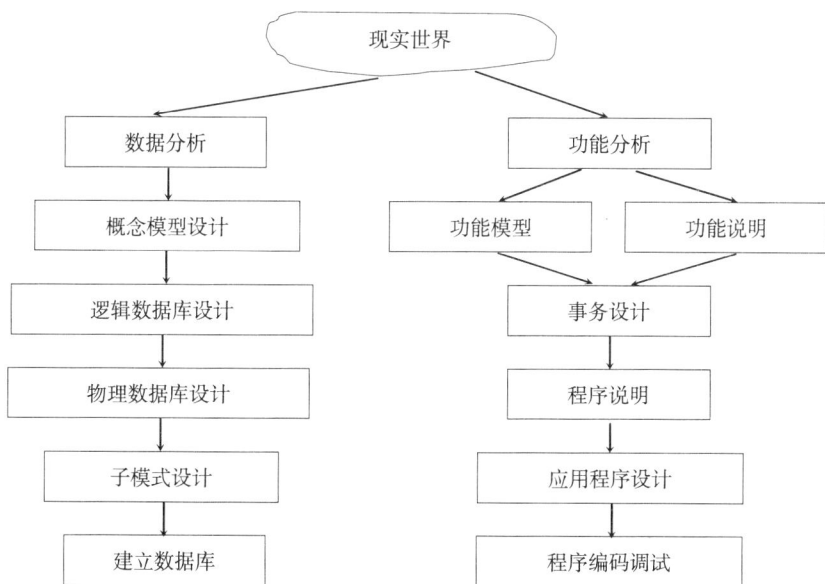

图9—3　数据分析和功能分析

1. 概念结构设计

将需求分析得到的用户需求抽象为信息结构即概念模型的过程就是概念结构设计;概念结构是各种数据模型的共同基础,它比数据模型更独立于机器、更抽象,从而更加稳定。概念结构设计是整个数据库设计的关键。主要用 E—R 关系图描述。高校人力资源能力考核信息系统的 E—R 关系如图如 9—4 所示。

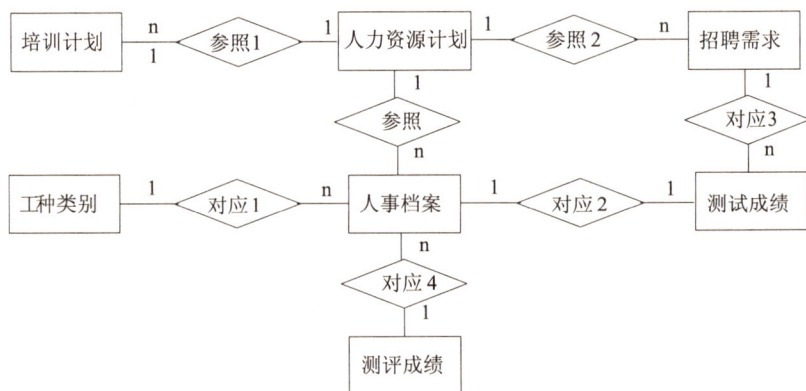

图9—4　人力资源管理的实体关系

2. 逻辑结构设计

逻辑结构设计的任务:概念结构是各种数据模型的共同基础,为了能够用某一 DBMS 实现用户需求,还必须将概念结构进一步转化为相应的数据模型,这正是数据库逻辑结构设计所要完成的任务。

设计步骤:首先将 E—R 图转换成具体的数据库产品支持的数据模型,如关系模型、对象模型等,形成数据库逻辑模式;然后根据用户处理的要求、安全性的考虑,在基本表的基础上再建立必要的视图(View),形成数据的外模式。

考虑到现行市场的主流 DBMS 支持的主要是关系数据模型,所以此处从通用型角度考虑主要讲述 E—R 图转换成关系数据模型。

转换规则:

(1)一个实体型转换为一个关系模式。

（2）一个 m：n 联系转换为一个关系模式。

（3）一个 1：n 联系可以转换为一个独立的关系模式,也可以与 n 端对应的关系模式合并。

（4）一个 1：1 联系可以转换为一个独立的关系模式,也可以与任意一端对应的关系模式合并。

（5）三个或三个以上实体间的一个多元联系转换为一个关系模式。

（6）同一实体集的实体间的联系,即自联系,也可按上述 1：1、1：n 和 m：n 三种情况分别处理。

（7）具有相同码的关系模式可合并。

具体转换过程略。

二、模块功能与处理过程设计

模块功能与处理过程设计是系统设计的最后一步,也是详细地涉及具体业务处理过程的一步。它是下一步变成实现系统的基础。

图9—5 是简化的功能模块结构图。

各个子系统的解释:

（1）人事管理:包括工种管理,人员调动,离职管理,考勤管理,住房管理,职位管理,职位调整,假期管理,人事档案管理。

（2）人力资源计划系统:包括计划的制订以及实施情况。

（3）培训计划:包括计划的制订以及培训师类型的维护。

（4）绩效评估:包括评估方法维护、评估计划、计划实施等模块。

（5）人力资源测评:包括测评项目维护、结果维护、测评结果分析等模块。

（6）招聘:人才是高校最重要的资源。包括如下几个子系统:招聘需求维护、设置测试项目、测试题库维护、测试结果维护。

（7）报酬管理:对高校的日常工资档案进行管理,可利用预置或自定义的标准与公式自动对单位各类人员的工资进行工资核算、定级、晋级、晋职、晋档、扣税、银行代发等处理。

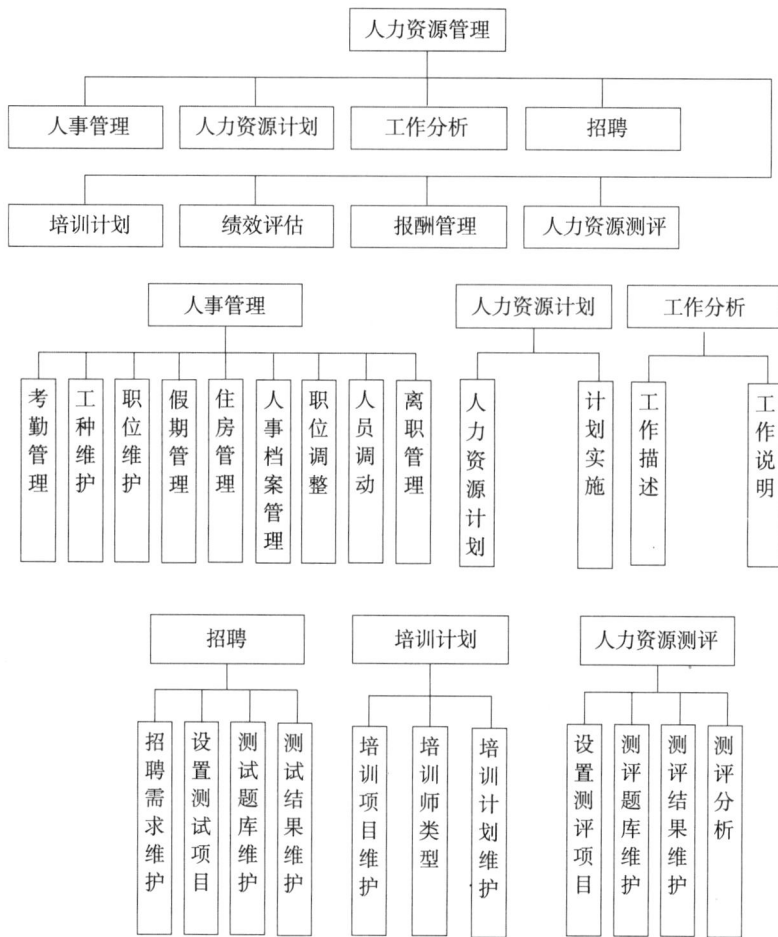

图9—5　人力资源管理功能模块图

第三节　中国高校人力资源能力考核信息系统的实现

系统实施是将系统设计阶段地结果在计算机上实现,将原来纸面上的、类似于设计图式的新系统方案转换成可执行的应用软件系统。

系统实施的主要任务是:

(1)按总体设计方案购置和安装计算机系统;

（2）建立数据库系统；

（3）程序设计和调试；

（4）整理基础数据；

（5）试运行和系统切换。

在这五项工作中，第一项购置和安装设备是件非常简单的事情，只需按总体设计的要求和可行性报告对财力资源的分析，选择好适当的设备，通知供货商家按要求供货并安装即可；第二项建立数据库系统也是一项比较简单的工作，按照前面的数据与数据流程分析、数据库设计即可建立一个大型数据库结构。

此处主要介绍后三项。

1. 程序设计和调试

（1）设计模式

B/S 模式：C/S 机构是 MIS 所采用的技术，具有较强的事务处理能力，适合快速处理信息，但缺乏灵活性，扩展功能差，一旦运行难以实时更改。而 B/S 结构是一种瘦 Client 模式，客户端只作为 Brower，具备 TCP/IP 协议便可运转，使客户端的维护量大大减少，具有较好的网络扩展性和兼容性，满足多点到多点的实时通讯要求。两者结合既能保证系统内部的安全性，又能实现信息的开放性，保证数据的安全性，使得系统能够跨平台，实现了系统的可扩充性。

数据库选择。

SQL Server、Oracle 具有安全性、稳定性、及时性、扩充性和很好的市场前景，与各种编程软件连接方式简便，可以实现不同缓解对数据的有效控制。但是 Oracle 相对价格较高，所以选用 Sql Server。

（2）技术体系架构

系统采用的是 J2EE 技术架构，如图 9—6 所示。

2. 整理基础数据

按照系统分析所规定的详细内容，组织和统计系统所需的数据。包括：

（1）基础数据统计工作要严格科学化，具体方法要程序化、规范化；

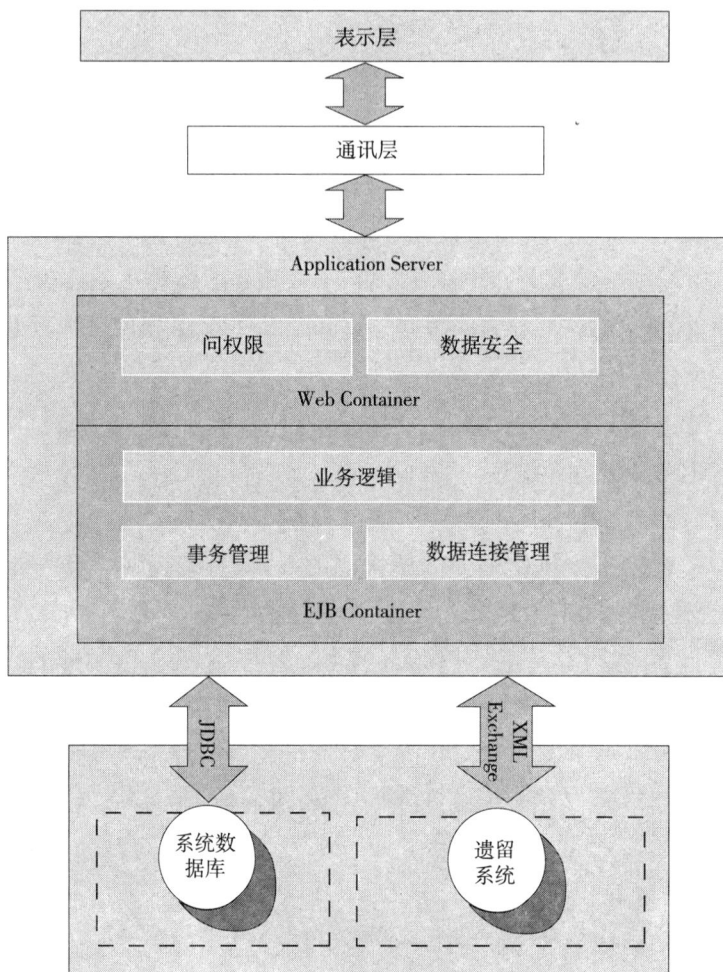

图9—6　技术体系架构

（2）计量工具、计量方法、数据采集渠道和程序都应该固定，以确保新系统运行有稳定可靠的数据来源；

（3）各类统计和数据采集报表要标准化、规范化。

3. 试运行和系统切换

（1）试运行

①录入初始数据；

②记录系统运行的数据和状况；

③核对新老系统输出的结果；

④对实际系统的输入方式进行考察(是否方便、效率如何、安全可靠性、误操作保护等)；对系统实际运行、响应速度(包括运算速度、传递速度、查询速度、输出速度等)进行实际测试。

(2)系统切换

系统切换是指系统开发完成后新老系统之间的转换。有三种方式：

①直接切换法

直接切换法就是在某一确定的时刻,老系统停止运行,新系统投入运行,新系统一般要经过较详细的测试和模拟运行。一般只有在老系统已完全无法满足需要或新系统不太复杂的情况下采用这种方法。

②并行切换法

这种方法在新系统投入运行时,老系统并不停止运行,而是与新系统同时运行一段时间,对照两者的输出,利用老系统对新系统进行检验。并行处理的时间视业务内容而定,短则2至3个月,长则半年至一年,转换工作不应急于求成。

③试点过渡法

试点过渡法先选用新系统的某一部分代替老系统,作为试点,逐步地代替整个老系统。

第十章　中国高校教研人员能力建设的发展对策研究

第一节　完善中国高校学科建设与发展的认识与思考

由于高校学科建设的规模不断扩大、数量增加,学科之间相互渗透越来越多,并将形成交叉学科、综合学科。学科的综合性发展使高校的结构更向综合性发展。高校在加入世界贸易组织后,学科建设与发展面向世界、面向未来、面向社会主义经济建设。一所大学中一般主要有文、理、工、政法、教育、财经、医、农、艺术、体育、音乐等学科。在这些广阔的科学文化背景上,培养各种各样的全面发展的优秀人才。因此,学科建设与发展是高校一项十分重要的工作。

一、正确制定高校学科发展的合理模式

高校的学科发展模式因各自的实际情况而存在差异,但必须重视发展模式的合理性和科学性。主要原则是:

1. 确定正确的指导思想,并贯穿于整个工作的全过程。

2. 学科发展规划与高校的整体目标和方向一致,并具有现实性、逻辑性和创造性。各要素要系统整合,合理、科学、符合实际,并经得起实践检验。

3. 正确处理过去与现在、当前与长远、过去与未来的关系。

4. 提高现代信息的利用水平,以做好全局性工作,稳步发展。

5. 扬长避短,发挥优势,保持活力。

制定高校学科发展的合理模式要把规划贯穿于高校的决策之中,必须与社会进步、科技、经济发展相联系。它不但利用过去的成果、经验,而且又重视对今后工作的指导作用。这样就可能处理好过去与现在、当前与长远的关系,既能保持相对的稳定性、现实性、又具有一定的灵活性、适应性,力争获得最优的办学效益和发展空间。

二、认真做好高校学科发展规划的制定与研究工作

高校学科的发展规划一般包括基层部门发展规划、总体发展规划和战略发展规划。

1. 在做好基层部门发展规划、总体发展规划的同时,重视和加强战略发展规划的制定与研究。

2. 应用现代系统论、信息论、控制论、协同论等科学原理和方法以及战略发展思想,始终指导发展规划和建设,避免封闭性、依赖性、短期性、盲目性和先天不足性。

3. 能适应外部环境的变化,在未来的人才市场上具有竞争力。

制订发展规划时,需要的各种背景资料、相关信息、社会发展的复杂性、时域的动态性和非线性,使决策者的主观判断、创造性、改革和超常规性在规划形成中有重要作用。片面地强调依赖定性分析、直觉判断、经验推理都难以做到全面、系统。因此,必须将思维方法与直觉思维方式结合起来,互相补充。

学科发展的规划是一个目标群。基础性学科,工科、财经等应用性学科,理科等学科的结构规划,反映学科发展的基本方向。基本目标中主要因素是:①学科建设与高校的协调发展。理顺机构、工作秩序,提高效能;理顺与教职员工、学生的关系,尽量满足师生的不同需求,使基本目标的实现与人的发展结合起来。②学科建设与外部环境的适应能力。应及时、正确地抓住机遇,适时调整发展目标,力争使一些学科的发展走在前列。

三、对高校学科建设与发展的思考

1. 学科建设首先要与学校的发展规模相适应。一所学校的发展规模是有限的,设置多少专业,这些专业涉及几类学科,首先要与学校的发展规模相适应。教育部 1998 年颁布的《普通高等学校本科专业目录》中,分设 11 门类,下设 72 个二级学科类,249 种专业。专业比以前减少了 255 个,这样就拓宽了专业面,增强了专业的适应性。一个专业一般横跨两个以上的学科,学科的发展与专业设置相适应。根据教育部 1998 年《普通高等学校本科专业设置规定》,原有专业改设新专业者,应符合新专业的所需条件,专业设置实行总量控制,在学校主管部门核定的专业数内,每年度增设专业数一般不超过 3 个,并按其分类属性设置专业,以形成优势和特色。

2. 根据人才需求分析、预测,确立办学层次、学科、专业结构比例。在层次上,确定研究生、本科生、专科生以及成人教育的发展规模。在学科结构上,确定基础学科、应用学科、综合性学科的发展比例。在专业结构上,根据教育部 1998 年颁布的《普通高等学校本科专业目录》,调整专业设置,拓宽专业学科范围,按大专业招生,分阶段教学,加强基础,按需分流专业方向,因材施教,双向选择,增强专业的适应能力。

3. 加强重点学科建设,促进或带动其他学科的发展。重点学科建设涉及学校的教师队伍、教学、科研、管理、实验室、对外交流、运作机制等方面,旨在形成优势明显,具有特色,相对稳定,对学科、社会和国民经济发展有重要作用,具有一定公认、有一定影响的学科带头人和学术结构、职称结构、专业结构、年龄结构等合理的、相适应的教师队伍,在教学和科研方面有明显优势和规模效益,教学和科研条件优良,广泛开展国际国内学术交流,管理、运行机制健全、高效。做好重点学科建设能促进一般学科的建设,主要是:首先,重点学科建设涉及面宽,政策性、学术性强,有一定的难度。加入世贸组织后,学科建设也要面向世界,许多工作要按国际规范化标准进行。重点学科在建设规划、建设项目和建设过程中探索、取得的成果和经验,其他学科的建设中可以借鉴。其次,重点学科在教学、科研、学术交流和联合攻关以及与其他学科合作中,带动其他学科的发展,以形成学科群的协同发展。此外,重点学科建设的过程中,通过学科间的交叉、延伸,有利于形成边缘学科、综合性学科和学科群体。

4.实事求是,一切从实际出发,遵循客观规律。学科建设是一个庞大而复杂的系统工程,深入调查研究,及时、准确地掌握学校内外、国际国内的有关情况和信息是十分重要的。新世纪社会、科技和经济发展迅速,学科之间相互渗透,呈现分化而又高度综合的趋势,新的边缘学科不断涌现。如果只是制定规划和建立各种规章制度是不够的,因为规划或计划和各种规范都只有在符合客观实际情况时才能发挥作用。机构健全也不一定就会充分发挥效能,如果偏离了目标,效率越高,造成的损失或浪费就越大。了解情况、获得可靠信息,做出正确的决策,制定切实可行的规划,有效地组织实施,认真地进行检验和反馈,从检查获得的反馈中取得新的信息,修订规划、政策和措施,这样实施的过程,就是从实践到认识,又从认识到实践的过程。在这个过程中,只有及时、准确地掌握信息,才有可能做出正确的决策。

学科建设主要是以培养人为目的的一种社会、科技实践活动,是一定社会、科技和经济发展的反映,通过育人对社会、科技和经济产生影响和作用。它受社会、科技和经济发展水平的制约,同时又通过育人促进社会、科技和经济的发展。学科建设要遵循教育规律,教育活动有共同的规律,所以国内外的经验可以借鉴,但要同一定的教育性质和教育目的相适应。从本校的实际情况出发,批判地汲取有用的东西,照搬往往是会出偏差的。也不能顾此失彼,不仅要提高师生的物质、生活待遇,也要重视思想工作和精神鼓励。

第二节 建立和完善高校人力资源能力建设
制度支持系统研究

"创新人才工作机制和优化环境"作为实施人才强国战略的一个重大问题提到中国高校人力资源能力建设的面前,为中国高校建立和完善高校人力资源能力建设工作机制指明了方向。为了建立和完善中国高校人力资源能力建设制度支持系统,我们提出以下几点对策和意见。

一、坚持以人为本,更新人才观念

"把发展作为人才工作的根本出发点",并要求"人才工作的目标任务要围绕发展来确定,人才工作的政策措施要根据发展来制定,人才工作的成效要用发展来检验"。我们在构建、创新高校人力资源能力建设制度支持系统机制时要坚持以人为本,充分体现以人的能力建设为主题,以人的全面发展为主线,以人的价值的实现为目标,真正把人才作为第一资源。坚持以人为本,更新人才观念,要树立竞争观念,使人才管理思想与市场经济规律相适应,学会在竞争中稳定人才、吸引人才;要树立开放的观念,放开眼界,广纳贤能,优化配置,用好现有人才,引进外来人才,培养自己的人才,充分发挥各级各类人才的潜能;要树立法制观念,建立、健全以法制、法规为基础的学校与教职工的关系,建立具有法律约束力的聘约,保障双方合法权益;要树立全局观念,处理好人才工作与学校发展的关系、学术骨干培养与教师整体队伍建设的关系、学术带头人与学术群体的关系、引进外来人才和稳定现有人才的关系、精神鼓励与物质奖励的关系。

二、完善人才工作决策机制

按照高校人力资源能力建设制度支持系统内涵的要求,人才工作决策机制应充分考虑以下几方面内容:搞好统筹规划,制定学校人才战略和规划,明确发展目标,确定政策、措施,推进各类人才队伍协调、持续发展;加强宏观指导,认真研究各类人才成长的客观规律,为人才成长开辟道路、拓展空间;要以培养高层次创造性人才为重点,加快高层次人才队伍建设和创新团队建设,着力培养重点学科、优势学科的急需人才和拔尖人才;注重整合力量,充分调动一切积极因素,形成人才工作合力;积极提供服务,通过政策倾斜、精神激励和环境改善,不断改善各类人才的学术、工作和生活条件,靠事业、靠感情、靠待遇留住人才、吸引人才、用好人才。

三、改革人才评价机制

建立高校人才评价机制要按照高校人力资源能力建设制度支持系统关于"根据德才兼备的要求,从规范职位分类与职业标准入手,建立以业绩为依据,由品德、知识、能力等要素构成的各类人才评价指标体系"和"专业技术人员的评价重在社会和业内认可"的精神,创新完善评价工作的手段、方法、内容和程序。评价标准突出和强化能力业绩,真正做到看文凭,但不唯文凭,更看重水平;看资历,但不唯资历,更看重能力。制定科学合理的量化细化指标,保证评价的客观公正。

四、建立完善人才竞争和激励机制

一是科学设岗。根据科学合理、精简效能的原则完善岗位设置办法。二是公平竞争。在专业技术岗位设置、人才评价和职务聘任的各个环节中,要进一步落实科学、客观、公正的原则,重点是形成公平竞争的局面,进一步推动竞争激励机制的形成。三是管理重心下移。落实单位用人自主权,推动专业技术职务聘任和人员聘用相统一的用人机制的形成。四是规范管理。通过聘用合同,规范职务聘任的基本要求,完善专业技术人员考核制度,把考核结果作为专业技术职务聘任、续聘、解聘的依据。

五、深化分配制度改革,完善薪酬福利政策

强化分配激励机制,落实劳动、知识、技术、管理等生产要素参与分配的政策,建立和完善与市场相适应、与人才的创造效益紧密联系的绩效取酬的分配机制,将人才的收入与岗位职责、工作业绩、实际贡献及科研成果转化产生的经济效益、社会效益直接挂钩;突出技术要素、管理要素在分配中的地位,使知识型、管理型人才在获得按劳分配的收入的同时,又可以获得技术要素、岗位要素参与的非工资性收入;向优秀人才提供优厚报酬,加大对作出突出贡献的优秀人才的福利保障工作;提高高层次人才的待遇,探索建立高层次人才激励机制;要利用优厚的条件、优惠的政策、优厚的待遇,积极吸引外地人才。

六、完善人才流动机制

要建立"开放、流动、竞争、有序"的机制,实现高校人力资源的人尽其才、才尽其用,实行人才柔性流动。打破人才的部门、单位壁垒,促进人才合理流动。通过与产业部门、科研机构的联姻,实现人才的资源共享,互惠互利,建立人才合理有序流动的机制。对事关国计民生的农、牧、林、水、地、矿、油等弱势产业和艰苦行业的院校,政府应给予政策倾斜,加大投入力度。

七、加快人才工作投入机制的建设步伐

首先,政府应加大对高等学校人才开发资金的投入,特别是加大对基础学科、应用学科的投入,增加对高层次人才的培养、自然基金等重大项目的投入力度。其次,要加大学校发展性投入中用于人才队伍建设的比例,在重大建设和科研项目经费中,划出一定份额用于人才开发,各项发展和建设工程的配套经费也要重点用于人才队伍建设。再次是广开渠道,积极吸纳社会资金用于人才队伍建设,建立多元化的人才经费投入机制。

八、进一步完善人才工作的组织协调机制

高校的各级党组织特别是高校党委要切实把教师队伍建设和人才工作放在事关学校发展全局的战略位置,将人才工作作为"一把手工程"来抓,纳入领导班子工作目标责任制。建立人才工作的领导决策、协调落实、监督约束和咨询评议的管理体制,形成党委统一领导、组织人事部门牵头抓总、有关部门各司其职和专家咨询评议,密切联系、统分结合、协调有效的工作格局。高校党委在人才队伍建设中起着总揽全局的作用,其职责是规划、制定政策,协调系统,做好服务。行政管理的职能是落实党委的决定,将行政命令与提供服务相结合,强化管理与创造环境相结合,提供高效、优质、卓有成效的服务和营造宽松、平等、择优的人才环境。要发挥专家教授在人才评估、举荐、联络、培养等方面不可替代的作用,重视他们的信息,鼓励他们为学校荐才、引才和用才。

第三节　建立适应中国特色的高校教研
人员流动管理机制研究

社会主义市场经济新体制的建立和发展,使得社会对人才质量和科学技术成果提出了全新的要求,这就对高等院校和高校教师提出了变革的要求。高等院校要随着社会主义市场经济的建立,进行办学机制的转变和管理体制的变革,同时也包括高校教师管理制度的变革。

教师是高等院校中的主要教学力量,建设一支思想素质好、学术水平高、结构合理、充满活力、相对稳定的教师队伍,是提高人才培养质量和办学水平的首要条件,也是教育体制改革的关键。在改革发展的今天,我们认识到教师管理工作应投入到人才市场的激烈竞争中去。

一、教师队伍建设应适应社会主义市场经济建设的需求

人事部门为适应社会主义市场经济人才管理体制的改革,建立了人才流动管理机构,为人才交流创办了人才市场。人才市场将根据社会的需求合理地配置人才资源。在社会主义市场经济条件下,高等院校培养人才必须符合市场的要求,必须适应市场的需求。

教师是高等院校中从事教学活动的最重要的力量,教师是传授知识、培养人才的主体,也是开发科学技术的重要力量。教育改革的关键在教师。在围绕社会主义经济建设这个中心时,教师的管理应主动适应社会主义市场经济的需求,一方面要重视教师知识结构的调整,专业知识的更新,相关学科知识的交叉、渗透,边缘学科知识的补充;同时应继续发挥原有学科的优势,重点发展应用学科、高新技术学科和边缘学科,改革旧专业,更新教学内容,通过学科交叉、学科渗透,使教育改革和人才培养更能适应社会主义市场经济的需求。

二、树立流动观念,建立开放的用人机制

社会主义市场经济体制的建立,其特征之一即市场经济运行发展具

有开放性,要求人才资源按照市场规律重新配置,人才流动已成为市场经济中一种积极的管理机制。

当前,高等院校中教师队伍管理采取的是一种封闭式管理模式,教师长期处于一种固定的教学环境中,缺少社会间的交流和校际间的人员交流。自20世纪80年代中期各校就着手于推进教师队伍新老交替的工作,并取得较大的成绩。大批优秀的中青年教师承担了教学、科研主要工作,作出了突出的贡献。但新老教师交替和合作是一个永无止境的改革过程,目前各高校中还普遍存在部分学科带头人年龄老化;部分教师知识老化,知识结构不甚理想;大部分教师缺乏社会实践经验,工作、生活经历从校门到校门,从书本到书本,授课内容空泛等情况。人员必须流动是市场经济运行的必然趋势。有序地进行人才交流,可以做到人尽其才,才尽其用,可以保持教师队伍的生机和活力。这种交流不仅仅是单方面的高校教师流向社会,同样应吸引社会中有专长、有才干的专业技术干部充实教师队伍。教师队伍应由专职教师、兼职教师、客座教师等多种形式组成。在交流与合作中,可以造就一批具有最新学科基础知识、站在学科前沿、掌握现代化科学技术手段并具有国际眼光的人才,对培养本校新兴学科的师资力量和科研骨干、建立新的教育模式等均具有重要的作用。高等院校应有计划、有组织、有步骤地进行人才交流,通过合理的人才流动,促进人才资源的转移和利用,吸取各种智力资源,来提高办学效益和水平。

第四节　加强中国高校教师队伍建设研究

在市场经济背景下,进一步解放思想、转变观念是加快学校师资队伍建设的思想基础。要以开放的观念、市场的观念、竞争的观念、多样化的观念、流动优化的观念来建立新的师资管理运行机制,由传统的以事为中心的人事管理转变为以人为中心的人才资源开发,由传统的封闭管理模式转变为与市场经济体制相适应的开放管理模式。

师资队伍建设要以学科专业建设为依托,要同科研工作紧密结合,重点是骨干队伍的建设,特别是中青年学术梯队的建设。师资队伍建设必须走精干、素质优良,且有较高待遇的路子,学校要在政策上向骨干教师倾斜。要逐步进入"稳定吸引、选拔较高质量教师→出较高水平成果、较高水平人才→较高工作量、较高效率→较高待遇"的良性循环。

一、加强学科梯队建设,注意培养骨干教师和学术带头人

选拔一批素质好、热爱高职教育事业、进取心强、学术水平较高、教学与科研能力较强的中青年教师,作为骨干教师和学术带头人的培养对象,给他们创造条件,提供舞台,压担子,使之能承担较大的教科研课题和攻关项目,出较高水平的成果,上更高一级专业技术职务。

选拔和培养学术水平高、学术思想活跃、品行好、精力充沛、有较强学术领导与组织管理能力的学术带头人。注重引进和从现有教师中遴选素质好、学术水平高、教学效果好、科研能力强、能不断开拓进取的具有高级专业技术职务的教师作为学术、学科和专业建设的带头人。对其中有突出优势和贡献的专家和学者,要进一步创造条件,加大支持力度,积极发挥他们的作用,并扩大他们的社会知名度。

二、加大引进高层次人才的力度

根据中国高校学科、专业和办学发展需要,大力支持、鼓励学院(中心)从市内外引进中青年专家,引进交叉学科、复合型优秀人才,引进应用技术能力强、具有丰富实践经验和扎实理论功底的双师型人才,引进紧缺专业、特别是优化学科梯队中缺门的学术带头人,引进具有高级专业技术职务、高学历(学位)的中青年专业人才,以此大力充实教师队伍。

三、加强教师进修、培训工作

专业进修、培训是教师更新知识、提高自身能力的重要途径。中国高校要进一步加强教师进修、培训工作,促进教师业务素质的全面提高。教师进修、培训要为目标服务,要着眼学科和专业建设。要有步骤、抓重点、分层次推进教师进修、培训工作,使之规范化、制度化。为了有利于专业的调整和改造,适当增加管理学科及高新技术应用方面的师资进修、培训

比例。注重发挥学院(中心、部)的积极性,努力开展好有针对性的培训。根据学校事业发展的需要,鼓励符合规定条件的教师在职攻读硕士、博士学位。根据学科和专业发展的需要,选派各方面素质好的教师到国内外(包括学校、企业等)进修提高。大力倡导贴近市场,加强产、学、研的结合,注重实践性和应用性的专业进修、培训,充分重视对高职实践性教学环节的师资培养。在开展教师普遍培训的基础上,重点抓好中青年骨干教师的培训工作。

四、鼓励教师积极开展教研、科研工作

中国高校要切实营造学术氛围,加大开展学术交流活动和学术进修的力度,热情鼓励教师参加国内外学术会议、听学术报告、进行专题进修和课题研究。要重视聘请兼职专家对学科、专业建设进行实质性指导,鼓励高校同外单位搞合作科研和联合指导研究生。

五、合理配置教师资源,实现教师队伍的优化组合

中国高校根据教学需要,充实、稳定中长线专业教师队伍。开发师资,要坚持走一专多能的方向,要引导、鼓励学科、专业外教师向发展需要、任务需要的地方流动,使他们承担相适应的工作。同时,鼓励非第一线的在编教师适当参加教学、科研的一线工作。

六、建立一支稳定的、高水平的兼职教师队伍

为了促进中国高校学术、信息等方面的交流和提高教学质量,要建立一支规模相对稳定且有较高水平的兼职教师队伍。要根据高等职业教育的特点,积极从实训基地和其他高校聘请一批有丰富实践经验、高水平的企业专家和技术骨干作为学校的兼职教师,聘请他们到学校举办讲座或承担教学任务,或承担实习带教任务。

七、深化师资队伍管理体制改革

改革师资管理模式。实现教师管理由封闭式管理向开放式管理的转变;由主要依靠行政手段管理向法治化管理的转变。要把握教师队伍的择优性、人员上的能动性、管理上的开放性、层次性和目标性,不断充实加强校、院两级师资队伍建设的领导力量和管理力量,建立、健全各项制度。继续深入开展劳动人事分配制度、编制管理制度、职务聘任制度、考核制度、奖惩制度以及教职工货币化分房等制度的改革,使有关制度的制定和实施能积极促进师资队伍的建设。

实施教师职务聘任制。进一步深化教师职务任期制和聘任制的改革,实现"身份管理"向"岗位管理"转变,教师队伍构成要初步形成优胜劣汰的动态平衡。加强教师职务岗位设置的宏观调控,根据高校教师职务结构比例以及职务岗位设置的原则,科学、合理地设定教师各级职务岗位,把教学、科研任务和发展要求分解到相关岗位职责中去,坚持以公开、公正、公平原则,通过竞争择优聘任,实行教师职务聘任制,充分发挥教师职务聘任为学校建设目标服务的导向作用。岗位设置必须全校一盘棋,要政策调控,设岗引导,择优扶植,保证重点,统筹兼顾,要与师资队伍建设以及学科、专业建设紧密结合。

建立科学、合理的考核机制。进一步细化、量化考核内容,完善指标体系和考核办法,努力使考核更具针对性、合理性和可行性。明确要求,增加透明度,进行公平、公正、公开的考核,健全教师业务档案,为职务聘任提供确切依据。要实现由对教师"个体考核"向学科或专业的"群体考核"转化,由对"考核过去"向"考核现在及未来"转化。

八、加强教师思想政治素质的培养,提高教师职业道德水平

建设高质量的师资队伍,是全面推进素质教育的基本保证。教师的全面素质包括思想政治素质、业务素质、工作能力水平,教师的素质最重要的是师德修养。抓师资队伍建设首先要抓好思想政治素质和师德,通过思想教育和榜样示范引导教师牢固树立正确的人生观、价值观,不断增强法制意识、时代意识、改革意识、竞争意识、爱生意识,崇尚师德,严谨治学、教书育人,为人师表,在社会生活中树立和保持灵魂工程师的优良形象。要根据新时期教师的特点,结合教师的思想和工作实际进行思想政

治工作,讲究实效性与针对性,尤其必须坚持加强教师高度的责任感,促使教师不断提高自身师德和人格修养,忠城人民的教育事业,对学生负责。对学校负责,对国家负责,对社会负责。要协调各个方面坚持把师德工作的系统建设与强化教育改革、推进教育事业的发展、加强社会主义精神文明建设有机结合起来。

九、制定相关政策,加大财力投入

师资队伍建设是一项系统工程,要实现规划目标,应有相应的机制和体制保证。深化人事制度改革作为学校综合改革的重要抓手,要坚持正确的导向,又要注重教师的切身利益,学校要关心教师的思想、工作和生活,尽可能解决他们迫切需要解决的困难和问题。根据事业和工资福利同步发展和提高的思路,在牢固树立"以人为本"管理服务思想和积极促进教师努力做出成绩的同时,学校必须全面考虑,统筹规划,深入调查研究,出台配套政策并加大财力、物力的投入(包括建立专项基金)以实质性推动师资队伍的建设和发展。

第五节　中国高校教师职务聘任制完善研究

要科学合理地设置岗位,仅仅强调因事设岗的原则是不够的,还必须解决因何事设岗的问题。

因何事设岗,目前主要有三种做法:

第一,以教学、科研任务为主。这种做法被称为任务法。其优点是:有利于教学科研任务的完成,教师承担的工作量较为公平合理。其局限是:只看到学校近期的目标,未看到学校远期的目标。

第二,以学科建设为主。这种做法被称为学科法。其特点是:按二级学科分配设置教师岗位。对某些重点学科和需要发展的学科在各级职务,特别是高级职务的设置上实行倾斜。

这种方法的优点是:①有利于学科建设。这是一种动态方法,能考虑到高校长期的目标;②分类简便、清晰。高校是学术单位,以学科划分设岗比较科学。这种方法的局限是:可能导致一些教学科研任务多且重的学科岗位数不足,教师的负担轻重不一。

第三,教学科研与学科建设并重。其特点是:对重点学科和需要发展的学科实行倾斜,给予一定数量的学科建设加权岗位。对一般学科则依据教学科研任务的多寡设置岗位。这样的岗位数额由三部分组成:定编设岗、学科建设岗和工作任务设岗。

其实上述三种做法都有一定的道理,但也有一定的局限。从这里可以引出这样的启示:教师职务岗位的设置实际上是受多种因素的影响和制约的,是一个多变量的问题。要解决这个问题,与其去寻求一种放之四海而皆准的模式,还不如找出一些有用的原理和原则。

一般认为,岗位设置主要包括定编、定岗、定责。目前高校对前面两个环节比较重视,对定责却注意不够,甚至忽视。

明确岗位职责对教师职务聘任制的完善具有特殊的意义。过去职称评定制的一个缺点是职称与职责相分离,教师评上职称即可以享受各种待遇,却不必承担相应的责任。

要纠正这种偏差,首先,要提高对职务聘任制的认识,把职务和职称严格区分开来。所谓职称只是专业技术水平、工作能力的标志;而职务是根据实际工作需要设置的有明确职责、任职条件和任用期限的工作岗位。教师有了职称只是有了任职条件,不必担当任何责任;而有了职务就应该有明确的职责。可以说,在岗位设置时如没有制定具体、详细、合理的职责,就不会有真正的职务聘任制。

其次,应加强设岗的定责工作。在进行岗位设置时,对各级职务岗位每年应承担的教学、科研、学科建设等任务都要作出细致、明确的规定,最好能将其量化成不同的分值或其他当量,并定出合格、不合格、良好、优秀的标准。

参 考 文 献

第 2 章

［1］陈天祥编著.人力资源管理［M］.中山大学出版社,2001.

［2］王忠明.人的暴利——新经济、知识经济与人力资本的另类思考［M］.经济科学出版社,2000.

［3］程振响,刘五驹.学校管理新视野［M］.南京师范大学出版社,2001.

［4］［美］哈罗德·孔茨,海因茨·韦里克著.管理学(第十版)(张晓君,陶新权,马继华等编译)［M］.经济科学出版社,1998.

［5］赵景华主编.现代管理学［M］.山东人民出版社,1999.

［6］张 德编.人力资源开发与管理［M］.清华大学出版社,1996.

［7］全志敏主编.国家公务员管理——高层次人力资源开发［M］.中国人事出版社,1999.

［8］李佑颐,赵曙明,刘洪.人力资源管理述评［J］.南京大学学报(哲学.人文科学.社会科学),2001,38—128—139.

［9］C. Chadwick, P. Cappelli. Alternatives to Generic Strategy Typologies in Strategic Human Resourse Management［M］. Greenwich, CT: JAI Press, 1999.

〔10〕Stephen P. Robbins. Essentials of Organizational Behavior, 6th ed.〔M〕. Prentice-Hall Inc,2001.

〔11〕曲绍卫,张金宝. 校长素质论〔M〕. 青岛海洋大学出版社,1998.

〔12〕〔美〕罗伯特·G. 欧文斯. 教育组织行为学(第7版)(窦卫霖,温建平,王越译)〔M〕. 华东大学出版社,2001.

〔13〕张爱剑编著. 人才经济学〔M〕. 接力出版社,1999.

〔14〕黄志成,程晋宽编著. 现代教育管理论〔M〕. 上海教育出版社,1999.

〔15〕刘远我,吴志明,章凯等编著. 现代实用人才测评技术〔M〕. 经济科学出版社,1998.

〔16〕沈远新主编. 新时期领导者行政能力测评与提升〔M〕. 中共中央党校出版社,2001.

〔17〕张燮主编. 高等学校管理心理学〔M〕. 人民教育出版社,1993.

〔18〕王骚. 领导力的训练与测评〔M〕. 中国经济出版社,2001.

〔19〕文海英主编. 中国政府人工成本〔M〕. 中国人事出版社,2001.

〔20〕孙彤编. 组织行为学〔M〕. 中国物资出版社,1986.

〔21〕Robbins SR. Organizational Behavior〔M〕. Prentice-Hall international Inc〔M〕, 1996.

〔22〕武博. 当代中国人才流动〔M〕. 人民出版社,2005.

〔23〕Zvancevich. J. M. Human Resource Management, 6th ed〔M〕. Von Hoffman Press, Inc, 1995.

〔24〕戚鲁主编. 人力资源能本管理与能力建设〔M〕. 人民出版社,2003.

第 3 章

[1]陈孝彬.外国教育管理史[M].人民教育出版社,2001.

[2]周丽华.德国高校教师结构及工资制度改革动向[J].外国教育研究,2001 年 10 月,第 28 卷.

[3]徐毓龙,樊来耀.德美两国高等学校教师聘任制度的研究[J].学位与研究生教育,2001 年第 2—3 期.

[4]乔锦忠.高校教师工资制度改革研究[J].教育与经济,2006 年 4 月.

[5]文兴吾.关于人力资源能力建设的理论创新[J].理论前沿,2004 年第 3 期.

[6]陈建先.论人力资源能力建设与核心能力[J].重庆工商大学学报(社会科学版),2005 年 8 月第 22 卷第 4 期.

[7]程宇.欧洲人力资源能力建设模式分析及展望[J].职业技术教育(教科版),2005 年第 28 期.

[8]吴昌珍.世界发达国家人力资源能力建设的经验及其启示[J].西南民族大学学报(人文社科版),2005 年 3 月.

[9]李海明.信息技术的发展与人力资源能力建设[J].行政论坛,2005 年第 4 期.

[10]孙霄兵.积极稳妥推行教师聘任制,加快教师任用制度改革[J].教育人事,2001.

[11]辛增平.聘任制失真的原因探析[J].教学与管理,1999.

[12]何纯正.关于深化高校教师职务聘任制改革的思路[J].教育人事,2001.

[13][英]托尼·布什.当代西方教育管理模式[M].南京师范大学出版社,1998.

[14]王垒.人力资源管理[M].北京大学出版社,2001.

[15]林秀琴.论高校教师分配制度的改革[J].北京邮电大学学报(社会科学版),2001年3月.

[16]吴增基.现代社会学[M].上海人民出版社,2001.

[17]柯森文.我国高校师资变化发展趋势探析[J].高教探索,2002,(2).

第4章

[1]高增刚.高校人事制度面临的问题和思考[J].科技信息,2007.

[2]张秉钧.对高等学校人事制度改革的几点思考[J].基础理论研讨,2007.

[3]王正杰.我国高校人事管理制度改革的再思考[J].管理研究,2007.

[4]童珊珊.高校人事制度改革的现状及对策[J].高教与经济,2006.

[5]人事部专业技术人员管理司.专业技术人员管理使用政策法规[M].中国人事出版社,2000.

[6]管培俊.调整机构编制、改革用人制度、拉开分配差距[J].中国高等教育,1995,(1).

[7]唐俊杰.对高校人事制度改革的几点思考[J].桂林师范高等专科学校学报,2004.

[8]王凤坤.常青.高校人事制度改革的若干思考[J].长春理工大学学报(社会科学版),2006年7月.

[9]徐静.人事代理与雇员制:高校人事管理制度改革的新探索[J].黑龙江高教研究,2006.

[10]江苏省政府办公厅文件——省政府办公厅关于印发江苏省事业单位人员聘用制暂行办法的通知(苏政办法[2005]123号)[Z],120051.

[11]金镝,朱芸.从传统人事管理向现代人力资源管理的过渡[J].当代财经,2004(4).

[12]张德祥.借鉴与创新:中国近代高等教育的成长历程[M].黑龙江人民出版社,2002(10).

[13]谢村,兰华荣.高校人才引进工作的新思路[J].中南民族大学学报(人文社会科学版),2004(4):177—179.

[14]王敏,张蕙.高校人才引进应遵循的原则[J].番禺职业技术学院学报,2004(2):25—27.

[15]李建.高校人才引进和师资培养策略探讨[J].教育管理,2007(1):84—85.

[16]秦亮生.我国高校人才引进工作探析[J].华南农业大学学报(社会科学版),2007(3):152—156.

[17]徐佑厂,汪海建.大力推进校内分配制度改革促进高校改革和发展[J].中国高校师资研究,2007(4).

[18]赵炳起.从我国分配理论的发展看高校分配制度创新的原则[J].江西社会科学,2004(4).

[19]谢玉梅.高校收入分配制度改革的探讨[J].当代教育论坛,2007(8).

[20]周荷芳.从效率与公平的角度浅析高校分配制度改革[J].西南民族大学学报(人文社科版),2005(1).

[21]姚继军.对现阶段高校人事分配制度改革的几点反思[J].黑龙江高教研究,2003(2).

[22]赵辰光.关于高等学校建立内在报酬机制探讨[J].北方论丛,2003(3).

［23］张君．我国分配制度改革的价值论基础［J］．开发研究，2003（2）．

［24］曾昭斌．高校人事分配制度改革的理论基础和启示［J］．中国社会科学院研究生学报，2006（6）．

［25］刘锦贻．高校人事分配制度改革若干问题思考［J］．引进与咨询，2004（1）．

［26］杨朱平.中国教育蓝皮书［M］.2004（3）．

［27］张德祥.21世纪高等学校教师队伍建设与管理探索［J］.2002（12）．

［28］［加拿大］许美德.中国大学1895—1995一个文化冲击的世界［M］.2002.

［29］张德祥．借鉴与创新：中国近代高等教育的成长历程［M］.黑龙江人民出版社，2002.

［30］忻福良.中国高等教育改革大事记［M］.同济大学出版社，1988.

第5章

［1］［美］劳伦斯S.克雷曼著，孙非等译.人力资源管理:获取竞争优势的工具［M］.机械工业出版社，1999.

［2］［英］Dr. Jordan. Human Resource Management［M］. 1993.

［3］邓一飞，高宇列.高校师资建设初探［J］.2004.

［4］谭德忠.高校人力资源开发与管理实务全书［M］.银声音像出版社，2004.

［5］罗剑丽.发展观指导下的高校师资队伍建设［J］.2004.

［6］刘婉华，袁汝海，裴兆宏.高校教师工资待遇国际比较与思考［J］.2004（6）.

［7］陈建玉.试论高校科研环境对师资队伍建设的影响

[J].2004.

[8]吴恒祥.加强师资队伍建设的思考与实践[J].中国职业技术教育,2001(7).

[9]王伟国,张胜芳.当前我国人才流动的特征及原因探析[J].重庆职业技术学院学报,2003(1).

[10]王伟.论新时期人才流动的性质及其对策[J].天津社会科学,2003(4)P38—39.

第6章

[1]张亮.关占良等.创新机制,实现高校人事管理向人力资源管理的转变[J].高等农业教育,2004(6):40—42.

[2]叶珺.我国高校教师资源利用效率研究[D].武汉理工大学,2006.

[3]李越恒.高校人力资源的优化配置研究[D].中南大学,2004.

[4]蔡克勇,韩民.跨世纪的中国高等教育——办学与管理体制改革研究[M].广西教育出版社,2002.

[5]王培根.高等教育经济学[M].经济管理出版社,2004.

[6]刘朝晖.关于高校学术组织结构创新的思考[J].辽宁教育研究,2007.

[7]邓成剑,黄文玲,方永美.面向知识管理的高校组织结构创新[J].中山大学学报论丛,2006,(6):71—74.

[8]人事部普法小组,人事管理常用法规选编[M].辽宁人民出版社,1998.

[9]于珊,西部高校人力资源管理机制研究[D].广西大学,2005.

第 7 章

[1]胡建华.关于建国头 17 年高等教育改革的若干理论分析[J].南京师大学报(社会科学版),2000(4).

[2]田东平,冯博琴,蔡建中.跨院系组建基础课教学与实验中心[J].中国高等教育,2002 (12).

[3]沈曦,沈红.研究型大学的组织结构[J].东北大学学报(社会科学版),2004(7).

[4]张超玉,纪建悦.矩阵式组织结构模式在科研机构中的应用探论[J].甘肃社会科学,2005(3).

[5][美]伯顿·克拉克著,王承绪等译.高等教育系统——学术组织的跨国研究[M].杭州大学出版社,1994.

[6]胡金波.美国宾夕法尼亚大学的办学实践及其启示[J].高教领导参考,2004(21).

[7]周济.以人为本人才兴校——教育部直属高校第十四次全体会议上的讲话[J].高教领导参考,2004(5).

[8]夏薇,张秀萍.美国高校师资流动机制及对我国的启示[J].高等理科教育,2006(2).

[9]刘海鹰,刘昕,毕宪顺.发达国家高校教师聘任制度评析[J].山东理工大学学报(社科版),2003(3).

[10]王茹琚,王士印.高等院校人才流动浅析[J].河北师范大学学报(教育科学版),2003(4).

第 8 章

[1]付亚和,许玉林主编.绩效管理[M].复旦大学出版

社,2003.

[2]张希明.浅谈人力资源能力建设评价[J].观察与思考,2003.11.

[3]王刚,李志祥.中美高校人力资源管理比较分析[J].北京理工大学学报(社会科学版),2006(8),96—102.

[4]唐纳德·威尔斯著,张泽麟译.加拿大的高等教育管理[J].大学教育科学,2003,(1).

[5]赵叶珠.日本的大学教师任期制[J].集美大学学报(教育科学版),2003,(3).

[6] http://hr. pku. edu. cn/document/policy/guihuadiaopei/policy_jszwjszxgd. htm,北京大学教师聘任和职务晋升(暂行)规定,2004.

[7]http://rsc. sysu. edu. cn/Article/inform/200704/1553. html.中山大学教师编制核定、职位设置与职务聘任规程.2007.

[8]谢炳炎.达成共识,与时俱进[J].湖南大学报,2003—09—01.

[9]杨存荣等.健全规章依法办事积极推进高校人员聘任制[J].中国高校师资研究,2003(2):27—32.

[10]刘人怀.转变观念 量化考核 优劳优酬:暨南大学教学科研人员考核与分配体制的改革[J].高教探索,2000(1):5—8.

[11]赵雪珍,杨潮.完善高校教师工作业绩考核评价体系[J].中国高教研究,2004(6).

[12]曹嘉辉.高校教师绩效考核体系的设立[J].经济师,2003(9).

[13]聂惠芬、万国平.论高校教学管理中的量化考核[J].科技广场,2007(2).

[14]胡金波.美国宾夕法尼亚大学的办学实践及其启示[J].

高教领导参考,2004(21).

[15]周济．以人为本人才兴校——教育部直属高校第十四次全体会议上的讲话[J]．高教领导参考,2004(5).

[16]夏薇,张秀萍．美国高校师资流动机制及对我国的启示[J]．高等理科教育,2006(2).

[17]刘海鹰,刘昕,毕宪顺．发达国家高校教师聘任制度评析[J]．山东理工大学学报(社科版),2003(3).

[18]王茹琚,王士印．高等院校人才流动浅析[J]．河北师范大学学报(教育科学版),2003(4).

[19]李铁梅．高等学校教师管理制度理论与实施问题的研究[D]．硕士论文．天津大学,20050101.

[20]孙明强．制度胜于一切[M]．新华出版社,2007.

第9章

[1]薛华成．管理信息系统(第四版)[M]．清华大学出版社,2004.

[2]John W. Satzinger, Robert B. Jackson, Stephen D. Burd. Systems Analysis and Design in a Changing World [M]. Course Technology ,a division of Thomson Learning,2000.

[3]沈志清．高校人力资源管理系统的分析与设计[D]．苏州大学,2003.

[4]蔡昊．人力资源信息系统的演进及其展望[J]．西北工业大学学报(社会科学版),2006(2).

[5]陈欣,尚娟．高校人力资源管理信息系统(HRMIS)开发的探讨[J]．重庆大学学报(自然科学版),2006, 29 (4):147—149.

[6]姜真杰,程军．高校人力资源管理信息系统的设计[J]．浙

江林学院学报, 2003, 20 (1) : 98—101.

[7] 卧龙. EHR 设计思路 [DB/OL]. http://ehr. softonline. com. cn/wolongEHR/thinking. htm

[8] 罗鸿. ERP 原理·设计·实施 [M]. 电子工业出版社, 2002.

[9] 萨师煊, 王珊著. 数据库系统概论(第三版) [M]. 高等教育出版社, 2004.

[10] 赵刚, 龚文军, 张勇. 高校人力资源管理系统的探讨 [J]. 新疆师范大学学报(自然科学版), 2002, 21(3):59—60.

[11] 接励, 袁甜甜. 高校人才动态测评系统的设计与实现 [J]. 天津工业大学学报, 2006(3):74—76.

[12] 储冬红, 郭睦庚. 高校图书馆人力资源的绩效考核体系 [J]. 高校图书情报论坛, 2006(1).

[13] 丛春瑜. 基于 C/S 与 B/S 混合模式的高校人事管理信息系统的开发与研究 [D]. 辽宁师范大学, 2002.

[14] 刘双印, 徐龙琴, 徐兵, 张立臣. 基于 Web Services 技术的 Web 高校人力资源管理信息系统的应用研究 [J]. 福建电脑, 2005(11). 87—88.

[15] 杜学振. 高校管理干部能力考核及其信息系统研究 [D]. 中国农业大学, 2003.

[16] 储征. 信息系统在人力资源管理中的应用研究 [J]. 江苏商论, 2003(05):77—78.

[17] 黎晗. 现代企业人力资源管理信息系统研究 [J]. 科学技术与工程, 2006(23):4809—4812.

[18] 郝艳, 雷松泽. 人力资源管理信息系统应用研究 [J]. 信息技术与信息化, 2005(05):87—89.

[19] 林筠, 谷珊珊. 人力资源管理信息系统设计与实现 [J].

情报杂志,2005(10):52—54.

[20]谢希仁编著.《计算机网络》(第4版)[M].电子工业出版社.

[21] Robert W. Sebesta. Web 程序设计(英文影印版)[M].高等教育出版社.

[22]曹敏年,宋雪君.基于微软 Biztalk Server 的高校人力资源网络化管理系统解决方案[J].东华大学学报(自然科学版),2006(02):97—101.

第 10 章

[1][美]伯顿·克拉克,王承绪等译.高等教育新论[M].浙江教育出版社,1998.

[2]董泽芳.人力资源开发与管理[M].华中师范大学出版社,2001.

[3]孙彤.组织行为学[M].中国物质出版社,1987.

[4]俞文钊.管理心理学[M].甘肃人民出版社,1989.

[5]朱钧侃,宋月丽.现代人事管理心理学[M].江苏教育出版社,1989.

[61 秦炜,林泽炎.现代人力资源管理[M].中国人事出版社,1999.

[7]秦思阳.高校人力资源管理改革浅析[J].内蒙古科技与经济,2005,(7).

[8]孙刚成,杜学元,高校教师聘任制管窥[J].教育与职业,2004,(24).

[9]张世云,刘跃,温平川,郑贤铭,赵湘桂.高校教师分配制度改革思路[J].重庆邮电学院学报(社会科学版),2004 增刊.

［10］陈鹏.高校教师聘任制的法律透视［J］.中国高教研究，2005，（1）.

［11］袁济喜.高校机构的精简势在必行［J］.前进论坛，1995，（10）.

［12］辞海［M］.上海辞书出版社，1999 年缩印版，1511.

［13］秦晓红.论入世后国内高校教师管理的动态发展观［J］.湖南商学院学报，2003，（6）.

［14］［英］马丁·所罗门，孙乔，任雪梅，刘秀玉等译.培训战略与实务［M］.商务印书馆国际有限公司，1999.

［15］刘文东.高校人力资源管理的现代视野［J］.河南教育学院学报，2005，（2）.

［16］孟治刚，王红晓.建立完善竞争机制，深化高校人事制度改革［J］.成都教育学院学报，2004，（12）.

［17］傅冰钢.高校教师人力资源管理改革初探［J］.江苏高教，2003，（2）.

［18］谢曼华.以人为本的管理理念与学校行政工作［J］.中山大学学报，2000，（3）.

［19］朱九思.大学生命的真谛［J］.高等教育研究，2000，（5）.

［20］章荣琦.论高校人力资源管理中的激励［J］.现代管理科学，2004，（7）.

［21］程六生.改革分配制度，建立竞争机制［J］.安阳大学学报，2002，（1）.

［22］陈光军.合作性竞争：知识经济背景下成人高等教育的一种发展趋势［J］.山东教育学院学报，2000，（5）.

［23］秦思阳.高校人力资源管理改革浅析［J］.内蒙古科技与经济，2005，（7）.

［24］纪宝成.高校教师聘任制仍需改革与完善［DB/OL］.

http：//learning. sohu. com/20050520/n225643364. shtml

　　[25]徐宗本,李连生等. 关于深化与推进高校教师聘任制的思考与实践［DB/OL］. http：//www. train. whu. edu. cn/News/xsjl/index. asp

致　　谢

　　本著作是一项集体研究成果,著作总体写作框架设计由武博教授与逄锦波博士担任,著作共分为 10 个研究专题。其中第一章绪论由武博教授专题研究和撰写;第二章人力资源能力建设理论探讨由武博博士与逄锦波博士专题研究和撰写;第三章国外人力资源能力建设研究和第八章中国高校人力资源能力建设考核系统设计由秦文婷博士与武博博士专题研究和撰写;第四章中国高校人力资源能力建设系统研究由闫帅博士研究生和唐努尔专题研究和撰写;第五章中国高校人力资源能力建设管理系统研究由高翔博士研究生和陈萱源专题研究和撰写;第六章中国高校人力资源能力建设组织系统设计由袁宇讲师和李金俣专题研究和撰写;第七章中国高校人力资源能力建设管理制度设计由逄锦波与侯义佳专题研究和撰写;第九章中国高校人力资源能力建设考核信息系统设计由吴剑云讲师和王蕊专题研究和撰写;第十章中国高校教研人员能力建设的发展对策研究由任丽娟讲师和邬雨寒专题研究和撰写。最后由逄锦波与博士研究生高翔统稿,由武博教授审稿并修改。

　　在此我们深深地感谢那些在研究中参加了资料收集和撰写的许多大学生。感谢我们访谈过程中接待和提供过资料的政府部门、高校和个人。

感谢南京大学国际商学院院长、人力资源专家赵曙明博士为本书作序。

今天,著作能够顺利出版我们不能忘记马金平教授在撰写过程中给予的帮助和蔡爱红女士给予的大力赞助,在此深表谢意。

同时,我还要感谢人民出版社崔继新先生为本书的编辑出版所做的工作。

本项目的研究工作目前虽然可以暂告一个段落,我们为能将自己的成果奉献出来而感到十分欣慰,但我们也感到有一些地方仍有待于进一步的研究,我们将在现有研究成果的基础上进一步深入地研究下去,以期取得更多的科研成果。

武 博

2010 年 6 月 26 日